标杆精益系列图书

图解精益办公实战手册

王清满 编著

机械工业出版社

精益生产方式有效地助力了企业提质增效。本书作者结合实战经验和优秀案例,详细介绍了精益办公过程中,从流程梳理、流程改善、标准和培训到流程电子化的改善方法,阐述了精益办公建体系、串流程、整数据、列问题的详细步骤。书中运用了丰富的案例和大量的图表,直观地讲解了如何系统地改善办公领域,包括如何发现精益办公问题、如何建立精益办公要素、如何利用改善周进行精益办公改善等。

本书内容系统全面,可操作性强,精益生产方式推进者以及希望通过运用精益工具改善办公事务、提升办公效率的人员,可以通过阅读本书,快速掌握相关核心内容和知识要点,实现精益办公。

图书在版编目（CIP）数据

图解精益办公实战手册/王清满编著. —北京:机械工业出版社,2022.7

(标杆精益系列图书)

ISBN 978-7-111-71018-9

Ⅰ.①图… Ⅱ.①王… Ⅲ.①企业管理-精益生产-图解 Ⅳ.①F273.2-64

中国版本图书馆 CIP 数据核字（2022）第 101526 号

机械工业出版社（北京市百万庄大街 22 号　邮政编码 100037）
策划编辑:孔　劲　　　　　责任编辑:孔　劲　马新娟
责任校对:史静怡　王明欣　封面设计:张　静
责任印制:邰　敏
三河市国英印务有限公司印刷
2022 年 10 月第 1 版第 1 次印刷
169mm×239mm・14.75 印张・284 千字
标准书号:ISBN 978-7-111-71018-9
定价:78.00 元

电话服务　　　　　　　　　网络服务
客服电话:010-88361066　　机　工　官　网:www.cmpbook.com
　　　　　010-88379833　　机　工　官　博:weibo.com/cmp1952
　　　　　010-68326294　　金　书　网:www.golden-book.com
封底无防伪标均为盗版　机工教育服务网:www.cmpedu.com

前 言

近年来,精益生产方式在我国得到广泛推行,使企业的管理水平和竞争力大幅提升。企业在通过精益生产方式获益的同时,还应进行认真的总结。比如,有些企业的领导看到其他企业推进精益,就决定也在自己企业内部推进精益,但并没有考虑精益能够给本企业带来什么,认为"精益是灵丹妙药,能解决所有问题"。有些企业往往借助外部顾问团队来推进精益,却忽视了企业内部团队的成长,致使顾问团队离开后企业的精益培训、项目改善和相关精益活动无法正常进行。事实上,企业内部的精益团队培养没有三五年的时间是很难实现的,企业的领导要做好充分准备来接受较长时间的团队培养周期及其后续的成长周期。另外,企业在推进精益过程中也存在一些问题。比如,有些人不认为精益部门是公司架构所必需的,不认为精益改善是部门内的日常工作之一,不认为所有的高层领导都应参与精益改善活动;有些企业在开展精益活动很长时间后,部门的日常工作却没有发生变化,无法将精益与企业内部日常工作相融合……

目前,推行精益的领域主要集中在生产制造领域,办公领域涉及得较少。事实上,办公领域同样需要推行精益,一是因为办公领域的问题和生产中的浪费有着密切关系。比如,生产计划安排得不合理会导致再好的生产线也不能高效发挥作用;产品设计过程中没有考虑可装配性,致使需要额外的工时来进行产品装配;前期的工厂设计(包括厂房设计、布局规划)没有考虑工艺流程,导致后续需要增加额外的搬运工作;存在的流程问题(如周期时间长、审批烦琐、存在"部门墙"等)严重影响了企业的生产环节,等等。二是办公领域存在相当高的管理人力成本。企业的人力成本分为管理人员成本和非管理人员成本。前者往往比后者高很多,甚至高出几倍。如果不减少企业的人力成本,将很难降低总成本。因此,企业需要对办公领域进行改善,而不能仅停留在生产领域的改善上。

现阶段,一些企业已经开始实施工业4.0和智能制造,以期抓住新机遇,超越竞争对手,用电子化、信息化、智能化来提高企业的核心竞争力。企业在使用ERP系统、MES系统、PLM系统、CRM系统时,需要在上线前进行相关流程的梳理和优化,从而充分发挥其应有的效能。有些企业虽然斥巨资投入信息化系统或智能制造软硬件的建设,但是未能完全发挥系统优势,其关键因素往往正是流程梳理和流程优化不到位,因此,需要进行办公领域的改善。

办公领域的改善类似生产领域的改善，也有一套方法，需遵循相应的步骤，采用合适的工具，进而达到预期目标。比如，流程泳道图就是一个非常有用的工具，不但可以展示那些抽象的流程，还可以展示流程周期时间、流程人力、流程品质、流程节点控制，以及所有的过程表单。此外，在团队活动时，流程泳道图也是帮助发现问题、分析问题和解决问题的理想的背景墙。围绕流程泳道图，可以引导团队成员用头脑风暴将每一个步骤的问题找出来，然后利用便利贴分析问题，并找出相应的解决方案。

精益办公很有价值，但是目前全面介绍如何开展精益办公的书籍很少，无法满足现场改善人员的需求。所以，笔者撰写了这本《图解精益办公实战手册》，以便帮助更多的现场管理人员掌握改善办公领域的方法，消除办公过程中的浪费，解决流程中的问题，从而改善办公领域的工作环境，提高工作速度和工作品质等。

本书共5章，第1章精益办公概述，主要介绍了精益办公的定义和常见的办公浪费，让读者可以了解办公流程中存在的问题。

第2章精益办公的基本要素，包括组织架构、开放式办公和办公连续流、工作饱和度测量和进度管理目视化，以及Obeya Room（大部屋）的目视化。

第3章如何实施办公流程改善，介绍了办公流程的改善步骤，让读者可以快速了解精益办公的实施过程，并将之应用于精益办公项目中。

第4章流程改善周，介绍了如何通过现在流行的改善周的方式来改善办公流程，从而实现精益办公改善。

第5章精益办公案例，介绍了精益办公的改善案例，使读者可以了解整体的改善过程。

在本书的撰写过程中，得到了众多老师、专家、好友的支持，在此对他们表示衷心感激。还要感谢我的家人，他们的支持才是我完成本书的最大动力。同时还要感谢出版社编辑和老师们的大力支持。

由于本书编写时间紧张，编写人员水平有限，因此书中难免有不足之处，望广大读者不吝赐教，对书中不足之处给予指正。

王清满

目 录

前言
第1章　精益办公概述 ··· 1
　1.1　为什么需要精益办公 ··· 2
　　1.1.1　流程是可以改善的 ··· 3
　　1.1.2　办公有非常大的浪费而且浪费还难以发现 ···················· 3
　　1.1.3　办公浪费会影响其他业务领域 ···································· 5
　　1.1.4　办公领域交付时间比生产领域更长 ······························ 7
　　1.1.5　办公领域比生产领域对产品成本的影响更大 ················· 8
　1.2　精益办公与精益生产的比较 ·· 10
　1.3　精益办公基本问题 ··· 13
　　1.3.1　流程目的不清，按照旧习惯来做事 ····························· 13
　　1.3.2　流程没有评价指标 ·· 16
　　1.3.3　职能部门间常见"部门墙"问题 ································ 17
　　1.3.4　流程缺少优化 ·· 20
　　1.3.5　流程缺少标准 ·· 21
　　1.3.6　流程过多的审批 ··· 23
　　1.3.7　流程返工问题 ·· 24
　1.4　精益办公的八大浪费 ·· 27
　　1.4.1　不良的浪费 ··· 30
　　1.4.2　过量生产的浪费 ··· 32
　　1.4.3　等待的浪费 ··· 33
　　1.4.4　搬运的浪费 ··· 35
　　1.4.5　动作的浪费 ··· 37
　　1.4.6　过度加工的浪费 ··· 39
　　1.4.7　库存的浪费 ··· 41
　　1.4.8　人力利用的浪费 ··· 42
第2章　精益办公的基本要素 ··· 47
　2.1　精益组织架构 ·· 47
　　2.1.1　常见组织架构 ·· 47
　　2.1.2　产品族价值流的职能架构 ·· 52
　2.2　开放式办公和办公连续流 ··· 54

2.2.1 开放式办公 ·· 54
　　2.2.2 办公连续流 ·· 55
　　2.2.3 办公连续流案例 ··· 56
2.3 工作饱和度测量 ··· 58
　　2.3.1 能够测量时间的办公作业 ··································· 59
　　2.3.2 标准时间测量 ··· 60
　　2.3.3 工作抽样法 ·· 64
　　2.3.4 工作饱和度分析 ··· 68
2.4 进度管理目视化 ··· 68
　　2.4.1 项目进度管理板 ··· 73
　　2.4.2 生产计划管理板 ··· 74
　　2.4.3 状态和指标管理板 ·· 74
　　2.4.4 供应商送货时间管理板 ····································· 74
2.5 Obeya Room（大部屋）的目视化 ································ 76
　　2.5.1 Obeya Room 的发展历程 ··································· 76
　　2.5.2 Obeya Room 的特点 ·· 77
　　2.5.3 Obeya Room 的设立 ·· 79

第 3 章　如何实施办公流程改善

3.1 步骤 1：流程梳理 ··· 87
　　3.1.1 如何进行流程梳理 ·· 89
　　3.1.2 建体系 ··· 90
　　3.1.3 串流程（全流程梳理） ····································· 109
　　3.1.4 整数据 ··· 125
　　3.1.5 列问题 ··· 129
3.2 步骤 2：改善课题实施 ·· 132
　　3.2.1 确定对象课题 ··· 134
　　3.2.2 描述课题背景和目的 ······································· 136
　　3.2.3 现状调查（"三现主义"） ································· 138
　　3.2.4 问题点归纳 ·· 151
　　3.2.5 确定改善改革方案 ·· 162
　　3.2.6 实施改善 ·· 164
　　3.2.7 确认成果 ·· 166
3.3 步骤 3：流程标准化 ··· 167
　　3.3.1 为什么需要流程标准化 ····································· 167
　　3.3.2 流程标准化文件 ··· 168
3.4 步骤 4：流程电子化 ··· 173

第 4 章　流程改善周

4.1 改善周的前期准备 ··· 175

     4.1.1 改善周课题选择 …………………………………………… 176
     4.1.2 改善周支持者、促进者（内部顾问）、团队领导人 ………… 176
     4.1.3 改善周团队成员 …………………………………………… 179
     4.1.4 改善周项目书 ……………………………………………… 181
     4.1.5 改善周的行动计划 ………………………………………… 184
     4.1.6 改善周培训文件和表单 …………………………………… 187
     4.1.7 改善周活动前准备物品 …………………………………… 188
   4.2 改善周的活动进行 ……………………………………………… 192
     4.2.1 第1天活动"培训日" ……………………………………… 193
     4.2.2 第2天活动"发现日" ……………………………………… 197
     4.2.3 第3天活动"改变日" ……………………………………… 203
     4.2.4 第4天活动"持续改善日" ………………………………… 208
     4.2.5 第5天活动"报告日" ……………………………………… 210
   4.3 改善周的后期跟进 ……………………………………………… 215

第5章 精益办公案例 …………………………………………………… 216
   5.1 改善周前期准备 ………………………………………………… 216
     5.1.1 相关KPI数据收集 ………………………………………… 216
     5.1.2 订单计划和生产流程 ……………………………………… 216
     5.1.3 改善周计划 ………………………………………………… 218
     5.1.4 改善周邀请 ………………………………………………… 220
   5.2 改善周实施 ……………………………………………………… 220
   5.3 改善周实施结果 ………………………………………………… 224

参考文献 ……………………………………………………………………… 227

第 1 章

精益办公概述

如今精益生产在制造领域取得了巨大的成就，包括提高生产效率、减少制造周期时间、减少在库库存、充分利用人员潜能等，使企业的运营和管理水平得以显著提高，以更快的速度、更低的价格、更好的品质生产出客户需要的产品。但是反观精益在办公领域的进展却是相当缓慢，甚至是停滞不前。是不是办公领域就不需要精益，或者办公领域已经非常优秀能够达到客户的期待，快速满足客户各种需求了呢，还是根本就不知道需要将精益生产应用到办公领域？实际上，不知道如何将精益应用到办公领域中，成了该领域精益开展不利的原因。

常见办公的真实场景是：采购人员不断催促供应商要按时交货，打开 ERP（企业资源计划）系统显现的是各种缺料信息和紧急插单，面对这种情况，需要向供应商质量工程师（Supplier Quality Engineer，SQE）部门投诉，以改善供应商的品质。此外，面对订单异常、客户紧急需求、生产线临时缺料、流程停线和各种异常，采购人员需要与供应商进行新一轮物料协调。如此嘈杂、混乱无序的采购部是我们需要的或者想象的采购部吗？采购部要在这种环境下处理日常事务吗？有没有一种更好的工作方式或者流程来完成采购工作呢？采购部有不需要催料和抱怨就能让物料准时上线的工作流程吗？然而，采购部的日常工作只是办公领域的缩影。

实际上，每个部门都有各自的"麻烦"，但是对于这种"麻烦"，大家的想法是什么？为了完成工作，努力想各种策略来解决"麻烦"，成为公司的"英雄"。或者不断忍受"麻烦"流程，心里默念怎么会有如此刻板、烦琐的流程，接着低头按照流程一步一步完成工作。"麻烦"甚至成为工作的主流，占用了工作的大部分时间，让人无法从事真正有价值、有意义的工作。有没有时间停下来思考一下，这些"麻烦"究竟是怎么产生的？怎么把问题在源头进行改善？如何对"麻烦"进行彻底改善，而不是"头痛医头，脚痛医脚"的解决问题？精益办公（Lean Office）可能是解决问题的利器。

可以用精益办公来解决办公领域的问题，通过梳理流程、优化流程甚至再造流程来达到流程效率化的目标。让流程更加有效率、简化、有序,甚至自动化,让人从无效、烦琐的工作中解放出来。办公流程常见浪费如图1-1所示。

- 办公人员效率低造成金钱损失
- 流程没有标准化,不知道如何进行操作
- 流程周期时间长,无效等待和转移多
- "部门墙"存在,造成沟通困难和成本高
- 只考虑完成自己的工作,没有考虑整体流程
- 流程审批环节多,造成无效动作多
- 效率低下造成办公人员士气低和高离职率
- 引起客户不满或丢失客户

图1-1 办公流程常见浪费

精益办公的定义是:在管理流程中通过增加价值使办公流程更加有效率和减少浪费的方法。

精益办公与生产制造一样,都是通过减少过程中的浪费来使流程更加有价值和更加有效。也许你会有疑问:生产领域消除浪费的办法真的可以应用到办公领域吗?答案是肯定的。生产领域会制造出不良品,办公领域也会有不良品,如到了量产阶段才发现产品设计不良,不合格新供应商进入合格供应商名录,品质没有办法得到保证;文件到总经理签字环节才发现文件格式不正确等。这些都属于不良浪费,只是对象不同,对象变成了信息、文件、设计方案等。此外,小批量均衡生产也同样适用于办公领域,处理订单流程不要积累到很大批量时才进行,也不要突然有很多客户订单需要处理,最好是均衡处理。单件流在生产环节应用很广泛,同样也适用于办公领域,建议处理客户订单的所有部门形成单件流,组建综合特别办公室统一处理订单,客服部、计划部、采购部、工程部和生产部在一起办公,用单件流来处理订单信息。多能工、标准作业、目视化、5S都同样可以在办公领域中应用,将精益从生产领域应用到办公领域具有可行性。只是精益办公的改善难度要比生产领域大,因为精益办公改善的对象是流程,还涉及人员和架构,涉及范围更广,实施难度更大,但是收效会更加明显。

1.1 为什么需要精益办公

为什么需要精益办公改善办公领域?精益办公能给我们带来什么好处?精益办公真的能发挥作用吗?精益办公能提供一套完整的系统方法来改善办公室流程吗?估计这是很多人关注的问题,与新工具和新知识导入一样,既好奇又充满疑问。但是随着时间推移,人们看到一个个成功案例,以及流程改善带来的好处,所有的顾虑就会消散。也许人们会说现在没有精益办公的成功案例,但是学习成熟的改善方法和别的企业成功之处，加上自身实践，或许能找到问题的答案。

1.1.1 流程是可以改善的

工作是通过流程来开展的，流程由许多的过程步骤组成，流程有输入、输出和子流程。对一些短流程，大家很容易就能发现过程中的问题并进行改善，而对于长流程，自己负责的仅仅是流程中的一小部分，很容易陷入"只见树木，不见森林"的尴尬境地，并很难发现问题，将不合理的流程误以为合理、正常的流程来运行，也就忽略了"流程是可以改善的"。这是惯性思维，人们很容易按照不合理的流程来执行，理由是原有的流程就是这样运行的，虽然过程中自己明显感受到流程中会有多余的步骤，增加了过多的时间来操作，进行了很多无意义的工作，但是没有任何意愿来改善造成麻烦本身的流程，甚至如果有外部人员想要改变现有流程，内部人员还会表现出抵触情绪。

相信如果说流程是可以改善的，估计任何人都不会反对，但是实际改善项目中还是有各种各样反对的声音出现。改变流程将变得更加糟糕？改变后销售人员可能会有一堆抱怨？改变后操作系统要增加成本？改变后领导会同意新的流程吗？新的流程真的有效吗？人们对于改善流程带有各种各样的疑问。改善可能逼自己走出舒适区，从事自己不擅长、不习惯的操作并丧失原来丰富的经验，使得改善变得更难，但是不改善就只能是原地踏步，不可能有任何改变或者好的结果出现。大部分的拒绝改善都出于感性思考，而不是理性思考（固定思考逻辑），本能地就觉得改善将会带来更多问题，改善将会使自己离开习惯区域，而不会细想改善后的好处。改善被贴上了"可怕"的标签，造成大家远离改善，与改善有天然隔阂。

简单流程绩效指标就可以促进流程改善，流程指标是管理者需要考虑的一个重要范畴，如何用流程指标来反映流程的现状？如何用流程指标指引流程进行优化和改进？有哪些流程指标可以衡量流程的效率呢？例如，流程中人员数量、流程前置期、流程的客户满意度、流程一次合格率、搬运次数、步行数量、流程人员工资与生产产值的比、直接员工和间接员工人数比，甚至可以自己定义一个指标来衡量过程效率。当流程指标设立后，就相当于流程带有刻度化丈量尺，流程运行状态可以体现出来，流程是否有异常、流程是否需要改善、流程中个人效率和差异也都可以体现出来，这都是改善的基础。流程改善办法如图 1-2 所示。

1.1.2 办公有非常大的浪费而且浪费还难以发现

在生产领域可以看到各种浪费活动存在，增加操作时间和成本。在办公领域也存在许许多多的浪费，比生产的浪费更加难以发现和进行消除。生产领域都是

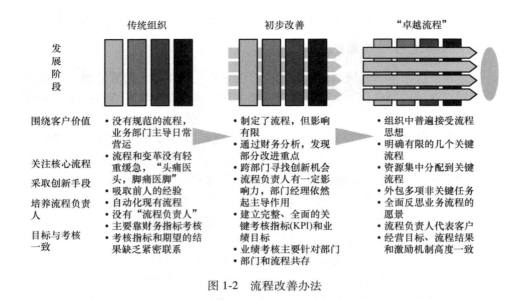

图1-2 流程改善办法

实实在在的产品，将各种原材料经过生产线加工成半成品，再组装成成品，所有加工对象都是可见的，因而更加容易看出浪费。但是办公领域处理的对象是看不见摸不着的信息，加工处理的方式是经过计算机操作或者人脑进行再处理，对象是不可见的，加工过程也是不可见的，所以识别浪费会增加困难。生产过程与非生产过程的区别如图1-3所示。

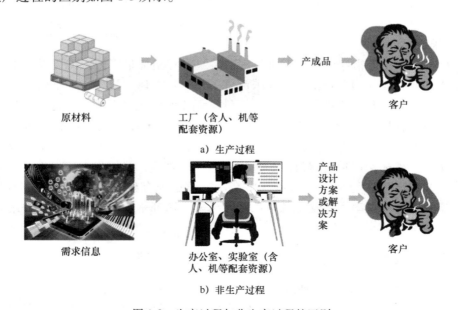

图1-3 生产过程与非生产过程的区别

办公室有很多的浪费，现在举一些常见例子：表单需要很多相关人员进行批签，每一个管理人员积压待批签的文件，如果批签领导不在，批签的时间可能需要更久，文件不能按照正常时间批签下来是浪费。做了很多的表单，填写了很多的数据，但是不明白表格的目的，表单内数据没有人关注或者进行数据处理分析，这是表单的浪费。我们还经常看到办公室人员不断增加，但是产品销售额却没有变化，这是人员上的浪费。会议很多，占用大量的办公时间，在无序、吵闹、推诿中进行，会议的决议很多没有后续跟进，这是会议室里的浪费。流程过于复杂和烦琐，增加了很多没有用的过程或者环节。样品或者新产品生产需要跨越研发部、工程部、计划部、采购部、生产部、销售部，而每个部门没有办法协调一致为了客户尽快拿到满意可靠、高品质的产品而努力，而是停留在如何保证本部门的工作最小化、效率最大化上，这是部门衔接浪费。流程有文件规定但是却不按文件规定来执行，缺乏监督和改进。完成本部门的工作后，将工作交给下一个部门，没有考虑做什么工作可以更好地帮助下一个部门开展工作。其实，办公领域存在的浪费比生产领域还要多，只是办公领域的浪费更难以发现和感知。

从增值和浪费分析角度来看，除了产品研发和服务是增值环节，剩下的所有环节都是非增值或者浪费环节，客户不会想掏腰包来购买人事服务或者行政工作，人事服务对客户也没有任何增值环节产生，大多是非增值工作，如因为招聘需要人事部门，因为支付工资需要人事部门，因为人员培训需要人事部门。你也许会说人事部门帮忙把研发人员招聘上岗，好的研发人员设计出好的产品从而产生更大的价值，但是真正产生价值的还是研发人员，而不是人事部人员，直接产生价值和间接产生价值还是有本质区别的。因此，存在大量浪费的办公领域更应该投入大量的时间来进行改善，办公领域才是真正现场改善的"宝库"。

1.1.3　办公浪费会影响其他业务领域

对比生产领域和办公领域，生产领域也时常会出现不良品，但是不如办公领域的危害面大。生产领域不良品会影响下一工序，最严重的会影响客户；办公领域不良品可能影响的是整条供应链、整个公司和所有客户，错误设计会造成生产过程中产品的不良，错误来到供应链上会造成整条供应链上原材料的不良，最终影响客户。

- **预估不准确、计划性差**。如果需求预测不准确，则影响的不单单是计划部门（后期要调整计划），影响最大的是生产部门或者供应商，生产部门因为不准确的计划生产出客户不需要的库存，供应商也没有办法供给正常需要的零部件。如果生产部门没有办法生产需要的零部件，供应商没有办法供给需要的零部件，必然影响到客户。
- **不准确的销售订单输入**。不准确的销售订单也就是错误源头，如果源头是错误的，那么后续做任何工作都是错误的或者是浪费、不产生价值的。

- **招聘不到合适人员**。招聘不到合适人员，造成生产上的麻烦，品质上没有保障，交期没有保障。
- **领导做出错误指示或者战略规定**。领导事务繁忙，在对现场不是特别了解的情况下，给出错误的指示或者制定不合适的战略规定，造成公司巨大的损失和浪费。
- **设计人员不合理设计**。设计人员在设计中没有充分考虑各种因素和进行多次实验验证，仅想快速完成设计研发的产品，从而设计出缺陷产品，或者是没有考虑加工的难易性和装配尺寸，造成生产装配时需要多投入人员来进行装配。
- **品质过严规定**。品质部门过严的要求也会导致生产线安排更多的人手或者花费更多的时间来完成产品，对供应商的检验过严，可能会导致零部件的成本上升。

从上面的例子可以看到，很多职能部门的流程或者工作方式的不正确会严重影响生产领域，造成巨大的浪费和多余的人员使用，而且一般职能部门都是"发号施令"的部门，对于被动接受的生产领域影响更是巨大。生产领域是完全受制于上层信息处理指挥，如产品的具体样式是由研发部确定的，生产时间是由生产计划控制的，而用什么方式生产是工程部制定的，所有信息驱动生产的各个环节。不难想象，如果办公领域出现问题，生产将会出现什么样的混乱情形。作为源头的办公领域更需要进行改善，也只有从源头进行改善，才能从根本上抑制浪费产生，并取得更大的改善成果。办公领域和生产领域流程如图1-4所示。

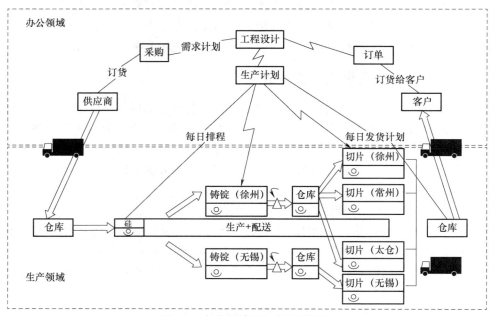

图1-4　办公领域和生产领域流程

1.1.4 办公领域交付时间比生产领域更长

在完成一件产品交付给客户的过程中，需要有市场营销、研发、工程（生产准备）、计划、采购、制造和客户服务等环节，制造属于生产领域，剩下的全都属于办公领域。换句话说，为了将更好的、价格更低的、品质更好的产品交付给客户，仅优化生产制造环节是不够的，还需要全过程实现精益化，才能够更好地满足客户的需求。过去将改善集中在生产制造领域，现在应该转变思维，将改善更多落实到办公领域中，实现全过程的精益化。

精益中关注制造的前置期（Lead Time，LT），希望通过改善来不断地缩短LT，LT短就意味着能够在更短时间内满足客户需要，能够将现金流转得更快，能比竞争对手增加一个优势（如果竞争对手答应6天能够交付产品，而公司的LT是3天，这就是自身的优势竞争力），能够减少中间环节的库存数量等。然而要减少制造的周期时间，单单改善生产领域作用是不大的，还需要涉及在非生产领域里进行改善优化，理由是办公领域的LT要比生产领域长，以产品交付为例，生产制造可能1~2周就可以完成，最快的速度也就是1~2天可以生产完成，但是订单经过客服、客服输入系统、订单评审、问题反馈确认、ERP系统计算、审查确认和采购物料，最后下生产工单让生产部门开工，整个周期时间就远远大于1~2周。如果再加上产品设计、供应商生产、物流时间，那么周期时间就会更加漫长。常常把改善聚焦在生产领域，其实办公领域改善更应该引起大家的注意。不同领域改善如图1-5所示。

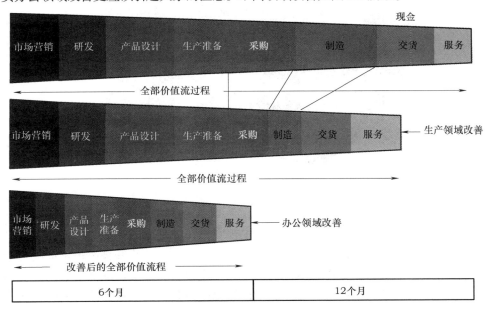

图1-5 不同领域改善

缩短LT所产生的好处与库存减少是一致的，更有趣的是二者有密切的关系，缩短LT意味着库存要很少，而减少库存数量就可以缩短LT。短LT或者低库存生产方式意味着企业有卓越的运营能力，因为只有卓越的运营能力才能支撑起低库存生产方式。

1.1.5　办公领域比生产领域对产品成本的影响更大

企业人工成本分为管理人员成本和直接员工成本。管理人员成本比直接员工成本高，在新产品报价中，管理人员成本都是按照直接员工成本1~5倍的系数来确定的，可以看出虽然工人直接创造价值，但是不直接创造价值的管理层却需要公司支付更多的工资。比生产领域更高的人力成本的管理领域更需要进行改善，改善的收益也比生产领域大。

在产品开发中，研发部门的直接发生成本大约占总成本的5%，包括研发部门的人员工资、研发设备费用、研发材料费用和其他研发费用。但是这5%的发生成本能决定大部分潜在成本，如材料选择、工艺选择、加工人员数量、生产周期时间，换句话说，研发可以决定70%的产品成本，而在生产环节中不断进行改善仅仅只能影响剩余的30%，这个比例少得可怜，按照二八定律（80/20定律），生产流程方面的改善无法支撑起改善的目标，因为它的比例实在是太小了。成本影响因素如图1-6所示。

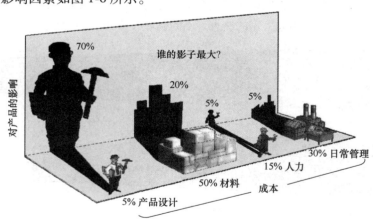

图1-6　成本影响因素

现场改善往往有类似经验，用工业工程（Industrial Engineering，IE）手法一点点缩短操作时间，改善幅度不如单元线升级改进；单元线升级改进不如夹具自动化项目改善幅度大；夹具自动化项目不如采购原材料的单价降低节省的金额幅度大；单价降低不如设计人员对产品结构优化改善幅度大。根据改善的收益从小到大，研发对整个成品的影响是最大的。

由此可见,办公领域的浪费远比制造领域的浪费大得多,而且造成的影响和危害也更大。只有实现了办公领域的精益,才能让生产和制造更加顺利,更能满足客户的要求。

【例1】 电信企业客户服务流程

在某电信企业中,改善前的客户服务流程如下:客户与客户服务部门进行联系,投诉家里电话的杂音大、断线、串线,客户服务部门会记录相关业务信息及客户信息,然后传递至诊断部门;诊断部门诊断完成后形成诊断单,传递至维修部门;维修部门派出工人与客户确认好时间,然后上门维修。很多企业为了塑造企业品牌形象,还要求员工进入客户家里时穿鞋套或套塑料袋,修理期间不饮用客户的水、饮料等。维修工人修理完毕后,形成维修记录单,传送到客户服务部门。一段时间后,客户服务部门进行电话回访,检查、监督维修工行为,至此流程结束。具体流程如图1-7所示。

图1-7 某电信企业客户服务流程(改善前)

在这个业务流程系统中,存在以下问题:

第一,真正开始接触问题、解决问题是在第三到第五个环节,第一时间接触客户的人不是分析与解决问题的人,真正分析与解决问题依靠的是第二手甚至第三手信息。

第二,如果客户服务部门记录不准确、引导不到位,就可能造成诊断部门的错误诊断,派工之后发现问题不对,然后进行二次派工,导致一次故障解决率长期徘徊不前。

第三，信息传递次数越多，信息失真的可能性就越大。在此流程中要经过三个表单记录，信息很有可能会不准确或丢失，从而影响整个流程的服务质量。

第四，诊断部门需要大量的技术人员对客户服务部门汇总的数据进行专业诊断，这造成了人工成本的增加；诊断部门每天解决的问题中有大量的重复性、低层次问题，虽然是高级工程师，但是工作没有成就感、满意度低。

经过分析后，该电信企业对客户服务流程进行了改善，改善后的流程如图1-8所示。

图1-8 某电信企业客户服务流程（改善后）

该电信企业在客服人员旁边增加了计算机诊断系统，系统内录入了常见问题清单、故障说明及解决问题的措施。当客户描述遇到的故障时，客服人员可根据关键词在诊断系统内搜索常见问题清单及解决措施，如果属于常见问题，客服人员可以直接处理，免去了诊断部门的诊断和维修部门的派工。如果客户出现的问题是非常见问题，再由客户服务部门提交诊断部门进行故障研究和分类，研究解决方案，载入企业知识库，然后录入诊断系统。通过一个诊断系统就可以减少很多沟通环节失误，让整个流程变得更有效率。

1.2 精益办公与精益生产的比较

在非生产领域（如精益办公）和生产领域推进精益是两种不同的尝试，虽然二者在精益思想和精益工具的运用方面是相同的，但它们之间还是存在明显的差异，如图1-9所示。

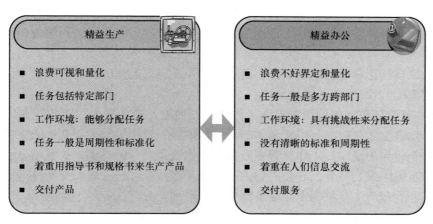

图 1-9　生产领域和办公领域的差异

1）生产领域浪费可视和量化，非生产领域浪费不好界定和量化。在生产领域中容易界定浪费，简单目视化就可以显现浪费，如过量生产会造成很多在制品在车间或者仓库里，过量生产的物品是可视化的实物，很容易判定是否过量。在非生产领域，同样是过量生产，却难以清楚分辨，如计划部门安排很多不需要的生产计划，信息都存在计算机中，很难目视化，同时又难以判定计划是否过量，即使计划打印出来，在一叠一叠的文件中也不容易分辨出哪些是合适的订单、哪些是过量的订单；进度管理也存在同样的情况，生产领域可以通过实物或者制造执行系统（Manufacturing Execution System，MES）系统来监控生产进度，办公领域的流程进度、项目进度和工作进度就难以目视化和把控，所以在非生产领域可视化难度大，浪费也难以发现。

2）任务跨部门。生产领域的任务就是在特定的一两个部门就能够完成的工作，在非生产领域牵涉的部门就会更多。生产部门属于被服务的部门，工程部提供工艺路径、工艺参数和标准手法，采购部将相关物料采购到位，生产及物料控制（Product Material Control，PMC）安排各个部门的工作。生产领域就是在所有环节都齐备的条件下完成产品的生产。而非生产领域中，就连最简单的给客户报价，可能也要牵涉到采购、IE、工艺、研发、财务、客户或者销售等部门，采购部负责零部件报价，IE 负责产品工时，工艺部负责设备成本和工艺，研发部负责产品设计等。在改善方面，生产领域改善可以是部门内改善，或者跨一两个部门的改善，很少涉及全流程改善，但是办公领域改善一般是跨部门改善，甚至是跨多个部门的改善。

3）任务没有周期性和标准性。在生产领域中，员工就是负责本工位的操作，这种重复性高的标准化操作，标准工时可以很好地测量出来。但是在非生产领域中，只有少部分工作可以测量，大部分工作没有办法测量出来，如处理一项订单的时间是可以测量出来的，但是处理订单中可能会遇到很多问题，如订单信息错误或者订单信息缺少，处理这些异常问题的时间没有办法进行测量，异常问题处理也不是周期性的。研发人员可以对着计算机半天没有操作或者产出，但是他可以说自己正在进行产品设计，而产品设计是需要时间的，有可能是5天，有可能是10天，取决于灵感的出现。

4) 分配任务。因为没有标准工作流程，加上工作变异大，就很难制定标准工时。没有标准工时，分配任务大部分是拍脑袋，觉得工作需要几个人来完成完全取决于领导的经验。工作流程变异大，工作瓶颈岗位的不确定性也给分配工作造成一定的困难。另外，办公人员的工作都是多任务并行，同时交叉处理多项工作，正在处理的工作根据重要度不断变化，增加了分配任务的难度。

5) 一个是产品，一个是信息。在生产领域中可用指导书来生产产品，产品是可见的，但是在非生产领域中，产品一般是信息或者服务，是看不见摸不着的东西。工作内容不可见，往往就会造成管理上的困难，事情的进展就难以把握，是否按时完成、哪些环节是瓶颈、进行到哪一个步骤就很难了解。除非有电子流程系统，才能很清晰地将过程展示出来。

从以上关于生产领域和非生产领域的描述中可以看出两者的差异。很多精益工具应用到非生产领域，需要结合现状调整应用，如单件流在生产领域容易将分开的工序合并在一起形成连续流，在办公领域单件流的应用情形比较多，但是很难将完成报价的所有人员安排在一起形成连续流，因为部门限制或者人员需要负责多种业务，可以规定在一天内的固定时间段里集中在一起完成报价的所有流程。设计大部屋也是这个道理，将设计所需要的人员集中在一起进行设计研发工作，设计方案时考虑生产的可行性和便利性。除了上述不同点，非生产领域还具有以下特殊点：

1) 不可视是办公流程所特有的，流程处理过程是不可视的，需要通过大脑或者计算机进行信息处理或者完成任务。工作对象也都不可视，如订单、生产计划、产品设计、客户问题解决、工程设计、人员考勤核对都是不可视的。

2) 过程处于正常状态还是异常状态很难发现。在生产领域，每一个工位都有标准作业工序（Standard Operation Procedure，SOP）来指导作业，可以通过SOP了解工作是否正常操作，也有很多工具可以发现异常，如工位有不良品红箱展现物料异常情况、每小时管理看板发现每小时生产产出的异常，Andon系统能够在有问题时启动Andon信号。但是在非生产领域就很难区别正常或者异常，很多标准都没有建立，没有标准就很难分辨异常。非生产领域异常很难显现出来，需要领导额外关注或者花更多时间了解，才能发现异常。

3) 自负，不愿意听取别人的意见。不愿意听取别人的意见，我就是"专家"，我就是最好的。与生产线的员工不同，非生产领域面对的都是专家级别人物或者学历水平较高的人，所以很难说服他们同意某一件事情，或者是扭转他们错误的观念，很多情况下他们会认为自己是正确的，流程是正常的。

4）没有衡量指标。非生产领域标准工时是一个痛点，本身作业变异大、处理步骤不同、等待别人回复周期不同，很难给出一个准确的标准工时，如果没有标准工时就很难衡量多少人是合适的，不产生多余的人员冗余。人员很难界定，但是必须规定完成每一项目的大致时间，如简单夹具需要一天设计完成，订单处理时间为两小时，采购单审批需要一天的时间。只有这样才能更有效率地完成每一项工作。

5）很难防呆，无系统防错的办法来做到零缺陷。非生产领域对不良情形关注程度低，如设计失败了，就重新设计结构；表单填写错误，就重新填写一张表单；生产计划错误，就重新调整计划。最可气的是，到最后一个环节审核才发现数量输入有错，前面的所有步骤都需要返工。很少思考怎样才能不返工，或者减少错误。

6）不理解"三现"⊖，喜欢听别人说或者做出一些假设，很不希望到现场进行确认。很多人习惯了待在舒适的办公室里，一年到头很难下到现场一次，所有现场情况都是通过下级定期汇报来获得，忽略了真实情报来源的现场。

1.3 精益办公基本问题

办公流程中会出现具有共性的普遍问题，大大影响流程效率。办公流程改善可以是针对共性问题进行改善，先了解办公中常见的问题，检讨一下自己流程中是否有这些共性问题，可以加快问题发现速度，在流程改善中更加容易分辨出流程中的问题。

1.3.1 流程目的不清，按照旧习惯来做事

人的行为中存有习惯性，总喜欢原有的习惯，陷入习惯的惯性中。在办公流程中也有类似的情况出现。某个流程是在特定的情况下产生的，经过很长时间后，这种特定情况已经不存在了，但是人们做事的流程还是按照特定情况下的流程来进行，没有做到与时俱进。例如，生产领域已经有 MES 系统可以轻松地计算出每日、每周、每月的生产效率，而生产部还是用手工的方式来统计生产效率。又如，一张生产划痕不良统计表格，原来是产品有划痕需要统计不良数量来进行改善，但是现在划痕问题已经解决了，统计表格的习惯依然被保留下来，统计一个没有任何意义的数据，这是一个"习惯"的案例，至少告诉我们如果一

⊖ 三现：现场、现物、现实。

直接按照原来的流程操作，会有问题产生，不是说原有流程就是正确的，需要看目的。流程目的如图1-10所示。

图1-10　流程目的

有一个著名的猴子实验可以解说这个过程。

五只猴子被关在一个笼子里，上头有一串香蕉，还有一个自动装置。一旦有猴子要去拿香蕉，马上就会有水喷向笼子，而这五只猴子都会淋湿。

1. 习惯的起源

首先有只猴子想去拿香蕉，当然，结果就是每只猴子都被淋湿了。之后每只猴子在几次尝试后发现都是这样。于是猴子们达到一个共识：不要去拿香蕉，以避免被水喷到。后来实验人员把其中的一只猴子释放，换进去一只新猴子A。这只猴子A看到香蕉，马上想要去拿。结果，被其他四只猴子猛打了一顿。因为其他四只猴子认为猴子A会害他们被水淋到，所以制止它去拿香蕉，猴子A尝试了几次，虽被打得满头包，依然没有拿到香蕉。当然，这五只猴子就没有被水喷到，而且之前的四只猴子认识到要加入新的猴子必须要适合它们的文化，否则一只猴子坏一群猴子，大家都没好日子过，而猴子A认识到自己要么别进来，进来就要服从大家共同的认知。

2. 习惯的延续

后来把一只旧猴子释放，换上另外一只新猴子B。这只猴子B看到香蕉，也是迫不及待地要去拿。当然，一如之前所发生的情形，其他四只猴子猛打了猴子B一顿。特别的是，那只猴子A打得特别用力。猴子B试了几次总是被打得很惨，只好作罢。后来，慢慢的一只一只，所有的旧猴子都换成了新猴子，大家都不敢去动那串香蕉。但是它们都不知道为什么，只知道去动香蕉会被打。新猴子进入后，猴子们意识到，一是旧的共识依然有效，必须延续原来的习惯；二是如果新猴子打破共识，就需要对新猴子进行相应的惩罚，如此原有的习惯才能得以延续。

猴子实验大致可以告诉我们：如果工作中有太多的盲目服从，而不问工作本身的目的，将会产生很多无用的工作。在操作每一项工作的时候，需要想一想：这项工作的目的是什么？为什么需要做这项工作？做这项工作对客户有什么影响？如果不做这项工作会怎么样？通过这些问题来帮助我们理解工作的目的和意义，从而减少陷入习惯性思维之中。

工作的目的是帮助大家清晰地了解工作的真正意义，通过询问工作本身的目的来判定工作是不是有必要，是不是要进行下去。另外，统一的目的能够帮助大家高效率地完成工作。大家知道三个和尚的故事，一个和尚的时候挑水喝，两个和尚的时候抬水喝，但是三个和尚的时候，A 和尚就变成了怎么让别人挑水自己不参与挑水，B 和尚就变成了等别人来挑水，C 和尚就说我不能挑水给另外两个人喝，最终导致大家都没有水喝。如果大家的目的都是大家挑水大家喝就什么问题也没有了。在公司中如果没有一个统一的目标或者方向来指引的话，很容易就陷入一种内耗的状态，大家工作的方式不是把工作做好，而是怎么样自扫门前雪，这个会很伤害工作积极性和耗费大量的工作时间。

在日常的工作中可以发现很多因为目的不一致所产生的内部消耗问题。每个部门的目的不是以公司整体的营利为目的，如果部门的目的不是一致的，将会对整体公司目的的达成产生不良影响。如果部门的目的和公司的整体目的是一致的，部门就不会为了更好地完成本部门的工作而不断增加人力，不考虑流程改善的问题。部门就不会单单注重本部门的 KPI（关键业绩指标）绩效，而不管不问其他部门的 KPI 绩效。

另外，不同的目的给人带来的激励也是不一样的。如果读书是为了实现自己的理想，这个时候读书可能会有很多的乐趣产生。

此外，工作目的明确后，可以更加高效地完成工作。例如，在了解了上司分配的工作目的后，才能使工作达到上司的要求，让上司满意整个工作执行情况，不然会做很多无用功。

1）猛然发现原来很多流程价值不清晰，做了很多目的不明确的工作。从某种意义上来说，这些都是可疑的工作。在一个项目中，我追问一位同事，他所负责的立项审批流程的价值是什么，他想了半天后说，流程的价值在于不走立项审批流程，这件事情就办不了，流程就走不下去。立项审批真是让流程走下去？

2）从原来为写文件而写文件到关注价值。企业在跨组织部门流程梳理的时候，团队成员经常会思考流程的价值是什么、每一个流程的活动价值是什么。在这种方式下，很多不合理的任务安排被清除出去。

3）企业提升了跨部门协调的能力。原来企业跨部门出现分歧的时候，采取的办法有：找上级领导协调；谁的声音大听谁的；不对话，惹不起咱躲得起；寸土必争，针锋相对，不欢而散。而那些个人影响力强的人往往能够有效解决跨部门争端。了解问题的原因是目的不一致后，跨部门争端变得容易解决了。转变每一个人的思考方式，总经理不断强调要从公司全局来进行思考。流程是公司的，价值是共同的，同一个流程，同一个梦想，大家的思维方向从对立面向平行面转变，这样就可以减少分歧。

在跨部门流程争端时，我们经常采取的协调句式是："本流程的价值是什么？A方案的目的是什么？B方案的目的是什么？哪一个方案更有利于实现公司的整体价值？"

1.3.2 流程没有评价指标

在生产领域中有清晰的指标来监控生产经营情况，如生产线的效率有每小时生产看板，每天、每周和每月的生产效率，监控过程品质有过程能力指数、统计过程控制（Statistical Process Control，SPC）、一次通过率（Rolled Throughput Yield，RTY）、品质不良数据，设备有设备综合效率（Overall Equipment Effectiveness，OEE）指标设备停机时间等。但是在非生产领域中，很难找到一些指标来监控流程的运行情况。如果流程没有指标，就无从知道过程运行的状态；如果流程没有指标，对可能出现的失控状态无法采取补救措施；如果流程没有指标，就没有办法对过程负责人进行评估、监控和奖励。

流程中存在变异大、没有标准工时，对流程难以进行管理。但如果给流程加一个时限（评价指标），如不精细计算测量每一个设计模具环节的标准工时，但是要求4天内必须完成一套模具设计工作，一个月必须完成几套设计模具图纸，就能很好地把握整体周期，并对异常的模具设计进行管理。如果没有模具4天必须完成的时限，模具设计的周期就会成为一个模糊地带，首先模具设计人员没有任何压力，5天完成也可以，7天完成也可以，别人如果质疑为什么完不成，设计人员可以找一堆理由来搪塞。最头痛的是模具使用方，他根本不知道什么时候可以有新的模具可以正常使用。另外，4天的完成时限规定后方便管理人员了解什么是异常，不会错误地以为一切都正常。

非生产领域也有很多相关流程，流程又有中间的N个过程和输入、输出，输出和输入比值就是俗称的过程效率。除了过程效率，还可以用别的指标来监控过程的运行情况，每个企业可以考虑用适合的指标来监控过程，下面的流程指标提供一些参考，见表1-1。

表1-1 流程指标

KPI名称	计算公式	意义	说明
间接员工与直接员工比值	间接员工与直接员工比=间接员工/直接员工	衡量间接员工与直接员工的比例	直接员工：现场生产操作人员；间接员工：除直接员工以外的

(续)

KPI 名称	计算公式	意义	说明
过程周期时间	过程结束时间-过程开始时间	衡量一个工作项目完成的时间	过程不单单包括操作时间,还有等待时间、返工时间等
过程操作时间	操作结束时间-操作开始时间	衡量操作一项工作的时间	指完成一项工作的操作时间
工资与产量比例	人员工资/期间生产产量	衡量工资与生产数量的比值	
工资与销售额比例	人员工资/期间销售金额	衡量工资与销售金额的比值	
返工率	返工数量/合格数量	衡量过程品质情况	
按时完成率	按时完成数量/总数量	衡量过程按时完成率	
改善件数比	改善件数/人员数量	衡量部门改善意愿	

从上面的一些计算公式可以看出,很多生产领域的指标也可以放到非生产领域,如生产效率、品质返工和准时交货率等,流程指标如图 1-11 所示。

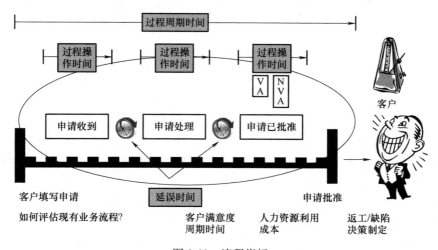

图 1-11 流程指标

1.3.3 职能部门间常见"部门墙"问题

一个企业每次工作会议都会变成"埋怨指责会",吵架的原因多种多样:物料经理会抱怨销售部不结合库存来销售;生产部抱怨质量部教条主义,进行质量控制时不考虑市场需求和客户要求;市场部抱怨生产部应该交货给客户的产品就是交不出来,生产部委屈地说交不出来是因为物料经常不到位,拍着胸脯说只要物料齐全，百分之百能交上客户所需要的产品。物料经理一听提高声音，我的物料为什么不到？如果计划老是有问题的话，我没有办法来保证。中层领导不愿看到这种吵闹的场景，他们开始反思：我们之间是不是缺乏团队精神了，于是公司组织大家参加"团队训练营"，其中有很多的节目，比如大家分组，一个组员站在高台上，后背直挺挺地倒下来，其他队员在高台下负责将他稳稳地接住，大家高呼"我们是一个团队"。训练结束后，大家回到企业，在工作会议上，该吵架的问题还是继续吵下去……

这个场景经常可以在企业中看到，人们往往将这种部门相互推诿、推脱的行为认为是缺少团队精神、缺少领导力、缺少执行力、缺少部门的明确分工、缺少部门的配合合作、缺少高层领导的决断、缺少……但是这些是真正的原因吗？流程"部门墙"如图1-12所示。

- 职能型部门孤岛式工作方式
- 部门间的沟通缺乏
- 非连续性作业
- 信息批量处理

图1-12 流程"部门墙"

其实，出现这种情形可能在于职能部门的分工。有很多企业采用了这种分工方式，企业分成销售、研发、工程、生产、采购、计划等部门。当公司用这样的分工来组织公司运作时就会出现以下问题：

1）职能型部门的孤岛式工作方式。职能型部门很容易陷入品质问题就是品质部门的事情，计划问题就是计划部门的问题，工程问题就由工程部门来解决……如果陷入了某些事情是某个部门的事情的思维限制中，很容易就认为品质问题与品质部门有关，与其他人没有关系。这种思维下容易造成推诿、争吵、问题长期无法解决，也容易出现部门"山头"主义，部门领导就是"山头大王"，所有考虑方式都是部门利益最大原则。

2）部门间的沟通缺乏。部门的划分造成部门各扫门前雪的情况，往往是部门内部沟通非常顺畅，到了跨部门沟通的时候，难度会非常大。

3）非连续性作业。各部门的存在容易形成一个无形的"部门墙"。所有的文件在传递过程中都需要跨越这个无形的"部门墙"，就是将一个信息流程分成很多段流程，即将连续的流程分成非连续的流程。这种非连续的流程会造成作业排队和信息批量处理过程。

4）信息批量处理。例如，订单需要累积一天才开始处理，审批需要等到星期三才能进行，这些都是信息批量处理。

"部门墙"最大的坏处是造成相互推诿，推诿要增加很多管理成本，甚至会形成一股丧失执行力的作风。"部门墙"是怎么产生的？它又是如何与职能部门联系在一起的呢？有职能部门存在一定会导致"部门墙"吗？先看一个简单的案例。公司职能部门 A 和职能部门 B，部门经理负责分配职员工作任务。有一天，职能部门 A 的小张因为客户要求需要职能部门 B 的小李协助完成一项工作。小张就直接找部门 B 的小李要求工作协助，说明工作内容后，小李一看工作量和工作难度大，要求小张找自己的部门主管，部门主管同意了他才能完成这项工作。小张只好硬着头皮找部门主管，部门主管认为小张级别低且不是自己分内的事情，就当场不同意接受这项任务，一心想完成工作的小张只好继续找他们的部门经理。找到部门 B 经理，部门 B 经理还是一口回绝。小张无可奈何只能向自己的部门经理请求支援。部门 A 经理带着小张再次来到部门 B 经理面前，说明事情的重要性和缘由。如果部门 B 经理同意了，任务只用分配给主管，再由主管分配给小李。如果部门 B 经理不同意，就必须上升到总监级别，甚至更高级别，让更高级别负责人来判定。如果没有更高级别负责人来判定，那么这件事情就无限搁置了。这就是"部门墙"，每一个部门有自己的分工和权责，也有清晰的流程和制度，但是处理跨部门业务会举步维艰，因为各个部门都考虑自己部门利益的最大化，很少考虑公司利益的最大化，从而产生很多无意义的沟通、讨论、推诿……

【例2】 无意义的讨论

某企业中，一个老客户取消了未来的所有订单，公司内部人员一起讨论这个问题。

营销部指责生产部，抱怨自己辛辛苦苦建立、维护这个客户，本来是 30 天的交货期，生产部无法交货，害得自己厚着脸皮跟客户商量拖延了 10 天，10 天后还是无法交货，自己又低三下四地请求客户再推迟 3 天，结果还是无法交货，导致客户取消了以后的全部订单。

生产部认为这和自己没有关系，因为生产计划早就安排好了，人员、工装模具也都就位了，但是采购部没有供应充足的原材料、备品备件不充分，巧妇难为无米之炊。

采购部也认为这和自己没有关系。以前自己是 A 级客户，但是财务部总是拖着供应商的钱不给付，导致自己从 A 级降到了 B 级、C 级甚至垃圾客户，以前一个电话材料马上送到，现在却是钱到才发货。

财务部感觉自己特别冤枉。因为现在账面上只有3000万元，基建要花钱，银行贷款马上到期也要花钱，员工工资又要按时支付，根本无法完全兼顾。以前都是现货现款，现在营销部给客户承诺10天账期、30天账期、60天账期，车开得最好、嗓门最大、年终奖金拿得最多，钱却收不回来。

指责了一圈，又回到了原地。每个人说的都有道理，也都是实情，但是这样的讨论没有意义。流程结果的判定者不是营销部，也不是老板，而是客户。客户根据企业为自己提供、创造的价值来判定。

1.3.4　流程缺少优化

企业是如何建立流程的也是一个有趣的过程。部分企业是由领导说了算，领导说流程要怎么运行，员工就按照这个来建立流程，因为领导就是权威。部分企业是按照现有运作步骤来建立流程，但是不考虑现有流程运行效果。流程的建立过程大致分为以下4个阶段（见图1-13）：

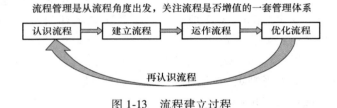

图1-13　流程建立过程

1）认识流程。像所有的改善一样，流程建立的第一步也需要大家先对现有的流程有一个了解、熟悉的过程，你需要了解别的优秀企业的流程，它们的流程比现有流程有什么优势，有什么更加合理的地方，流程设置中的哪些事项能够保证流程顺利运行下去。此外，你还需要了解自己公司的流程，有哪些没有正式的流程，哪些有正式的流程但是总有一些暗含非正式的操作步骤。

2）建立流程。流程建立包括流程文件（程序文件、流程图、作业指导书、表单、责任人、完成时间）等相关的标准文件建立。这里要强调的一点是，并非流程标准文件建立了，就能保证流程顺利运行下来，就能保证大家都按照流程来工作，就能保证很好的流程绩效。这还需要监督点检流程的执行情况。

3）运作流程。前面的两个阶段都属于纸上谈兵，在纸上或者文件上将流程规划出来，但是实际运行情况怎么样，会不会跟原来制定的有出入，能否达到预期的效果，这些需要实际运作流程。

4）优化流程。流程运作过程中总会遇到这样或那样的问题，这时就需要进行流程优化，用流程优化来改善运作过程中的问题，从而实现高效快捷流程运行。

一般公司建立流程都是按照上面的步骤来进行的，但是会发现很多时候流程一旦被制定下来，之后就没有内容的修改和更新了。这会造成流程在运行过程中出现的问题没有人来解决，流程执行者为了完成工作，不得不增加一些步骤或者按照自己的理解来完成项目，增加的步骤则降低了流程的整体效率。

流程运行后，如果不进行一两次流程的修改，完成检查阶段工作，流程其实很难完全运行顺畅。我们不可能期待流程完成自我修复，自动对流程中不合理的部分进行修正，唯一的办法就是间隔一段时间，大家一起对流程进行回顾，检讨流程中哪些环节需要改善。

绝大部分企业流程的建立都是只有前面的三个步骤，而对于保证流程持续运行的流程优化却是缺失的，大部分流程工作都认为流程建立后，或者把流程标准文件做完后工作就结束了，根本就没有注意运行流程的问题点，以及下一个流程中有无环节需要优化。

有时也会出现流程优化过度变成臃肿的问题。运行过程中出现问题，不断用新的补丁来保证流程的可靠性，新增加的流程操作环节让流程变得越来越烦琐。流程不可缺，但是绝不可滥用，必须在以目标实现为前提下仔细分析流程的流转途径、有效性和成本与收益。让流程尽可能简化，尽可能优化改善流程，在遵守法律、符合道德准则以及不损害组织和个人利益的前提下，流程应力求简单，即使达不到最简单，也应力求更简单。流程的产生本就是要简化，若流程使人人忙于流程完整而忽略了工作本身，那么这样的流程宁可不要。举例而言，采购部门担心采购单价过高，因此补充采购部门需要三家供应商进行价格对比，运行一段时间后效果不佳，又增加新流程——价格需要使用方确认，采购的总金额依然没有降下来，于是又增加新流程——要求审计部门审核每一个采购单价，流程变得越来越长。只要跳出日常工作的圈子，仔细思考一下某个流程的目的，反思现状，就可以发现很多工作是可以继续简化的，很多流程是可以摒弃不用的。

1.3.5　流程缺少标准

在公司中看到流程标准的各种问题点，标准不完善，标准不够详尽，标准长期不更新或者标准本身不具有可执行性。公司有流程吗？回答通常是公司里有一大堆的流程，在公司建立ISO体系时导入了很多的流程和制度。有流程、有制度、有表单就是一个完善的流程吗？完善的流程不但多而且要全，不但求全而且具有可操作性、简单性。在生产领域中，会有一份操作指导书来指引员工操作。我们知道，有工作就要有相应的指导书来配套，但是在非生产领域却很少有相应的操作指导书来指导工作。一个打印机的指导书，一个传真机的指导书，一个会议预定的指导书……你会发现在非生产领域，很多工作是缺少指导书的。标准的意义如下：

1）标准是改善的基础。改善总是根据现状来进行的，现状的基础数值是什么，将要改善到什么样的数值，但是如果现状是不标准的状况，那么现状的基础数值也就无从谈起，改善也就没有办法衡量。

2）标准是培训新员工的教程。新员工进入公司后将会面临新的工作、新的流程、新的制度，就需要通过培训使员工能够快速进入工作状态，标准化的文件就是最好的培训文件。

3）标准是区别正常和异常的准则。异常是需要管理者特别关注的，关注的第一步是知道什么是异常。简单来说，状态与标准一致就是正常，与标准不一致就是异常。标准是很好的衡量正常和异常的准绳。

4）标准使工作保持长期运行。如果需要保持一项工作长期运行下去，就需要用标准来不断地保持或者维持。流程标准化过程如图 1-14 所示。

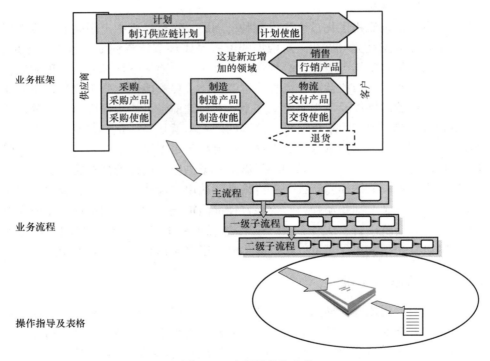

图 1-14　流程标准化过程

【例3】 麦当劳店长的一天

早上 5:30 前确认和准备营业的销售额和当天的工作量；要求原材料摆放在相应的位置，方便操作；确保库存量登记清楚，仓库和店面均保持清洁和整齐；检查原材料在库情况；检查记录店长的工作日记、工作日报表，了解前一天的运营财务和人事资料，及时弥补经营中的漏洞。

5:30 确认员工的工作计划表，确认工作人员的数量及工作时间，确认店铺的基本内容。

5:45 检查夜间的清扫工作，发现问题后及时处理。卫生间是重点检查对象，还要检查店铺的外观，确认店铺的整体形象，如标识是否清楚、霓虹灯是否显示正常、玻璃上是否有手印等。

6:15 检查前一天的各种调理机器的清扫状况，如果组装有误，营业可能会陷入瘫痪状态；确认原材料的补充情况，确认金库中的现金、零钱。

6:30 检查开店的作业进度。

6:45 打开电源开关，准备开始营业。

6:50 调整调理器。

8:00 检查供应商原材料的搬入情况，检查原材料质量。

10:00 前检查店铺内部是否有异常，一旦发生情况，立即根据危机管理小册子进行处理。

10:00 后每件事情都按照规定进行。

麦当劳餐厅将每一件事情都规定得很详细。从一个普通的前厅员工晋升为店长，按照规定，90%的人都可以做到一模一样，所以麦当劳的店长都很年轻，他们不需要十年、二十年的长期磨合，深刻理解其文化与体系，只要按照规定做事情，基本上就已经是一个半合格的店长了。麦当劳就是依靠这个流程迅速扩张店铺，营造了核心竞争力。

1.3.6 流程过多的审批

流程中审批是必需的，但是过多的审批就是非必需的了。一个简单的采购单审批环节有：申请部门主管审核，申请部门经理审核；然后是采购部门主管审核，采购部门经理审核；接着是财务部门主管、经理审核；最后是副总经理、总经理审核。整个流程下来，审核的时间比其他的流程时间还要多。但是，如此多的审核就能保证不出错误吗？这么多人审核就能保证价格最低吗？这么多人审核就能保证不过量采购吗？其实，在经理级别或者总经理审核时很多都是走过场，同时面对三四十份的审核很难有足够的时间一份份认真查阅，只能是看到主管审批完，就假设主管已经很好、很细致地审阅了，然后不假思索和不进行查看地完成审核。

审批过多往往造成流程时间长，很多的审批都处于等待被审批和处于搁置等待状态，这个时间可能是一天、两天或者三天，在最下面的一张表单审批的时间就会更长。如果一个过程的审核需要4~6天，流程就没有任何的效率可言了。

审批的过程中如果遇到领导不在，那么审批的过程就只能中断了，通常是申请人在文件上面留条，当领导回来后发现桌面上有一堆的文件，在看文件时若中间有别的事情打扰，则又把文件随意放置到一边，文件搁置了两个星期也没有审批完，最后连申请人也忘了这件事情。流程审核过程如图 1-15 所示。

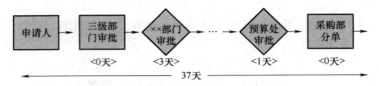

- 经8个环节审批，是否各环节都能够真正起到把关的作用？
- 搁置、等待
- 匆忙应付审核
- 他找我，我不在。他遇到什么就语音留言。一天就这样过去了。如果他留下一个口信，我打电话回去，可是他又不在

图 1-15　流程审核过程

提高审批效率可以通过减少审批环节，分不同金额不同审批权限，低于 5000 元的就不需要总经理来审批；设置审批代理人，便于审批人离开时有人代为审批；设置审批的时限，规定领导必须在两天内完成审批等。

不恰当的审批流程导致的结果是：效率低了，浪费多了，责任感低了，主动性消失了。过长的审批流程有意无意地削弱了责任感。同时，高层领导整天被琐碎的事项拖住，缺少时间去思考战略性大事，发展方向容易出错，发展机会容易丢失。竞争加剧，企业就陷入亏损泥潭，找不到发展方向。另外，对审批的等待使基层的行动被束缚，无形之中产生挫败感与不被信任感。正常审批环节就是有三个人的审核，流程就应该结束了。

【例 4】　企业物料采购批准流程

企业内部经常有部门提出采购新的物料，填写物料请购单，物料请购单需要部门主管、经理、运营经理签字，最后需要总经理签字。采购确认价格和供应商后，开出物料采购单，物料采购单审批需要部门主管、经理、运营经理签字和总经理签字。物料采购完成后，需要支付货款给供应商，采购部填写付款申请单，付款申请单审批需要部门主管、经理、运营经理签字和总经理签字。财务部接收申请，开出请款支付申请单，同时需要部门主管、经理、运营经理签字和总经理签字。

1.3.7　流程返工问题

众所周知，品质不良是一个无效的浪费动作，增加了返工工时和寻找不良原因的时间，报废产品零件及二次装配，而流程不良也是一件很烦心的事情。公司的同事出差回来后打算报销差旅费用，将所有的单据和发票填写完交给财务，三天后财务人员通知他单据填写不合格，车费的科目需重新填写表单，同事无奈只

好重新填写表单交给财务；隔了几天财务又通知他餐费报销超过限额，需要重新修改，同事再一次重新填写表单交给财务；又过了几天财务又有新的指示，发票和单据金额不对应，同事这时就是"火山式"爆发，但是财务说都是按照规则办事而且有相应的规则制度。当然这只是一个特例，类似的案例如在填写单据时也出现过这类情况。解决这类返工问题比较简单，就是做出一个填写范本或者财务收到表格后进行初审，就可以避免几天后才发现问题。

因为办公领域的操作多是非可见性的，办公不良无法引起人员的足够重视。办公不良返工表现为销售错误的订单数量、错误订单需求预测，工程错误的夹具设计、工艺参数和工艺路径，采购忘记下订单、忘记跟进关键物料，设计人员不断用工程变更通知书（Engineering Change Notice，ECN）来变更产品设计等。但是很少有人关注这些不良及其造成的额外工作，不良是隐形的而且相当大的浪费。错误的销售预估会造成错误的设备投资、厂房投资或者人员重复招聘等。错误的采购信息可能不单单是原材料的运费，更引来生产计划和生产交期的调整，以及最后的成品运输成本。流程返工过程如图1-16所示。

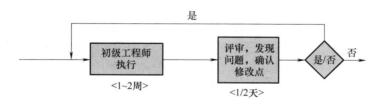

图 1-16　流程返工过程

有时流程中的返工来自源头信息输入不全。例如，市场部接到样品报价申请，交给开发部门要求报价，几天后开发部说设计电压不清楚，没有办法报价，要重新询问客户。再过几天工程部说测试要求不清楚，没有办法计算设备数量，不能报价，要重新询问客户。再过几天采购部说没有年度总需求数量，也没有办法进行报价，要重新询问客户。时间就这样一点一点过去了。

针对流程上数据不全或者信息不全的返工，可以设置一张标准表单，表单上有所有需要的信息，如果某一个信息缺少了就无法进行到下一步骤，也就减少了后面的返工动作。

【例5】 设备科备用零件采购

公司设备科预计两个星期后需要更换设备零件，如果不更换零件，设备就会停机无法使用。维修主管下任务给维修员说必须负责零件更换工作，维修员根据采购零件流程写了申请单给采购部，但到设备停机材料也没采购回来。维修主管责问维修员，为什么维修零件不能及时更换？维修员说自己写了申购单，但是采购部一直没有把零件采购回来。维修主管和维修员来到采购部责问，为什么维修零件不能及时采购？采购部解释说财务没给钱，所以零件没有采购回来。电话询问财务其中缘由，财务说老板没批。老板听到这个事情提出疑问：你们说啥？这到底是谁的责任了呢？

本案例其实是工作现场经常遇到的案例，案例中的每一个部门每一个人员看似都没有责任，他们都可以找到合理的理由解释说自己把工作做完了，因为别的部门没有完成工作影响了自己的工作。但是细想每一个人都是有责任的，他们共同导致设备出现了停机，影响产出。这个案例的问题点到底出在哪里呢？

1）流程缺少沟通机制。上下游互为供应商和客户，财务那里老板没有批，应该将问题反馈到采购，然后采购反馈给维修员。

2）业务流程缺乏拥有者，所以没有谁有问题。维修员作为零件申购流程的发起者，他要负责主导整个时间流程跟进，应该在合适的时间确认进度情况。但是维修员没有负担起责任者的角色。

3）流程目标体系和绩效体系缺失。没有任何人去跟踪自己在流程中的绩效表现。各个节点需要有一个时间限制，到了那个时间没有完成就要警惕。安排工作要明确时间节点，便于达成目标、监督跟进。

4）假设流程是完整的，人员执行缺少完全将问题解决的意愿，容易造成流程失效。每一个人工作职责内的工作都没有完成，维修不是将申请单填写了就完成工作，而是修好不良品；采购不是出完采购申请单就完成工作，而是把所需物料采购回来。如果对自己的事情主动跟进，遇到问题主动想出解决办法，就不会出现上述情况。

日本公司的处理方式是：会议上副总经理（日本人）知道后严厉地批评了维修员，认为这完全是维修员的问题导致的。大家觉得有道理吗？

在那个副总经理眼中，他认为这是维修员的事情，维修员应该比任何人都要着急，维修员的工作不仅限于写一张紧急采购单就可以了，工作应该是把零件拿到手并且安排更换，使设备处于稳定状态，所以应该在写单之后继续跟进，比如得到采购回复的供应商交期后，应该再确认供应商的交期是否是正常交期，交期异常时，采购把维修员的紧急信息也转达给供应商，维修员需要将设备停机带来的影响逐级汇报，使每个处理此流程的人都了解明白，并为之加急处理。因为只有责任人着急了，并为之付出努力，其他部门才会感受到紧迫性；如果维修员都不急，别人为何会急。

假如我是责任第一主体，我就不会认为自己已经做了职责内应该做的工作（交采购申请单），后面的事情都是其他部门（采购、财务、领导）需要负责的。问题发生了，更应该解决问题，而不是转移问题或者找出相应的解释理由。

假如我是责任第一主体，有问题发生，我会知会流程上的部门，看看能不能走正常流程解决，如果解决不了，与流程部门协商跨越流程解决。如果还是解决不了或者不配合解决，会立马升级，解决不了，再继续升级。目的就是解决问题。如果最后大家都努力了，也配合了，还是失败了，就得反思为何会这样，下次会不会还是会这样。

除了要有责任意识外，在问题发生后还需要检讨流程，看看流程是否有问题：

1) 现有流程确实影响故障维修效率，应该不是一天两天的事了，通过梳理流程审查正常采购流程和紧急采购流程是否可以优化，正常采购会有采购周期，如果现有供应商无法满足更换时间上的要求，那么就要找其他供应商！这个周期也要考虑财务、领导审批时间。涉及公司内部的审批流程就不说了！如果可能也设置一个紧急采购流程，虽然不太合理，但是可以减少设备停机时间。紧急流程对正常流程会有很大伤害，尽量少采用。

2) 检讨设备备件管理流程。如果零件的破损磨损是常发状态，那么责任就在设备保全部门了。根据设备故障发生机会和发生比率，经常损坏零件需要预防保全，即预先准备备品和设置安全库存！备件纳入安全在库明细，做安全在库管理。如果仓库备品数量为零，那么设备备件流程就存在问题，需要进一步改善。

1.4 精益办公的八大浪费

任何办公领域的工作都可以分成三类，即增值工作、非增值工作和浪费工作，如图1-17所示。

◆ 增值工作

"增值"的意思是资产价值的增加。例如设计一系列工作，每一项工作都使产品的价值增加，这一系列工作都是增值的，属于增值工作。增值活动是企业价值链中的主要环节，也是企业存在价值的体现。前面提到符合增值工作需要同时达到三个条件：①必要的工作，改变了产品或服务的物理性质；②客户愿意为之付钱；③第一次就做对的工作。如果第二次设计或者第三次设计，多次设计就不属于增值活动。另外，设计要客户愿意支付，达不到客户要求的设计也不是增值工作。

◆ 非增值工作

非增值工作是指不增加任何价值的工作，但是目前阶段无法消除的工作，如客户要求的、控制风险的或者可以让价值增加的部分做得更快、更好的工作，主要是指企业中的服务单元，例如财务、人力资源、行政后勤保障、办公事务、审

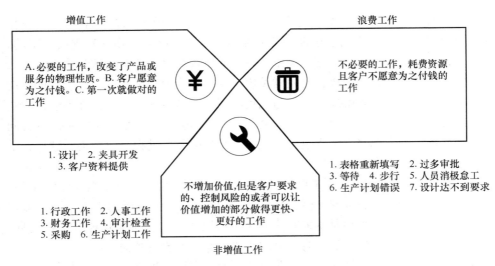

图 1-17 增值工作、非增值工作和浪费工作

计检查等活动。以企业为例，这些活动不能使企业价值链中间环节增值，不会因为做了一些账目，产品就增值了，也不会因为人力资源部对员工进行了一些培训，产品就增值了。但是这些工作不能没有，它为企业提供重要的服务和支持。

◆ 浪费工作

浪费工作是对企业没有任何意义，不会给企业带来任何附加价值的活动。企业工作分类及特征见表1-2。

表 1-2 企业工作分类及特征

企业工作分类	特　　征
增值工作	能使企业增值，给企业创造价值
非增值工作	不能给企业创造价值，但却是企业运行必不可少的
浪费工作	对企业无任何价值和意义

生产领域和办公领域都存在相同的八大浪费，定义也是一样的，仅仅是对象不同而已，它们分别是：

1）搬运。任何不为工作过程所必需的物料的搬动或者信息的流转。

2）库存。不是为了满足客户"现实需要"，而是无用的任何材料或多余的任何材料。

3）等待。由于人员、材料、设备、检查或信息未准备好而产生空闲时间的浪费。

4）不良（品质缺陷）。由于信息错误、缺失和不完全，产生需要纠正的误差；没有在第一次将事情做对，需要重新作业。

5）过度加工。在操作或者加工过程中相关要求超过客户的需求。没有很好地定义内部客户或者外部客户的需要，在操作过程中过度加工而造成浪费。

6）过量生产。同样的信息重复传达，以及信息量过大造成无法识别有用信息的浪费。

7）动作。不增加产品或服务价值的任何人员的动作。

8）人力利用。员工的创造性、知识、工作量未得到充分发挥的浪费。

可以借用生产领域对八大浪费的理解将之应用于非生产领域，留意它们之间有些细微的区别，如搬运浪费是指物体从一个地方搬运到另一个地方才产生的浪费，生产领域的搬运浪费主要是指人的移动和物品的移动，但是在非生产领域中它主要是指办公人员的移动和信息的移动浪费。这里"细微的区别"就是人的对象不同和移动的物体不同。浪费是指除超过最低数量的设备、材料、技术、空间、工人的时间以外的任何东西，我们需要找到系统内潜在问题的浪费点（企业、门到门和流程级别）并解决潜在问题（浪费的根本原因），以提高整体价值流的性能。办公领域常见八种浪费如图1-18所示。

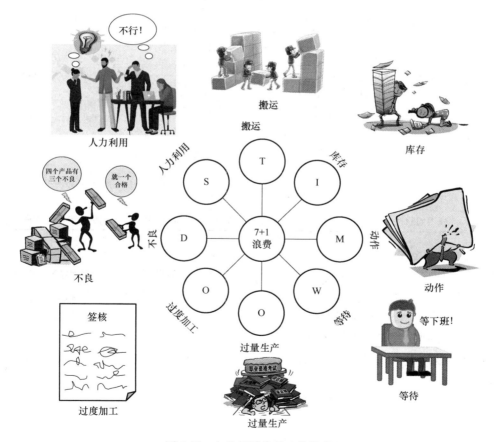

图1-18 办公领域常见八种浪费

办公领域八大浪费管理是通过去办公现场、看现状、诊断现物的方式识别办公现场活动中存在的浪费现象，采取有效的措施及时解决或预防浪费的发生，提升办公效率。

1.4.1 不良的浪费

1. 定义

由于工作信息错误、缺失和不完全，产生需要纠正的误差，没有在第一次将事情做对，需要重新作业。不良是一种比较容易辨认的浪费，办公人员很容易忽视，减少工作中的不良可以考虑用防呆办法，如在表格中将需要填写数据的单元格不保护，其他的单元格都进行锁定保护。尽量减少人工操作步骤，改为系统进行计算和生产，计算机的出错概率要比人低。用标准的表格来减少数据输入缺失。常见不良浪费见表1-3。

表1-3 常见不良浪费

序号	不良浪费	序号	不良浪费	序号	不良浪费
1	订单输入后发现缺少重要信息，重新询问销售	7	过时的工作手册	13	系统提示错误，造成无法下一步工作
2	现场没有清晰说明需求，设计夹具后发现不合格	8	设计达不到客户需求	14	信息未保存，造成信息丢失
3	文件审批到最后才发现格式不正确	9	设计前没有充分了解客户需求	15	提供错误的工作指导
4	文件审批时发现表格不是最新版本	10	错误的生产计划	16	无法按时完成工作
5	错误的文件（图样、报价）	11	采购订单下错单价	17	领导未做好工作指示，造成工作偏差
6	错误的物料清单	12	工艺流程设置不合理	18	未按照标准流程操作

2. 主要表现

1）信息不全。由不完全信息造成地回到源头重新收集信息。需要的信息不全，没有办法完成手头工作，就需要重新回到源头寻找信息来使工作做完。

2）返工流程。在流程中存在返工操作，说明流程是有问题的，需要进一步了解返工的原因并对问题进行解决。

3）数据丢失。在计算机系统的处理过程中或者人员操作中会造成数据的丢失。

4）处理方式错误。人员在操作时没有经过系统的培训，或者工作上的一时疏忽造成了工作失误，进而产生了浪费。

5）没有达到客户要求。没有达到客户的期待或者期望而造成客户不满意。

不良浪费示意如图 1-19 所示。

车间
- 需要额外的成本来筛查不良品
- 返工成本
- 材料浪费，有价值的工作再做一遍
- 当客户发现不良时会产生隐藏成本
- 漏掉零件
- 包装错误
- 测试不良
- 尺寸不合格
- 没有达到客户要求

办公室
- 信息不全
- 返工流程
- 时间浪费
- 信息不足造成车间成本增加
- 发现不良后客户不满意
- 数据安全（如丢失数据或不正确数据）
- 不清楚或不正确的数据定义
- 数据差异
- 不良、返工和报废数据输入错误
- 定价错误
- 不可用的/未知的或丢失数据

	离开后忘记关闭计算机后再次折回的浪费
浪费现象	人员离开后，忘记或者不清楚是否关闭计算机，然后返回去重新关闭的浪费 
解决措施	1. 将便签贴在计算机上进行提醒 2. 计算机设置超时睡眠的模式

	错误的物料清单
浪费现象	由于工作疏忽等原因造成物料清单编制出错 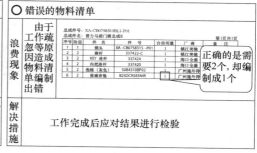
解决措施	工作完成后应对结果进行检验

图 1-19　不良浪费示意

3. 造成的影响

1）时间浪费。

2）由信息不足造成的隐含成本。

3）输出错误的信息。

4）客户不满意。

【例6】　某纺织机械企业主生产计划

某纺织机械企业有一个做计划的流程，这个流程要求销售部接到订单后把订单及需求传递给计划部，计划部的主计划员对销售计划进行分类，如需要订单的、需求调整的等，然后做成生产计划并传递至生产部，生产部再根据生产计划做成作业计划并传递至不同班组。主计划员做一个计划的平均时间是一周，但实际上有效时间仅仅是两个半小时，因为他会中断，然后再重新厘清思路。

经过一段时间的观察，发现主计划员做计划的时间很长是因为存在以下问题：

1）下单、核对。销售下单的时候说的是"上次（上个月）供应给××客户的××产品要××量"，由于生产系统与销售系统使用的语言不同，主计划员需要根据这些信息重新翻查发货记录，确定货品名称、型号，又担心会出错，所以需要反复进行电话、邮件、传真的沟通和确认（信息不完整造成返工）。

2）其他事务。主计划员在做计划的时候，电话响了，有紧急事务需要处理，处理之后再回来重新整理思路、查看资料，继续完成相关计划（工作被打断，容易产生错误）。

3）物料清单。物料清单的标识型号出现一对多或多对一的情形较多，即同一编号对应多种产品或原材料，同一产品有多种名称（系统没有办法做到防错）。

1.4.2 过量生产的浪费

1. 定义

过早或过晚且没有按照需求数量来完成工作。过量生产最常见的是邮件满天飞，只要有点联系就添加在邮件发送清单中，将邮件发给不需要的人，造成邮件过多的浪费。常见过量生产浪费见表1-4。

表1-4 常见过量生产浪费

序号	过量生产浪费	序号	过量生产浪费	序号	过量生产浪费
1	订单集中在下旬	7	过量的表单、邮件、报告、通知	13	过多岗位级别造成工作汇报困难和拖延
2	过量的培训	8	过量信息通道（口头、领导客户、其他部门同事）	14	预留过多的生产产能
3	过量的会议	9	过量新产品	15	过期表单报废
4	过量的设备、系统功能	10	过量的销售预测	16	生产计划过早下发
5	过量的信息材料	11	过量的KPI考核数据		
6	过量的人员	12	过早或者延迟完成工作		

2. 主要表现

1）传递过多的任务给下游操作人员。例如，客户的订单没有进行处理直接发给计划部门，造成有时生产量很多，有时生产量很少，而且生产很多客户不需要的产品，客户更改需求没有及时下发给生产部进行变更，或者客户订单没有进行评审，只要有订单就接受，造成生产部门没有办法完成工作。

2）做不需要的报告和表单。一些人员按照旧的习惯拼命做一些没有用的表单、数据整理和报告，但是这些文件没有人看或没有进一步被使用来产生价值。

3）太多的邮件。邮件发送给很多不相关的同事，或者一个时间段有太多的邮件没有及时查看。

4）太多的文件表单。存储室文件柜中有太多不需要的表单，文件表单没有进行优化合并，产生多余的表单，年假用一个表单，病假用一个表单，事假用一个表单。过期文件表单没有报废。

5）太多没有目的性的工作。做了太多没有目的的工作。

过量生产浪费示意如图 1-20 所示。

车间

- 生产超过市场要求的数量
- 员工过多生产不需要的零件
- 原材料消耗超过需要
- 可能造成过多的设备采购
- 需要空间来存储
• 生产的产品多过客户需求
• 生产的产品超过下一流程的需求
• 生产过早或者过晚
• 生产后大量放置仓库

办公室

- 传递过多的任务给下游操作人员
- 员工被支付工资来做不需要的报告
- 可能造成部门增加人手来提高瓶颈工作效率
- 增加更多的设备
- 占用更多的空间
• 设计很多市场不接受的产品
• 现场需要填写过多的表单
• 不必要的数据（没人看的报告）
• 额外的复印
• 生成的信息多过客户需求

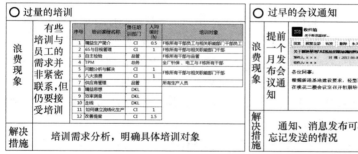

图 1-20 过量生产浪费示意

3. 造成的影响

1）需要更多的人手完成工作。

2）需要更多的办公设备。

3）更多的存储空间。

4）工作忙闲不一。

1.4.3 等待的浪费

1. 定义

人员或者信息处于一种没有工作即停滞的状态。等待有时很难被发现，人们有时候会习惯于这种等待，甚至等待变成了一种司空见惯的事情，如等待公交车、换登机牌的等待、挂号的等待、交费的等待、文件等待签字等，但是有些等待是不合理的。常见等待浪费见表1-5。

表1-5 常见等待浪费

序号	等待浪费	序号	等待浪费	序号	等待浪费
1	培训、会议开始后等待人员到齐	6	电话响起时,等待人员接听	11	等待客户回复下一步动作
2	现场等待人员前来对接工作	7	等待传真机传出文件,或复印机预热	12	等待上级命令
3	工作无法独自完成,等待人员前来协作处理	8	等待系统恢复	13	等待计算机(下载或者响应)
4	等待人员的检查、来访	9	等待文件回传	14	等待上一个工序工作完成
5	计算机、照明灯等办公设备发生故障时,等待人员来处理	10	等待批准	15	工作不饱和

2. 主要表现

1)文件信息等待加工。文件信息等待加工是一种较常见的浪费,但是被人关注得比较少,这是由于人为设置频率,如ERP系统要星期一、星期三、星期五才能计算一次,在这种情况下,星期二录入的客户需求要等到星期三才能被计算出来,然后进行下一步的操作,文件信息就等待了一天的时间。

2)等待批准。将文件交给上级领导,但是上级领导不可能立刻就批准,要等到领导忙完重要事情才能处理。

3)等待设备。文件需要复印,但是前面已经有人正在使用打印机;系统的登录账号有限,只能等到有人退出才能使用系统等。

4)等待回复。有时是等待客户回复,有时是等待同事确认,有时是等待部门的回复。

5)等待别人工作的完成。如果工作有流程上的先后顺序,就需要等上一级工作做完,才能流转到后面的工作。

在有的企业中,很多重要工作只有一个人会做,这是很大的问题。至少应该有两个人会做,这就需要在企业中推行代理人制度,代理人就是某人临时有事不在时,能够代替该人员做相应工作的人,可以避免因人员意外事项造成企业的损失。

等待浪费示意如图1-21所示。

3. 造成的影响

1)流程工作时间长。

2)人员处于闲置状态。

图 1-21　等待浪费示意

3）整体办公效率低下。

【例 7】

假如做一个手术需要 4h，流程再造专家通过调查发现，其中 1h 用于患者的麻醉，相当于在手术室白白浪费了 1h 的时间。由于手术室有很多非常昂贵的设备，1h 的折旧费可能就是几百元，而且麻醉期间并不需要无菌，完全可以在手术室旁边设一个麻醉室，这样一来，手术室占用的时间从 4h 缩短为 3h。原来每天可以做 4 个手术占用 16h，现在可以完成 5 个手术。假如一次手术收费 5000 元，那么现在一天就可以多收入 5000 元。

1.4.4　搬运的浪费

1. 定义

人员或者信息从一个位置被移到另一个位置上。为了减少人员搬运文件，有的时候公司内会用 OA（办公自动化）系统，但是 OA 系统只是把需要人搬运的文件改为了用电子信号来自动传递，搬运的过程还是存在，只是减少了人的工作量。常见搬运浪费见表 1-6。

表 1-6　常见搬运浪费

序号	搬运浪费	序号	搬运浪费	序号	搬运浪费
1	审核文件需要在不同楼层转移	6	不同部门在不同楼层增加沟通距离	11	文件交接次数多造成搬运多
2	文件保存在边角房间，需要步行很长距离	7	命令或者指令一级一级传递造成沟通路径长	12	来回"踢球"
3	邮件过多地转发	8	手工表单多，需要手工传递表单	13	生产订单信息在不需要的部门流转
4	一项工作需要在不同地方才能完成	9	办公室布局不合理造成移动多	14	打印机单独放置，造成移动距离长
5	信息传递的工具选择不当	10	未使用电子审批，增加文件搬运距离		

2. 主要表现

1）部门传递。文件在各部门传递，文件需要从一个部门搬运到另一个部门，或者信息从一个部门发送到另一个部门。

2）人员移动。人员从一个位置移动到另一个位置，没有任何的价值产生。

3）把文件拿给其他人，也属于搬运浪费。

4）工作相关的人办公距离间隔很远。工作相关的人员最好是相邻或者就近原则，但是很多办公室布局并没有考虑到这一点，变成了相关人员距离间隔很远造成步行或者搬运的浪费。例如，计划部门与采购部门就近，工程部门与生产部门就近等。

搬运浪费示意如图 1-22 所示。

3. 造成的影响

1）人员效率低。

2）过程周期时间长。

3）整体办公效率低下。

4）需要多余的人来处理搬运事务。

【例 8】　某企业厂区布置

某生产制造企业的厂区布置是：行政部、财务部、人力资源部等在办公大楼内办公，采购部在生产车间办公，离仓库和车间都比较近。

该企业厂区面积有 1200 多亩（1 亩 = 666.67m^2），生产车间与办公大楼间隔较远。采购部每天有大量的纸质单据需要送往财务部审核、录入、存档。开始时，采购专员自己跑去办公大楼送，等待审核后再拿回采购部；后来发现效率比较低，就专门设置一个岗位送单据，这个岗位的工作人员从走路、骑自行车到骑摩托车，来来回回地送单据，有时可能只有一张单据就需要跑一趟。

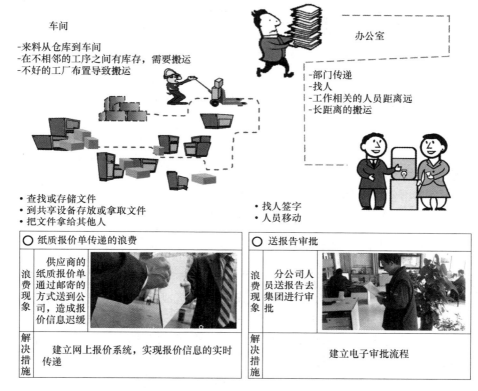

图 1-22　搬运浪费示意

实际上，财务部员工没有必要全部在办公大楼内工作，可以专门安排一个财务人员在采购部门办公区工作，在信息交换的同时交换单据，可以在节省资源的同时大大提高工作效率。

1.4.5　动作的浪费

1. 定义

人员在操作时用了多余的动作来完成工作，不满足动作经济性原则。非生产领域一般少有周期性重复的动作，所以在动作研究上比较难。借助系统或者软件可以进行批量处理或者自动计算，从而得出一项一项操作时间。常见动作浪费见表 1-7。

2. 主要表现

1) 过多键盘输入。很多数据需要手工输入，而没有用条码系统来减少输入的工作量。数据需要记录在表格中，在汇总的时候需要将表格中的数据输入到计算机，可以在开始时直接输入数据，减少一次记录过程。

表 1-7 常见动作浪费

序号	动作浪费	序号	动作浪费	序号	动作浪费
1	没有掌握批量输出和批量处理	6	没有利用函数和程序来减少工作量	11	同一组数据有不同的统计来源
2	数据重复输入	7	计算机配置过低而增加操作时间	12	未采用电子化系统来减少操作动作
3	没有经过正规培训而直接上岗	8	不懂流程造成工作困难	13	喜欢用邮件沟通,而不是电话沟通
4	寻找文件、资料、图样、表单、程序文件等	9	使用手工计算和操作,而没有相应系统作支持	14	指令不明确或者交代不清晰,造成无法完成工作
5	操作软件时不会使用快捷键	10	流程烦琐造成操作步骤过多		

2)寻找文件时间。办公环境 5S 状况不好,造成多余的寻找动作和寻找时间,包括电子文件 5S、文件柜文件 5S、资料保管室 5S 和工作台面 5S。

3)布局不合理。职能部门的设立造成了职能化的布局,这种非连续流的布局方式必然使工作流程造成浪费。

4)对工作软件不熟悉。对工作软件不熟悉造成比别人的处理时间长。

动作浪费示意如图 1-23 所示。

3. 造成的影响

1)流程操作时间长。

2)寻找文件时间长。

3)工作效率低。

【例 9】 使命必达的 FedEx

FedEx——使命必达,全球第一家 24 小时隔夜送达企业。

在这 24 小时中,要经过接货、分拣、转运、二次分拣、二次转运等很多环节,最后送达客户。任何一个环节如果多用了半小时、10min 甚至 1min,24 小时就难以保障。因此,FedEx 要研究每一个活动环节是否可以节约半小时、10min 甚至 1min、1s。

有一个典型的环节,一般快递员上门时先按门铃,然后客户开门签收货物。FedEx 认为这样会浪费时间,因为门铃很多是坏的,FedEx 规定员工先敲门后按门铃,这样可能只缩短了 2s,但是如果每一个环节都缩短 2s,就可以支持 FedEx 的快递速度越来越快。

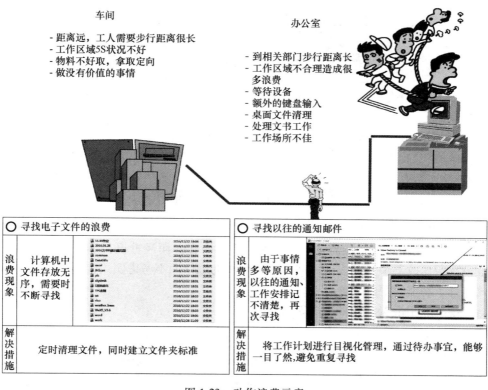

图 1-23 动作浪费示意

1.4.6 过度加工的浪费

1. 定义

在操作或者加工过程中相关要求超过客户的需求。没有很好地定义内部客户或者外部客户的需要，在操作过程中过度加工而造成的浪费。常见过度加工浪费见表 1-8。

2. 主要表现

1）过多烦琐的流程。流程应该以简单有效为目标，如果对流程中出现的问题不断贴上不治本的"狗皮膏药"，这样只能使流程越来越烦琐。

2）检查、确认、再确认。一次检查和一次确认就能保证流程的正确性，希望用不断的确认和再确认来提高流程的正确性是一种不可取的办法，应该思考如何在前面两个步骤就能保证质量。

3）规定过于苛刻的技术要求和工程规范。保守的心态加上缺少相关实验数据，容易制定过于严苛的技术要求和工程规范。

表 1-8 常见过度加工浪费

序号	过度加工浪费	序号	过度加工浪费	序号	过度加工浪费
1	领导过度要求，造成工作时间加长	6	过多供应商审核次数	11	数据不通过系统进行转换，而且数据转换次数多
2	重复的流程和烦琐的过程	7	过度的工艺流程设置	12	某项决议需要请示太多领导
3	过多流程审核步骤	8	过度的技术规格	13	太多救急行为，引发各种异常操作
4	过度设计	9	过度的品质检验标准	14	提供给客户不需要的服务
5	不理解客户要求，一味提高尺寸要求	10	数据统计后没有进行分析，白白收集数据		

4）格式超过了功能需要。不重视报告的内容，而注重报告形式，为了美化报告花费比改善项目还多的时间，设计精美的表格而不考虑实用性，这些都是格式超过了功能需要的表现。

过度加工浪费示意如图 1-24 所示。

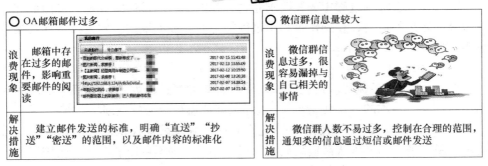

图 1-24 过度加工浪费示意

3. 造成的影响

1）成本过高。

2）流程处理时间长。

3）工作效率低。

1.4.7 库存的浪费

1. 定义

有很多积压的工作、文件或者信息。库存文件积压容易造成文件的等待、文件的批量转移和搬运。常见库存浪费见表1-9。

表1-9 常见库存浪费

序号	库存浪费	序号	库存浪费	序号	库存浪费
1	处理报销流程需要2~4周	6	流程运行中经常在部门交接过程停滞，权责不清或者没有对口人员	11	没有报警机制，处理时间过久也没人知道
2	不需要的办公用品	7	流程处理没有按照"先进先出"原则进行，造成积压	12	缺少多技能工，职员不能根据任务忙闲来进行调整
3	积压过多待处理的文件、待处理的邮件、待完成的工作	8	生产订单太多导致未生产订单长期积压形成库存	13	将不需要的表单放置在存储间中
4	计算机内有太多不需要的文件	9	流程处理属于非连续流程，有很多中断环节，需要别的部门配合		
5	记录文件超过限期没有被销毁	10	没有设置完成时间，造成文件积压		

2. 主要表现

1）积压待处理文件。桌面上或者文件柜上挤满了没有处理完的各种各样的表单。

2）大量没有完成的工作。大量没有完成的客户订单，延期交付的产品设计，延期的采购物料。

3）不需要的物品。办公区域里留有很多不需要的物品。

4）下流工作负荷不均。由于上流工序大量积压和批量转移，造成下流工序要么没有工作做，要么一大堆的工作需要完成。

库存浪费示意如图1-25所示。

3. 造成的影响

1）成本过高。

2）流程处理时间长。

3）工作效率低。

车间
- 需要额外的空间
- 物流停滞
- 做不到先前先出
- 大量返工
- 不利现金流

办公室
- 额外的空间
- 发现和寻找文件
- 不需要的物品
- 批量转移
- 库存使文件、工作积压
- 太多库存导致信号延迟

	○ 纸质单据堆积过多的浪费		○ 设备闲置的浪费
浪费现象	一些纸质单据长时间地堆积在现场 	浪费现象	人员调离本单位后，办公桌椅、计算机等设备的闲置 
解决措施	明确纸质单据的保存时间，通过5S将文件分类整理，减少库存堆积	解决措施	向主控单位报备，将闲置的设备调拨给其他需要的单位

图 1-25　库存浪费示意

1.4.8　人力利用的浪费

1. 定义

人的能力没有充分被利用或者能力没有被完全开发出来。例如，管理者没有引导和管理好下属，属于一盘散沙的状态；管理者没有担当教导者的责任让员工学习到工作所需要的各种知识和技能；管理者没有带领下属一起达成公司的目标等。常见人力利用浪费见表1-10。

表 1-10　常见人力利用浪费

序号	人力利用浪费	序号	人力利用浪费	序号	人力利用浪费
1	人员没有激励，处于消极状态中	6	等待领导安排工作，没有主动完成工作	11	领导管理方式不妥，造成员工士气不高
2	部门间争斗多	7	停止将工作做得更好的意愿	12	权责不清造成工作困扰
3	工作安排不合理，造成人员闲置	8	出现问题推脱责任	13	工作交接界限模糊，造成工作效率低
4	操作中缺少相关知识和技能，造成操作经常错误	9	领导一味命令员工，而不是帮助员工成长	14	经验主义抵制新事物
5	明明有才能，却不能用相关才能	10	"部门墙"造成沟通成本很高		

2. 主要表现

1）没有相关人员加入改善项目。应将相关人员加入改善团队，这样对各方面的情况才能了解透彻，如果有一个相关人员没有加入团队中，那么对他的工作情况，其他的团队成员只能是靠猜测来完成。

2）不听别人意见。三人行必有我师，总有一些建议是比自己的考虑更加充分的，但是有一部分人总觉得自己是正确的、自己是对的。

3）未考虑人员发展。管理者不但要关注任务和指标完成情况，还应关注人员的发展。考虑人员发展其实就是一个提前的职业能力规划，规划将来需要什么能力，用什么计划来训练或者提高这种能力，以及实施情况如何。

4）没有创造有利于改善的工作环境。在企业里，员工要融入工作环境中，工作环境对工作有很大的影响，管理者应该思考一下怎样建立好的工作环境，以及怎样改善工作环境。

5）管理者职能没有得到充分发挥。管理者不但要会下指令，还要会教导员工，在员工遇到困难时提供帮助。管理者不但要处理各种危及基本指标的异常问题，还需要考虑部门的改进工作。

人力利用浪费示意如图1-26所示。

图1-26 人力利用浪费示意

3. 造成的影响

1）成本过高。

2）流程处理时间长。

3）工作效率低。

人力利用浪费常常体现在闲置和重叠上，具体包含在职能和工作上闲置和重叠。

职能的闲置或重叠：公司在进行组织设计时为某些部门设置了一些职能，但在实际工作中，该职能却没有发挥作用，造成了部门职能的闲置，而且对公司的相关工作产生了影响。两个部门承担了类似的工作，职责有部分交叉重叠，好像谁都可以负责，其实是谁都不负责。错时互相推诿，取得了成绩又相互争功，易导致工作中互相牵制，影响组织效率。

工作程序复杂化形成的重叠：在某些情况下，对于一些不重要的任务，上级其实只承担签字的职能，但如果没有上级的签字或认可，业务就无法进行，会出现等待和停滞等浪费。为什么会出现这种浪费？如果上级担心失去权力，则下级就会事事请示，长久下去，组织就会逐渐僵化，失去活力。这是每一个层级的管理者都可能犯的错误。唯有敢于授权，才能简化流程，提高效率。

人员的闲置：人多好办事，增加人员，三个人干两个人的工作。由于工作量不饱和，帕金森定律就发生作用了：为了避免上级"人浮于事"的批评，就开始制造出额外的工作，例如总务部增加一个秘书，为了填满她的工作时间，就会以公司或者部门的名义通知其他部门，请提交××计划、总结和报表，于是就制造出了额外的工作，形成了一连串的连锁浪费。而该秘书有工作可做了，而且达到了"细化管理"的效果。

【例10】 消除医院门诊服务流程中的浪费

门诊患者要排4次队（挂号、候诊、付费、取药），付3次费（挂号费、药费、辅助检查费），看一次病花费时间少则1.5~2.5h，多则1天。门诊就诊普遍存在"三长一短"现象，在自然流程模式下，形成了门诊流程的3个"高峰"，即挂号、就诊、检查高峰。一个流程下来，患者平均在门诊停留1.5~2.5h，除去医生直接诊查15~20min，其他时间均消耗在非医疗时间上。从我们给医院提供诊疗优化流程咨询的经验中总结分析出：等待、过度检查、多余的过程、返工是门诊服务流程中四大主要浪费因素。这些浪费无疑增加了患者的就医成本，推高了医院的运营成本，同时也造成了社会资源的极大浪费。医院在走向管理现代化的过程中，消除门诊服务中的四大浪费必将是一道坎。改善前医院就诊流程如图1-27所示。

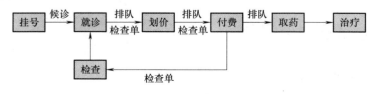

图1-27 医院就诊流程（改善前）

1. 减少患者等待时间

在很多医院的门诊服务中，对患者来说往往都是"三长一短"，即排队挂号时间长、候诊时间长、取药排队时间长、问诊时间短。减少患者等待时间，可以采取以下措施：

1）在网上实施分时段预约挂号，对患者合理分流，尽可能降低门诊高峰时段的患者数量，挂号费用可以在网上直接支付。

2）在门诊大厅设立门诊住院收费处自动排号机，按号办理付费。

3）开设"简易门诊"，为明确自身就医需求的患者，提供快捷、简便的开药、检查服务。

4）合理利用医疗设备资源，错开住院患者及门诊患者检查高峰时段。

5）开展门诊一站式服务。

2. 消除过度检查

过度检查是很多医院存在的普遍现象。过度检查不仅造成医院医疗资源和患者经济资源的浪费，而且可能会对患者身体造成不同程度的损害。消除过度检查，对医院这样一个负责任的社会组织来说，是医院管理工作中的重要事项。消除过度检查，可采取以下措施：

1）改革医院职工的薪酬分配机制，经济利益是引发过度检查的罪魁祸首，必须将医院职工的收入与科室创造的经济效益脱钩，建立医院新的绩效考核办法。

2）对医院战略发展进行明确规划，确保医院能够产生新的业务增长点。

3）强化医院的运营管理能力，不断提升医院的盈利能力。

4）积极推广临床路径，规范门诊诊疗行为。

5）优化医院门诊诊疗的稽核机制，确保医疗管理制度在医院严格执行。

3. 取缔多余的过程

传统医院门诊流程中有很多不增值的环节，其中最明显的就是在患者就诊过程中需要挂号缴费、检查缴费、取药缴费至少3次。在信息化时代，多次缴费显然是多余的过程。取缔门诊服务流程中多余的过程，可以采取以下措施：

1）在医院开展一卡通服务，采用预付费形式，可以采用银行卡或手机支付，一次缴纳，分批消费，随时结算。

2）采用影像档案管理和通信传输系统（Picture Archiving and Communication System，PACS）传递影像报告。

3）采用实验室信息管理系统（Laboratory Information Management，LIS）传递检验报告。

4. 消除返工

门诊服务流程中出现错误的分诊、不合格的检查单、错误的检查结果、错误的诊断、不合格的处方、不合格的药品等都会造成流程返工。消除返工，可以采取以下措施：

1）设立明确的预检分诊岗位，并配备合格的预检分诊人员。
2）强化首诊负责制管理，对患者就医进行科学引导。
3）改革医院薪酬分配机制，消除患者分诊、转诊、住院安排等环节中的经济诱导因素。
4）评估门诊医生护士的工作负荷，优化门诊医生护士的岗位编制。
5）推行电子处方，提高处方合格率。
6）改进门诊服务的质量稽核机制，将质量稽核结果记入员工考核成绩。

医院就诊流程改善前后对比，结果表明：患者平均在门诊停留时间从 1.5~2.5h 下降为 0.5~1h，门诊医疗服务满意度平均上升 4.5%，收费满意度平均上升 12%，接诊医生、门诊、药房和门诊医技满意度平均上升 3%~5.4%，门诊人数增长 13%，业务总收入增长 22.4%。改善后医院就诊流程如图 1-28 所示。

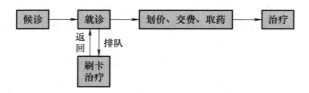

图 1-28　医院就诊流程（改善后）

门诊服务流程中的四大浪费现象逐步消除后，不仅能够大大提高医院患者的满意度和忠诚度，而且能够创造可观的经济效益和社会效益。管理工作中的"八种浪费"要比丰田生产方式所指出的生产现场中的"八种浪费"严重得多，而且解决起来也困难得多。因为生产现场中的浪费大多数可以量化，然而管理工作大多为软性指标，具有较大的弹性，要想进行量化和细化相对困难，而且大家司空见惯，即使上级要求，也是先紧一阵后松一阵，容易形成反复。如果不能对管理工作中的浪费形成共识，活动是很难持续有效地长期开展的。因此，我们必须要对消除浪费活动的艰巨性和长期性有清醒的认识。但是，管理工作中的浪费一旦在某种程度上被消除，则可能会出现几何级数的放大效应，因此，我们要鼓足勇气，从消除点滴的管理浪费做起，向着彻底消除浪费的目标一步一步走下去。

第 2 章

精益办公的基本要素

精益办公要想发挥出显著的作用，离不开众多要素的支持，属于一个整体化运作的系统。例如，不是单单由品质部门负责就能将公司的产品品质做好，而是需要全公司所有部门的支持和协助才能做好品质，也不是单单由研发部门就可以把产品设计好，需要供应链、工程部、销售部和生产部通力合作才能设计出好的产品。精益办公也是一个整体运作系统，需要其他要素来协助工作，才能发挥其最大作用。精益办公的基本要素有精益组织架构、开放式办公和办公连续流、工作饱和度测量、进度管理目视化、Obeya Room（大部屋）的目视化等，精益办公要素也在不断地扩展中。

2.1 精益组织架构

当企业出现销售业绩逐渐下滑、产品客户满意度迟迟不能提高、部门之间和人员与人员之间内耗严重、间接人员越来越多、组织越来越臃肿、流程效率越来越低、运营 KPI 指标老是达不到目标值、员工不满情绪增加等诸多问题的时候，企业家们首先想到的是什么？常见的思考会认为，可能是人员素质问题、激励措施问题、绩效考核问题或者是制度不完善，更进一步的，或许还会认为是企业战略不清晰、企业执行力不够或者是企业文化需要重塑。于是，企业往往会采取执行力培训、文化重塑、战略转型、绩效管理改革、薪资改革等手段，甚至会解聘和更换老员工。当企业出现病症的时候，最容易被忽视但却可能是最根本的问题，即企业的组织结构不再适合企业的发展。企业架构经常变化和很长时间不变化都是错误的。

2.1.1 常见组织架构

在不同公司内可以看到不同组织架构形式，这里介绍常见的组织架构，了解每一种架构的优缺点，便于灵活选择合适的架构。完美的组织架构设想的背后，冰冷的现实时刻在提醒我们，不存在一种普适的、绝对正确的组织架构。组织架构的本质是为了实现企业战略目标而进行的分工与协作的安排，它是让人们有效地一起协同工作的方式。因此，不同的战略、不同的时期、不同的环境必然需要配合不同的组织架构。迄今，企业组织架构的主要形式有直线制、职能制、直线-职能制、矩阵制、事业部制等。

1. 直线制

直线制是一种最早也是最简单的组织形式，其形式犹如一个金字塔，处于顶端的是一名有权威的老板，他将组织的总任务分成众块分配给下一级负责人，而这些下一级负责人又将自己的任务进一步细分后分配给更下一级，这样沿着一根不间断的链条一直延伸到每一位雇员。最为简单的管理方式，如厂长管理车间主管，车间主管管理班组，班组负责下面的员工，递进式管理方式。其特点是：一条指挥的等级链（即从上到下实行垂直领导，下属部门只接受一个上级的指令）、职能的专业化分工、权利和责任一贯性政策（即各级主管负责人对所属单位的一切问题负责），上下级关系是直线关系，即命令与服从的关系。其组织架构如图2-1所示。

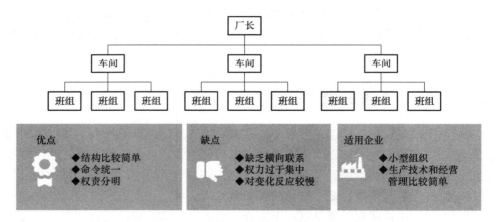

图2-1 直线制组织架构

2. 职能制

在职能制组织架构中，除总经理外，企业从上到下按照相同的职能将各种活动组织起来设立一些职能机构，如所有的营销人员都被安排在营销部，所有的生产人员都被安排在生产部等，这种结构要求总经理把相应的管理职责和权力交给相关的职能机构，各职能机构就有权在自己业务范围内向下级行政单位发号施令。因此，下级行政负责人除了接受上级行政主管的指挥外，还必须接受上级各职能机构领导的指挥。其组织架构如图2-2所示。

当企业组织的外部环境相对稳定，而且组织内部不需要进行太多的跨越职能

第2章 精益办公的基本要素

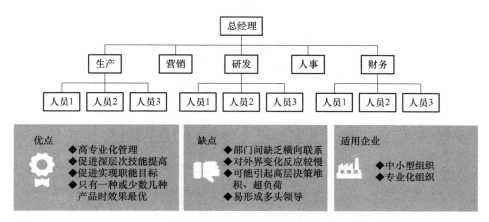

图 2-2 职能制组织架构

部门的协调时，或对于只生产一种或少数几种产品的中小企业组织而言，职能式组织结构不失为一种最为有效的组织形式。但由于环境趋向于不确定，这种结构就陷入巨大的麻烦中，出现推诿、部门主义、各扫门前雪、沟通深井等情况。职能化的组织方式在国内很常见，很容易形成狭隘的部门主义，只关注部门利益，很难关注公司整体利益。沟通过程中只关注部门利益，工程师级别的沟通经常很难达成共识，需要上升到主管、经理、总监或者总经理级别后才能做出决定。另外，职能部门就像离岛式的设备类型布局，文件需要通过每一个部门，等待时间长，造成流程效率低和周期时间长等问题。

职能制引发的问题却没有得到很多人的重视，领导往往没有意识到这是结构的问题，从而制定错误的解决办法。职能制组织架构需要逐渐改善为扁平化、横向结构的方向，企业必须建立横向联系以弥补纵向职能层级的不足，如建立各种综合委员会、内部跨部门的信息系统、各种会议制度、专职整合人员（如副总经理、项目经理、客户经理等），以协调各方面工作，起到沟通作用。

3. 直线-职能制

直线-职能制是在直线制和职能制的基础上，取长补短，吸取这两种形式的优点而建立起来的。这种组织结构的特点是：以直线为基础，在各级行政主管之下设置相应的职能部门（如计划、销售、供应、财务等部门）从事专业管理，作为该级行政主管的参谋，实行主管统一指挥与职能部门参谋-指导相结合。在直线-职能制组织架构下，下级机构既受上级部门的管理，又受同级职能管理部门的业务指导和监督。各级行政领导人逐级负责，高度集权。因此，这是一种按经营管理职能划分的部门，并由最高经营者直接指挥各职能部门的体制。目前，直线-职能制仍被我国绝大多数企业采用，其组织架构如图 2-3 所示。直线-职能制组织架构也存在职能制结构缺乏横向联系的弊病，需要通过建立横向联系来弥补纵向的不足，增加了直线领导机构管理成本。

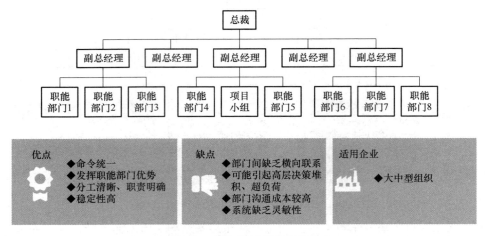

图 2-3　直线-职能制组织架构

4. 矩阵制

矩阵制组织架构是为了改进直线-职能制横向联系差、缺乏弹性的缺点而形成的一种组织形式。它纵向是职能系统，横向是项目系统，项目系统无固定工作人员，随着任务随时抽调组合，完成工作后返回原部门。项目组既要服从项目管理，又要服从公司各职能部门的管理。因此，这种组织架构非常适用于横向协作和攻关项目，其组织架构如图 2-4 所示。

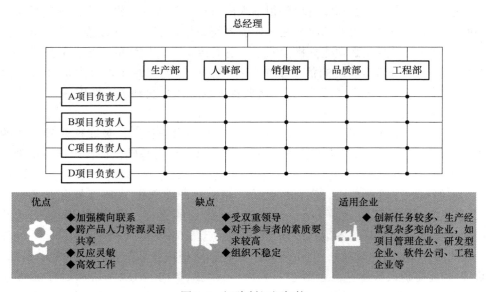

图 2-4　矩阵制组织架构

5. 事业部制

事业部制最早是由美国通用汽车公司总裁斯隆于 1924 年提出的，故有"斯隆模型"之称，也叫"联邦分权化"，是一种高度（层）集权下的分权管理体制。它是按地区、产品、市场或客户划分的二级经营单位，独立经营、独立核算、自负盈亏，既有利润生产和管理职能，又是产品或市场责任单位。它适用于规模庞大、品种繁多、技术复杂的大型企业，是国外较大的联合公司所采用的一种组织形式，近几年我国一些大型企业集团或公司也引进了这种组织架构形式，其组织架构如图 2-5 所示。

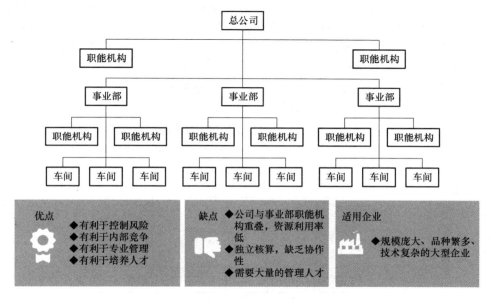

图 2-5 事业部制组织架构

不同的战略、不同的时期、不同的环境必然需要配合不同的组织架构。

不同的战略：组织结构是战略实施的载体，战略不同，组织架构必然随之调整。就像蜗牛与羚羊，蜗牛的战略是当危险来临时缩进硬壳里面，所以蜗牛需要背着房子到处走；羚羊的战略是当危险来临时快速奔跑离开，所以羚羊需要有强健的四肢。如果让羚羊背上房子，又怎么能实施快速奔跑的战略呢？

不同的发展阶段：在企业发展的不同阶段，随着组织规模的扩大和能力的改变，组织架构也需要相应变革来适应组织的发展。在创业阶段，企业需要快速反应来保证生存，组织架构需要简单化，围绕主要职能来设置部门，如果组织架构过于臃肿、部门过多，就会造成流程割裂、效率低下，企业的生存就会出现问题。当企业发展壮大后，如果仍然粗略地设置组织架构，就会造成重要职能薄弱或缺失，企业就会缺乏相应的能力，企业的发展就会受到影响。就像人，小时候如果穿过大的鞋就会举步维艰，怎么也跑不快；当长大后，如果再穿小时候的鞋，跑的过程中一定会受到束缚，疼痛难忍。

2.1.2　产品族价值流的职能架构

事业部制在很多大公司得到运用。事业部可以把庞大的机构切分成独立运作的小机构，自负盈亏，独立运作和自我管理，减少大公司的官僚主义。大公司的官僚主义表现为企业的精力和时间大都耗费在组织内的沟通、协调和规则制定上，组织成本飙升，而运行效率低下、决策缓慢、流程拖沓。在每一个事业部依然按照职能结构来分工，必然还是会带来职能制的"部门墙"问题点。价值流经理职能架构是在事业部下根据产品族来划分管理单元，每一个产品族下面的专门运营人员如独立生产管理、计划、采购、工程、品质、仓库人员，统一归于产品族经理管理，直接面向产品族客户，这种扁平化的架构能够快速满足客户要求、快速响应各种问题和减少"部门墙"。产品族职能人员虚线向上级职能部门进行汇报工作，如产品族内的品质人员需要虚线间接汇报给事业部总品质负责人，主要工作和工作职责是交给产品族经理分配和控制，年底个人绩效由产品族经理和事业部品质负责人共同做出评估。其职能架构如图2-6所示。

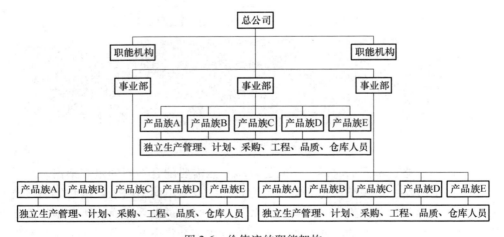

图2-6　价值流的职能架构

产品族价值流的职能架构是精益重点推荐的组织架构，因为符合精益价值流管理和精益五大原则，通过组织架构的精益化，为后续精益推进做出有力支撑，同时自身也具有很多好处，具体如下：

1）组织机构小型化。小型化是企业机构"减肥"。通过"减肥"，企业可以增强活力，降低成本，提升自身的核心竞争力。在日益复杂多变的信息时代，随着经营环境的剧变，大的企业集团普遍患上一种"大企业病"，通过机构小型化可以消除这个问题。同时，机构小型化带来组织灵活应变和弹性应对。

2) 减少跨部门沟通。大家一定有经验在小企业内部很少出现沟通问题，在组织庞大或者职能制的机构，沟通就变得很重要，沟通经常会失效，需要升级到经理层面，如果经理级别的沟通未果，又需要上升更高级别，沟通达成一致后，又需要不断地向下一级一级传递。试想一下，经理或者公司高层都成为"法官"处理沟通问题，那么沟通的成本就太高了，还有时间处理其他重要事务吗？产品族价值流的职能架构使沟通变得简单，所有的人在一个产品族经理管理下，组织机构扁平化就两个层级（产品族经理和各个职能人员），如果有任何沟通无法达成一致，就可以直接通过产品族经理裁定。职能人员在一起工作，平时交流较多，问题在下面的层次就可以解决。

3) 工作目标明确。工作的目标是大家一起努力使产品令客户满意，协调一致将产品快速、低成本地交付给客户。因为消除了职能部门从而避免"部门墙"，职能部门内员工考虑方向不再是"维护部门利益最大化"，转变成如何更好地满足客户要求和需求。原来考量点是在与不同部门"斗争"中尽量减少本部门责任，争取本部门最大的利益，从而忘记公司的整体目标。产品族价值流的职能架构直接面对客户，倾听来自客户的声音，以满足客户作为目标，增加责任感和明确工作方向。

4) 资源协调迅速。产品族经理容易协调各种资源来完成工作，产品族经理直接管理各个职能人员（生产管理、计划、采购、工程、品质、仓库相关人员），假如客户需要紧急更改产品尺寸，产品族价值流经理就下达命令给工程人员和采购人员，让工程人员和采购人员完成相应的客户需求，在职能制机构中，就同时向工程部和采购部两个部门发出请求，如果工程部直接负责工程师不同意本项更改，需要和工程部经理进行沟通，然后让工程部经理向下传递，同样的事情也发生在与采购部的沟通中，因为产品族经理与工程部经理是平级关系。即使客户的要求是合理的，也很难让工程部经理立马做出相应的行动措施。

5) 增加企业认同感。产品族价值流的职能架构以产品族经理的领导为核心，让其自行制订各自的计划，独立运营和独立管理，并依靠全体成员的智慧和努力来完成目标。设置合理的 KPI 和经营盈利奖励方式，当产品族价值单元盈利后，就直接将盈利部分奖励给员工。这种做法容易让第一线的每一位员工都能成为主角，主动参与经营，进而实现"全员参与经营"。经营权下放之后，各个小单元的领导会树立起"自己也是一名经营者"的意识，进而萌生出作为经营者的责任感，尽可能地努力提升业绩，类似于阿米巴经营模式。这样一来，大家就会从作为员工的"被动"立场转变为作为领导的"主动"立场。这种立场的转变正是树立经营者意识的开端，于是开始不断涌现出承担经营责任的经营伙伴。

2.2 开放式办公和办公连续流

开放式办公和办公连续流都契合精益思维。开放式办公能够提高空间利用率，减少信息阻断沟通障碍，便于上下级沟通。办公连续流可以增加信息的处理速度，减少信息的停滞等待，提高整体处理速度。二者相互联系，开放式办公增强办公连续流，连续流需要一个开放的办公场所。

2.2.1 开放式办公

开放式办公是灵活无隔断的大空间办公形式。开放式办公室如同开放式厨房一样，没有门，没有隔断，没有阻碍，与其他空间浑然天成，成为一个整体。在室内不再做墙体隔断，营造出新的办公空间和沟通便利空间。室内的软装饰性较为重要，通过合理的办公家具摆放和装饰物的摆放来点缀办公室。

开放式办公室直接去掉墙体隔断，将整个办公室融为一个整体，但是需要简单的小屏风，对办公位有视野隔断的物品进行去除，保持视野的开阔性，如图2-7所示。开放式办公室具有以下优势：

1）既然是开放式的办公空间，很明显的一个优点就是方便同事之间的交流，遇到工作上的难题可以和身边的同事进行商讨，提高员工的工作效率，也有利于公司相关事宜的传播。在同一个开放式办公室里的同事可以更轻松地在办公桌上进行简短的对话，而不是拿起电话或发送电子邮件。办公室里的人越来越开放，团队合作就越好，效率也越高。开放空间便于沟通，沟通顺畅，团队氛围就更加融洽，问题解决得快，从而使效率提高。

2）开放式办公空间增加了整个办公室的通透性，给人一种开阔的视觉感受，同时让空间更加灵活多变，也能达到节省办公室空间、更大限度利用空间的效果。如果我们把各自的办公空间用隔墙和隔断一区一区地分隔开，就变成独立办公空间的形式。当然，个人私密的感觉大大加强，但是整体的空间会变得很零碎和视觉上的局限感。

3）开放式办公空间打破了传统封闭式办公空间的冷清、寂静、孤寂的氛围，营造了一种积极向上的办公状态，提升了整个办公环境的生命力和员工的激情。组织需要设计合适的空间，一方面用于保持安静和不受干扰的工作，另一方面用于交换和团队合作。开放办公除了办公区域要设计，休息区、会议区和前台都应该进行设计，如果有一个图书馆或者游戏室那就更好了。这里至关重要的是自由选择哪种环境最适合各自的任务和自己的个性。所有的目的都是为了营造好的办公环境。

图 2-7　开放式办公室

2.2.2　办公连续流

在生产领域，精益连续流有着广泛应用，同时在办公领域也是不错的应用。在办公领域中也需要从批量孤岛式作业转变为小批量连续流作业，改变可以带来巨大的收益，孤岛式批量作业流程需要在不同的步骤中等待，等待处理、等待队列、等待文件加工等，各种等待时间造成流程处理周期时间长，等待一般都伴随着批量作业，批量转移或者批量处理进一步拉长了处理周期时间。当有不良发生时，处理周期时间会很长，如需要一级一级向上传递，告诉客户有错误发生；如何更正错误，又需要一级一级向下传递改善办法，流程非常烦琐。

职能组织容易将流程按照部门职责切割成一段段作业，形成一个个孤岛，将原本连续的流程变成非连续停滞等待作业。例如，客户订单评审流程需要销售、计划、采购、工程和生产部门都进行确认，如果相关人员一起形成连续流办公，订单评审周期时间就是1h，但是如果在职能组织内先要交给销售部，销售部手上有工作要完成，等半天才进行处理，销售部处理完后需要发送邮件给计划部，计划部每两小时查看邮件，处理20min后等待40min交给领导签字，1h后完成签字，半天后交给采购部，采购部因为新物料需要与供应商进行反复确认，周期需要为半天，每一个部门处理周期都为半天，最终需要2.5天才完成工作，单件流作业仅仅1h就能完成工作，形成鲜明的对比。别以为上面的是一个特殊的例子，其实公司的流程就是按照部门职能方法来运行的，中间穿插大量的等待、转移、再等待的过程，造成流程的低效率。连续和非连续作业比较如图2-8所示。

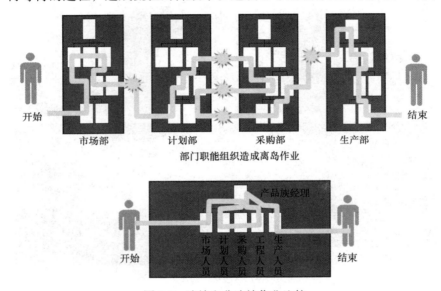

图2-8 连续和非连续作业比较

职能组织要想实现办公连续流，可以固定时间段抽取相应的人员来进行联合办公，形成单件流作业，如每天固定早上10点，订单评审小组人员集合在会议室中，对所有的订单进行统一评审，订单评审的周期也就是一天。在开放式办公中，可以安排相关人员按照连续流形成一字形或者U字形布局来完成流程处理，人员做完流程操作就用"手递手"的方式将文件传递给下一个步骤的人员，形成连续作业。产品族价值流职能架构可以很方便地形成连续流。

2.2.3 办公连续流案例

办证审批要跑很多个单位？相信大家有类似的经验，要注册一家企业营业执照，需要来到工商、银行、环评、国税、地税等相关单位，这些单位又都属于不同的政府职能单位，分布在城市不同的地理位置，也形成了流程的孤岛作业，增加了完成作业的周期时间和移动距离，文件容易缺失且需要在工厂和办事单位之间来回无效移动（见图2-9）。

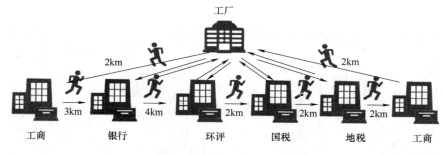

图2-9　不同办事单位移动

如果把所有的相关单位都集中在一起（见图2-10），然后组成连续流，是否就有大效率提升？是否可以减少相关申请时间和申请单位的无效作业时间呢？

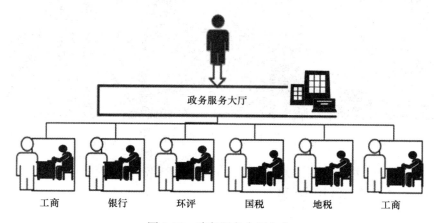

图2-10　政务服务大厅办公

如今政府设立很多市政服务中心，如深圳市行政服务大厅可以同时高效办理多项审批业务。行政服务大厅分为西区和中区两个面积相等、功能相同的大厅，共设有135个服务窗口，进驻单位34个，覆盖各项主要审批项目。深圳市行政服务大厅紧紧围绕"便民""提效"这个核心，对所有进驻项目进行整合，以其相关性完善、简化办理程序，以成"龙"配套确保"一站式"，重点推进涉及两个部门以上审批业务的协调；另外，从业务和内设机构层面引导进驻部门整合自身业务，大大提高了办事效率。建立市政服务中心，建设项目从立项到施工许可办理完成，总审批时间将控制在90个工作日以内。其中，深圳市政府投资建设项目从立项到施工许可办理完成，房建类项目审批时间控制在85个工作日以内，市政类线性项目审批时间控制在90个工作日以内。社会投资建设项目从签订土地使用权出让合同至取得施工许可，审批时间控制在 33 个工作日以内，至不动产登记完成，审批时间控制在 45 个工作日以内。行政服务大厅现场环境如图 2-11 所示。

图 2-11　行政服务大厅

2.3　工作饱和度测量

办公作业工作时间测量难度大，由于办公作业更难标准化或者某些作业没有标准化。作业员操作都是标准化的作业，所以工作时间波动很小。如果办公作业标准化程度低，那么作业时间波动大。最头疼的是设计或思考作业，设计可以是耗费一天或者两天无任何产出，灵感乍现几分钟，灵感不到，几天才能完成设计。另外，一个办公作业容易受打扰，专心干一件事情效率是最高的，但是办公环境中，自己的作业随时都有被别的事情打扰中断的风险。重新开始的作业，思考做到哪一个步骤，要如何继续下一个步骤，原来记忆下的数据要重新寻找。中断作业重新测量标准工时也是费力的事情，等于中间多一次换线的切换时间。

设计或思考作业测量或设定时间被当作一件困难的事情，是不是真的没有办法测量或设定时间呢？在办公作业中，思考要素和设计要素被认为难以用时间单位来衡量，或者用时间来衡量造成不良缺陷（设计不充分导致产品不合格）。的确，需要设计、思考和判断的事务很难加以设定时间，但是基本动作要素时间是可以进行测量的，如设计思考时间没有测量，但是绘制设计图时间和打字时间是可以测量的。判断的事务作业时间，可以让经验丰富者给出一个估计时间，如设计一个简单的模具需要三天时间，以这个来做参照。另外，沟通讨论、检查、等待、企划计划、访客接待、指导也是不好测量的要素。总之，如果能够分开判断的要素和非判断的要素，可以很好地测量出所需要的工作时间，按照测量时间来估计需求人力数量。

2.3.1 能够测量时间的办公作业

设定标准办公作业时间的有效要件和生产作业的场合是完全相同的。一般来说，能够测量时间的办公作业，经过严格的规定后，若具备以下条件，即为其对象：

1）重复性高。
2）用手作业量比例高。
3）作业寿命长。

1. 重复性高

例如，在一天中同样处理法的作业重复许多次，而且，其工作总时间占了全天工作时间相当大的比重。然而，与之相反，一天只处理1~2次，而且处理一次的时间仅需花费几分钟，在整个勤务时间上仅占百分之几的比例而已，就不需要测量时间。所以，如果以这种办公作业为对象来设定时间，却不为占据大部分工作比例的办公作业设定时间，则将起不了多大作用。

2. 用手作业量比例高

使用机械或者计算机自动处理的作业，只要由机械计算机的运转时间来决定时间。现在计算机技术高速发展，使得计算机运转时间很快，有些快到可以忽略不计。问题在于，有些作业用手作业量比例较高。对于这些对象作业，特别需要设定标准时间。

此外，由中、高阶层的管理主管，或从事研究、企划业务的职员，他们开展的办公作业大多数都是判定性工作，而且有些作业重复性很低，也难以测量工作时间。假设只对这些部分设定标准，而不对占据大部分比例的判断性办公作业设定标准，就无法获得实质的利益。解决办法就是把优秀的设计人员或者企划人员的时间作为标准时间，测量他们的时间，并将其当作参考时间。在工作中附带执行的文书或者计算性作业，本来以省略或让基层办公作业员来承担，以尽可能地减少占用他们的办公作业时间。

3. 作业寿命长

设定作业标准时间，必须要观察对象办公作业或搜集数据等花费的时间。设定标准时间，如果对象办公作业没有长久持续的特质，那么，所投入的劳力就不经济而形成浪费。因此，应以经常操作的办公作业为对象来做时间的设定才好。

具备这些要素的作业，在办公室中颇多。有数据显示，将近70%的办公作业可加以测定时间。日本则依据职务调查的结果显示超过半数的作业可以测定作业时间，如书写文件、记录、盖印、计算机操作、账票分类、现金整理、表单制作、邮件编写、计算都是可以进行测量的工作。

时间单位是指每一办公作业单位所需的时间，其计测的基准单位是年、季、月、旬、周、日、时、分、秒等，但主要使用的是时、分两种。

一般所使用的时间是60进位法，因在计算上不方便，也有使用DM法（decimal-minute）的（1DM就是0.01min）。

时间单位是决定与办公作业关系如何的关键所在，通常必须具备：

1）记录或运用时简单方便。
2）能正确表现实际的时间。
3）容易和其他时间记录相比较、对照等条件。

与时间单位相似的词语有"单位时间"。它是指用于每单位时间中做几件或每单位时间写几张的情形。上述的"时间单位"，是指每一件或每一张需要多少分钟，而"单位时间"则是指一分钟能处理几件或几张。

2.3.2　标准时间测量

1. 标准时间的意义

标准时间的意义是办公作业员在正常的状态下从事其负担的工作所需要的事先规定的时间。因此，严格来说，标准时间是需要的时间，而不是所花费的时间。所花费的时间只是实际工作时间的平均数，不能称为标准时间。

而标准时间的定义是，在标准的作业条件下，依照标准的方法，由普通的办公作业员以一般的工作能力来处理其办公作业所需要的时间。这是较严谨的意义的标准时间。

但是，其时间的设定必须考虑到，随着办公作业的处理过程所产生的疲劳反应所引起迟延或作业落后的宽放时间。否则，办公作业员将无法持续长时间的处理办公作业。由此可知，标准时间是实质工作时间加宽放时间。

2. 宽放及宽放率

在作业时间中出于各种原因会发生作业延迟，并使得实质的工作时间减少，也可以说是损失的时间。因此，真正不必要的动作应该加以排除，但对无法避免的动作则需补偿其损失的时间。这种补偿的时间就叫作宽放时间。

宽放时间依照其性质可分为不同的种类。在办公作业中设定宽放时间是一件困难的事情。因为它把判断办公作业所用的判定要素混合在里面，一般情况下，判定要素要单独于其他要素，以便于区别对待。判定时间上的变动要素，应以改善方法来尽可能排除。一般来说，这种趋势在上级办公人员中出现得较多。因此，依据判定要素，把判定的部分当作特别宽放时间来处理，较合乎实际情况。

不过，究竟设定多大的宽放率并没有定论，有的设定为职级宽放率。

这是以职级作为基准，分为车间主任、班长、组长、员工等四个职级，其宽放率基准范例见表2-1。

表 2-1　职级宽放率基准范例

职　级	A（生理、公务、疲劳宽放）	B（职级宽放）	总　计
车间主任	10%	15%	25%
班长	10%	10%	20%
组长	10%	5%	15%
员工	10%	0	10%

注：1. A中生理宽放（大小便、喝水等）、公务宽放（数据迟延到达）、疲劳宽放（在继续作业的中途必然产生的身心休息）设定为总的10%，其中，生理宽放和公务宽放共占5%。
　　2. B职级宽放，这种宽放率按照职级工作内容的不同来给定，职级越高，判定作业越多，其复杂性就越大。

有时职级基准的内容并不明确，因此适用性上存在困难。不是以职级为基准，而是以工作性质来决定的宽放率，也有实用价值。表2-2为工作性质宽放率范例。

表 2-2　工作性质宽放率范例

种　类	说　明	宽放率
A	经常性一般业务，受到外部阻碍较少的作业	15%~20%
B	虽是经常性一般业务，却受到较高的外部阻碍，或在处理业务时产生顶峰状况，需要较多的管理宽放作业	20%~25%
C	如B项的作业，但程度更甚者	25%~30%

因此，如上面所列举的宽放程度，可作为宽放时间附加在实际办公作业时间上。这些宽放率的计算，除了以上述各表为基础，且参照企业及政府机关的实况来加以判断外，别无他途。由以上各例，大致可将宽放率设定在16%~25%的程度。其内涵是：①作业宽放5%；②生理宽放3%；③疲劳宽放5%~7%；④现场宽放3%~10%（依现场而定）。也就是说，如果总工作时间为8h，实质工作时间为6.5h，宽放时间为1.5h。那么，其宽放率以外乘法计算将为23.0%。

3. 秒表法测量标准时间

秒表时间研究，使用秒表计时器对作业的执行情况做直接、连续观测的一种时间测定方法，它的结果被称作"观测时间"。它与生产领域秒表法测量时间一致。

秒表时间研究的步骤如下：

（1）收集资料　包括研究对象、地点、范围、研究人、研究日期、开始和结束时间、环境状况等（这里说"环境状况"是因为标准时间中要求测定的是"标准状态"的环境，温度、湿度、照明、噪声及其影响操作生理、心理的工作环境）。

（2）划分单元　对作业进行细致观察，将作业细分成若干操作单元，测定前在"秒表时间研究表"的单元说明栏目中先对操作单元进行逐一描述（单元的划分应大小适中，理论上以 2.4s 为间隔最为合适）。划分单元时应注意：

1）每一操作单元应有明显的起点、终点以易辨认。
2）人工单元和设备单元分开。
3）定量作业要素与变量作业要素分开。
4）规则作业要素与不规则作业要素分开。
5）工作时间（有效时间）与非工作时间（无效时间）分开。

（3）测时　使用秒表，在每一个操作单元结束点按下秒表，记录时间，直至所有操作单元测量结束。重复 10~25 次上面的操作，获取足够量数据。时间观测表见表 2-3。

（4）计算平均值　对多次观测的结果求算术平均值。注意在求均值以前，首先要对该项的多次记录进行审核，是否出现异常值，剔除异常值后要追加测试，以保证记录的完整和准确。剔除异常值如果数据多且要求精度高，可以做标准差的分析。

（5）评比　可以说评比是标准时间中最重要的概念，评比前的时间只能叫作观测时间，评比反映了观测时间与标准概念（比如正常速度概念及标准熟练程度、努力程度等）的比较，以衡量该观测值的可利用性。评比后的观测时间叫作正常时间。

$$正常时间 = 观测时间 \times 评比系数$$

评比可采用"速度评比"或"平准化评比"方法。

速度评比是一种以某一种标准状态的规定分值（国际通行惯例按 60、75、100 分制）作为标准，判断观测值的分值，将两分值的比作为观测值的评比系数来修正观测值。

平准化评比是将影响评比结果的几个因素（包括被观测者的熟练、努力、所处的工作环境和观测值的一致性）分成从"欠佳"到"理想"的六个层次，分别赋值量化，从而将定性衡量转变为定量衡量的一种方法。

表2-3 时间观测表

对象工程		作业者			时间观测用纸									观测月日				分解编号	
														观测时间				观测者	
序号	要素作业	1	2	3	4	5	6	7	8	9	10	11	12	13	14	最大	最小	平均	着眼点
	循环时间																		

评比后的观测时间在标准时间的构成中称为"正常时间",秒表时间研究后的"正常时间"还需要"宽放"处理后得到"标准时间"。

$$正常时间 \times (1+宽放率) = 标准时间$$

"宽放"是在过程中用来处理少量搬运、少量检查、少量管理等情况,或其他因疲劳、程序、政策等引起的少量时间损失。时间宽放在上一节已描述,这里不再介绍。

2.3.3 工作抽样法

工作抽样法又称瞬时观察法,是指利用统计学中随机抽样的原理,按照相等概率性和随机性的独立原则,对现场操作者或机器工作抽样设备进行瞬间观测和记录,调查各种作业事项的发生次数和发生率,以必需而最小的观测样本来推定观测对象总体状况的一种现场观测的分析方法。

随着时间的推移,办公作业会发生变化。如果像影片一样将其瞬间以静态的方式呈现,就能了解某项活动发生的概率。在这种情况下,从最初到最后全部过程加以调查,就叫作全数调查。但是,这种全数调查会花费太多的时间及人力。因此,能以最简单的方式获得和全数调查一样的结果,就是最佳的方法。这种方法就是工作抽样法,是以概率论或统计学上的样本理论为基础发展出来的,是从全体中抽出几个样本,再从这几个样本中来了解全体的状况。

工作抽样法是一种采用抽样调查方式以了解被调查对象的工作情况的调查方法,被调查对象可以是人,也可以是设备,如调查一组人员的工作比率或一台设备的利用率。

工作抽样法的步骤如下:

1)确立调查的目的和范围。
2)调查项目分类。
3)决定观测方法。
4)设计调查表格。
5)向有关人员说明调查目的。
6)试观测,决定观测次数。
7)正式观测。
8)整理数据及做结论。

设计工作抽样法有三个关键:调查表的设计、抽样方法和观测次数。

1)调查表的设计。这里要特别说明的是,一定要根据调查目的设置调查项目,比如调查空闲比率,调查项目可以设置成"工作""空闲""不在现场";为了了解某工作的间接作业工时过大的情况,调查项目应将"工作"具体细分到操作项目。实际上,在调查展开前就要对调查结果做一些假设,这些假设和设计的调查项目有很大关联。

2）抽样方法。抽样调查的原理是抽取的样本能较真实地反映母本的情况。

抽样的方法有一般随机抽样、机械（顺序）抽样、分层抽样、整群抽样等。我们常对观测对象采取一般随机抽样、分层抽样、整群抽样，具体情况视对象的多少、对象的性质和调查时间要求的长短而定。比如调查一组人员的工作比率，如果观测对象较多，则可以采取一般随机抽样；如果观测对象较少，又需要短时间得到较多数据，则采用整群抽样；如果这一组人员工作性质不同，我们需要了解其工作的具体情况，则可以采用分层抽样的方法。另外，我们常对观测时间采用机械抽样方法，因为该方法实施简单，方便现场操作。具体来说，随机抽取一个数据作为起始时间点，然后等时间间隔进行观测。但是，该方法对于有规律出现的调查项目可能会对结果造成较大的偏差。

3）观测次数。观测次数关系到样本的大小和样本是否能较真实地反映研究对象的实际情况。图 2-12 所示为观测次数的计算。

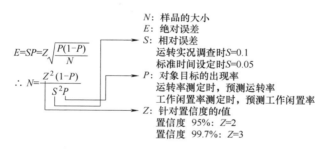

图 2-12 观测次数的计算

观测次数的确定，是通过先进行一次预观测，最好能有 100 个数据，得到事件发生的概率。通过这个实验来确定 P 值。然后根据预先确定的绝对精度或相对精度，计算观测次数。

例如：预观测得到事件发生的概率为 P，相对误差精度为 S，如果我们假设这个预观测得到的事件发生概率有 95%（95.45%）的置信度（可靠度），则 $Z=2$。观测次数 $N=4(1-P)/(0.0025 \times P)$，如果我们假设这个预观测得到的事件发生概率有 99%（99.73%）的置信度（可靠度），则 $Z=3$，观测次数 $N=9(1-P)/(0.0001 \times P)$。

工作抽样我们通常取 95% 的置信度，相对误差为 $S=0.05$，$Z=2$。

注意：通常在完成已确定观测次数后还要进行一定数量富余的观测，因为观测完成后的数据整理工作，首先要剔除异常值，而后要用余下的观测次数 n 和观测得到事件平均发生的概率 P 反过来做绝对精度 Z 和相对精度 S 的计算，以验证观测次数是否满足要求，否则仍需继续观测。

表 2-4 为典型岗位工作抽样分析表。

表 2-4　典型岗位工作抽样分析表

作业内容			观测																							观测分数	占有率
大分类	小分类	要素作业	1	2	3	4	5	6	7	8	9	10	11	12	13	14	15	16	17	18	19	20	21	22	23	24	25		
工作中	专案	专案规划	项目计划																										
			项目成员																										
			项目初期调查																										
			小计																										
		项目执行	现况把握																										
			原因分析																										
			对策计划																										
			对策实施																										
			小计																										
		专案结案	整理																										
			报告编写																										
			上级批复																										
			小计																										
	日常功能	本职活动	订单输入																										
			订单评审签字																										
			订单评审流程																										
			订单产能计算																										
			小计																										

行政	作业	训练活动								
		行政会议								
		部门人事行政事务								
		小计								
非工作中	作业者责任									
		小计								
	管理者责任									
		小计								
总计										

2.3.4 工作饱和度分析

评价一个人工作饱和度高不高（注意这里针对的是同一个工作），答案只有两种：低效率饱和度高，高效率饱和度低。可见，效率与饱和度存在着矛盾。而"工作饱和"的含义应该是指员工的有效工作时间与规定的劳动时间相等或近似相等，这里的工作时间是指有效的工作时间，强调"有效"二字，管理人员常常忽略"有效"的重要性，自然也就无法正确评价如何才算是工作饱和，于是便出现了"整天忙个不停的员工就一定是个好员工"的谬论。如何来做到时间有效性，第一就是重复性工作可以用秒表法来进行测量标准工时，如订单输入系统需要时间，通过秒表法来测量输入一行订单所有动作操作的时间，乘以行数总和就可以得到输入系统所需时间。对于非重复性变异大的工作，可以采用一般熟练员工，让他操作一遍看看所需要时间是多少，把这个时间作为一个标准时间。

为了降低工作标准管理的烦琐性，减少人力投入，提高工作效率和效果，可以使用工作饱和度分析。工作饱和度让工作者自我统计一天内所有工作和工作相应的时间，如早上查看采购订单（Production Order, PO）价格修订、审核 PO 订单、PO 订单发送给供应商等，然后统计每一项工作所需要的时间，就可以统计出一天的时间是否饱和，同时也可以分析出一天内主要的工作是什么，什么工作花费的时间长，对比别的同事工作时间是否有异常，工作是否超过了工作职责等问题。根据每天统计时间对比标准作业时间，可以得出作业人员是否处于高效作业的状态，如果不是，可以有针对性地进行改善。

同时，有了饱和度分析也可以知道，岗位需要配置多少人员来完成工作，一个部门需要多少人，就可以起到部门人力的充分利用，不会出现有的部门人员很富余，有的部门却人手不足。

表 2-5 ~ 表 2-7 分别为工作饱和度自评表、工作饱和度分析表和工作饱和度评估表。

2.4 进度管理目视化

办公流程的特点是不可见，即工作不可见、流程不可见和进度不可见，形成了很多管理上的问题。一个职员坐在计算机前没有任何操作，是在思考问题还是在空闲等待，抑或是怠工，很难进行判定。即使在不断地进行计算机操作，也不知道是在工作，还是在从事与工作无关的事情。在日常活动中，我们是通过视觉、嗅觉、听觉、触觉、味觉来感知事物的，其中最常用的是视觉。据统计，人的行动的 60% 是从视觉的感知开始的。因此，在日常管理中，目视管理强调各种管理状态与方法都应清楚明了，使人一目了然，容易明白与遵守，从而让员工自主地理解与执行各项工作，无疑会给管理带来极大的好处。

表 2-5 工作饱和度自评表

姓名		部门					发行单位				
核准		审核					发行日期				
				薪资编号			窗体编号				
				管理职			机密等级				密
				从事本职年资			填表日期				

序号	工作项目	工作内容	时间	地点	原因	发生周期与次数			每次所需时间/h D	累计时间/h			饱和度调查时段（以两周为单位）	
													平均每天时数 H=SUM(E/1+F/5+G/10)	所占工作比例 I=H/J
						日 A	周 B	双周 C		日 E=AD	周 F=BD	双周 G=CD		
1														
2														
3														
平均每天时数分母						日 1	周 5	双周 10					每天时数合计	
													个人工作负荷	

表 2-6 工作饱和度分析表

员工信息						
技委会：	工业工程			职位归类：	经营管理	
姓名：	××			工号：	×××	
职位：	××			薪资编号：	×××	
部门	××××	××××				
记录期间						
从： 2008/12/22		到： 2008/12/26			周： WK48	

日期	工作项目	工作内容	内容细项	产出	用时(h)	合计	请假/加班时数
2008/12/22	本职活动（一）	同一法人下面的费用转嫁	不良品	转嫁单据	1.00	11.00	3.00
	项目执行	产品1代工，产品2代工议价	报价	会议记录	1.50		
	本职活动（一）	维护并检查/信息输入	采购物料单价	系统数据	2.00		
	本职活动（一）	采购订单单价修改及审核	采购退料	系统数据	1.50		
	本职活动（一）	暂估清理/付款查询/结报审	结报审核	结报单	2.00		
	本职活动（一）	暂估清理/付款查询/结报审	费用暂估	系统数据	2.00		
	上级指派的支持活动	账务组管理事宜	账务人员过年留厂情况	\	1.00		
2008/12/23	本职活动（一）	维护并检查信息输入	维护单价	系统数据	1.50	8.50	0.50
	项目执行	产品1代工，产品2代工议价	开会	会议记录	2.00		
	其他事项	其他与工作无关的事项，如会谈前等待、办个人私事（注）	××××	\	0.50		
	本职活动（一）	关联公司扣款计算与跟进	跟进供应商扣款	2007年Q4扣款	1.00		
	本职活动（一）	采购订单单价修改及审核	采购退料	系统数据	1.00		
	本职活动（一）	工单结案率的检讨与跟进，已结工令的报废超发稽核	工令结案	分析报告	1.50		
	其他行政事务	其他（其他无法列明的行政事项）	××××	\	1.00		
2008/12/24	项目执行	产品1代工，产品2代工议价	加工费计算	报价结果	3.00	12.50	4.50
	本职活动（一）	维护并检查信息输入	维护单价	系统数据	2.00		
	本职活动（一）	采购订单单价修改及审核	采购退料	系统数据	1.00		
	本职活动（一）	实际工费率与标准工费率的检讨	检查周检查	\	2.00		
	本职活动（一）	物料清单表的检查/物料主档的检查	检查物料清单/物料主档	\	2.00		
	本职活动（一）	费用暂估清理/费用付款查询/费用结报审	结报审核	结报单	2.00		
	其他事项	其他与工作无关的事项，如会谈前等待、办个人私事（注）	××××	\	0.50		

（续）

日期	工作项目	工作内容	内容细项	产出	用时(h)	合计	请假/加班时数
2008/12/25	本职报告	订单损耗/工单溢领表/物料主文件检查情况表/价格差异分析表/标准成本比较报表	物料主档检查	物料主档检查情况表	1.50	10.00	2.00
	本职活动（一）	维护并检查信息输入	维护单价	系统数据	1.00		
	本职活动（一）	采购订单单价修改及审核	采购退料	系统数据	1.00		
	本职活动（一）	工单结案率的检讨与跟进，已结工令的报废超发稽核	工令结案	分析报告	1.50		
	上级指派的支持活动	上级指派的支持活动	××××	\	0.50		
	本职行政	例会	会议	会议记录	0.50		
	临时需支持的活动	临时需支持的活动	支援产线	\	4.00		
2008/12/26	项目执行	产品1代工，产品2代工议价	××板损失谈判	会议记录	2.00	8.50	0.50
	本职活动（一）	维护并检查信息输入	维护单价	系统数据	1.50		
	本职活动（一）	采购订单单价修改及审核	采购退料	系统数据	1.50		
	其他事项	其他与工作无关的事项，如会谈前等待、办个人私事（注）	××××	\	0.50		
	本职活动（一）	同一法人下面的费用转嫁	人力费用	转嫁单据	1.00		
	本职活动（一）	费用暂估清理/费用付款查询/费用结报审	费用暂估	系统数据	1.00		
	项目执行	产品1代工，产品2代工议价	会议-增加人力	会议记录	1.00		
				合计时数	50.50		
				请假时数	0.00		
				加班时数	10.50		

附注及评语

表 2-7 工作饱和度评估表

工作饱和度评估表			发行单位			
			发行日期			
			表单编号			
			机密等级	密		
姓名		部门		资位		
核准		审核		管理职		
序号	功能	工作项目	总工作时数	平均每天工作时数/h	实际工时比例	主管认同工时比例	差异
1	专案	专案规划	0.00	0.00	0.0%	0.0%	0.0%
2	专案	项目执行	9.50	1.90	18.8%	8.0%	10.8%
3	专案	专案结案	0.00	0.00	0.0%	0.0%	0.0%
4	日常功能	本职活动(一)	31.00	6.20	61.4%	50.0%	11.4%
5	日常功能	本职活动(二)	0.00	0.00	0.0%	15.0%	−15.0%
6	日常功能	本职行政	0.50	0.10	1.0%	1.0%	0.0%
7	日常功能	本职报告	1.50	0.30	3.0%	10.0%	−7.0%
8	临时交办	上级指派的支持活动	1.50	0.30	3.0%	2.0%	1.0%
9	临时交办	临时需支持的活动	4.00	0.80	7.9%	3.0%	4.9%
10	行政	训练活动	0.00	0.00	0.0%	2.0%	−2.0%
11	行政	行政会议	0.00	0.00	0.0%	2.0%	−2.0%
12	行政	部门人事行政事务	0.00	0.00	0.0%	3.0%	−3.0%
13	行政	其他行政事务	1.00	0.20	2.0%	2.0%	0.0%
14	其他事项	其他事项	1.50	0.30	3.0%	2.0%	1.0%
统计天数		5	统计工作周期	9.80	97.03%	平均差异	4.40%
				10.10			

主管认定时间分配:
- 部门人事行政事务 3%
- 其他行政事务 2%
- 临时需支持的活动 3%
- 训练活动 2%
- 其他事项 2%
- 专案规划 0%
- 项目执行 8%
- 上级指派的支持活动 2%
- 行政会议 2%
- 专案结案 0%
- 本职报告 10%
- 本职行政 1%
- 本职活动(二) 15%
- 本职活动(一) 50%

第2章 精益办公的基本要素

目视管理就是以颜色、文字、图表、图片等方式,提醒相关人员应该遵守的方法及传达必要的信息,创造一目了然的工作场所。目视化的优势体现在:

1) 快速了解信息和进展状态。例如,一个表格中的数据可能半天也看不出所以然来,用可视化的饼状图等图形的方式展示数据,可以帮助用户更快地了解数据意义,不用过多的说明就可以直接抓住重点。项目进展也是一样,如果每一个子项目的进展都通过目视化的形式展现出来,就不需要一个一个询问子项目的进度了。

2) 促使企业在资源共享、实现管理上"多向互动"和数据方面"多方共享"。信息共享不但可以发生在企业内部,也可以发生在企业供应链或是客户上。如果整条供应链的库存信息、生产信息、物流信息都是共享和目视化的,对于供应链的管理将提供巨大便利性。资源共享也就意味着成本的降低,更意味着服务质量的提升。

3) 能够理解运营和结果之间的连接,使运营绩效清晰可见。具体而言,可视化允许用户跟踪运营和整体业务运行状态,好与坏清晰可见。我们可以用一个案例来说明,比如一家软件公司的执行销售总监可能会立即在实时销售图表中看到,他们的旗舰产品在西南地区的销售额下降百分比。然后,相关主管可以深入了解这些差异发生在哪里,并开始制订计划。通过这种方式,数据可视化可以让管理人员立即发现问题并采取行动从而及时止损。总之,增加相应的目视化工具,把不可见的变成可见的,进而可以提高工作效率。

2.4.1 项目进度管理板

项目进展是一个关注点,如项目进行到什么步骤、是否按时完成计划任务、项目状态是正常还是延期、项目是否正常完成、项目是否存在问题都是项目管理需要特别关注的地方。在项目数量多的时候,项目进度就需要一个目视化工具,能直观地展示整体项目的进展情况,以期待领导对非正常情况做出指示,团队成员能够看到进度状态等。项目进度管理板如图2-13所示。

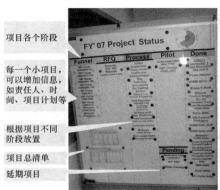
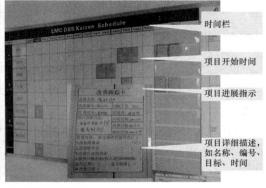

图2-13 项目进度管理板

2.4.2 生产计划管理板

生产订单也需要目视化展示，现在 ERP 系统已经在企业内部大量使用，但是计划的目视化或可视化做得不够好，经常是只有少数人了解生产计划，用一张一张的工单来传递计划指令，传递过程烦琐而且无法知道进度状态。用一个简单的生产订单目视化，就可以清晰地展示每一天的订单情况，订单是否延期，订单安排是否合理，也方便进行计划的变更。生产计划管理板如图 2-14 所示。

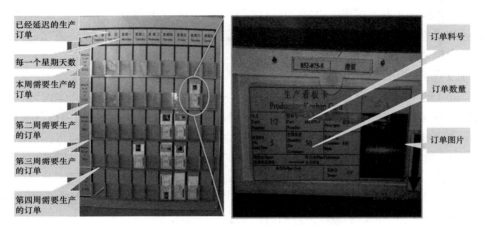

图 2-14 生产计划管理板

2.4.3 状态和指标管理板

办公环境中也有很多 KPI 或者绩效，如果绩效能够实时展示出来，让信息及时披露，可以起到激励和促进的作用。例如，供应商每个月的绩效评估很多企业都会做，如果放置在电子表单中，或者每个月发给供应商，可能效果一般，但是如果用一个目视化看板展示每个月绩效，将看板放置在收货处或者供应商能看到的位置，效果会更明显。供应商绩效看板如图 2-15 所示。

2.4.4 供应商送货时间管理板

供应商送货，如果按照订单日期送货，同一个时间段有多家供应商的货物需要接受，所以需要规定详细送货时间，每个送货时间固定一定数量的供应商，将送货厂家记入管理板，送货前和送货后要进行颜色区分，送货前是一种颜色，当供应商送货完成，将标识卡反转过来展示另外一面不同的颜色，即代表供应商送货完成。是否送货，根据管理板就能看出。供应商送货时间管理板如图 2-16 所示。

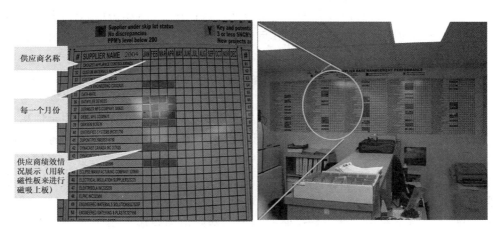

图 2-15　供应商绩效看板

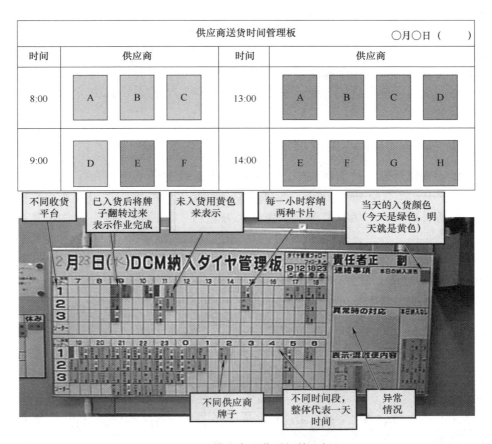

图 2-16　供应商送货时间管理板

由此可见，很多进展或者进程是可以通过目视化进行展示的，根据不同的项目或者事务，考虑用不同的形式将其目视化，就可以达到目视化管理的目的。

2.5　Obeya Room（大部屋）的目视化

Obeya Room，又称大部屋，类似宇航发射中心或者作战中心，是用于信息呈现及交流的场所，诞生于丰田汽车公司，是丰田研发汽车项目管理中的一种形式，也是丰田生产系统重要工具之一。在产品和流程开发过程中，让所有相关人员汇聚到大部屋中，以取得快速沟通和决策。所以，丰田的新车型的研发上市时间短于 20 个月（而其他汽车公司需要 36 个月）。

Obeya Room 是负责开发普锐斯的总工程师内山田竹志想出来的一个工程合作的方式，为了让各个职能部门的工程师交流更融洽，合作更有默契，他把大家聚集在一个大的房间中，每天大家都在此工作。这样做的效果很好，不仅可以减少产品开发时间，同时，总工程师还可以把关于整个项目的关键信息（技术、财务和进度）等张贴在这个房间当中，不同部门的工作人员就可以很容易地了解到其他部门的工作进度和内容。从此，这种方式就被保留了下来，并被定义为丰田新的交流和项目管理方式。丰田将"大部屋"看作其产品开发体系当中不可或缺的部分。

2.5.1　Obeya Room 的发展历程

由于普锐斯是一种全新的概念，混合动力系统的开发项目充斥着"没有这种零部件""找不到这种标准""只能在室内使用"等声音，项目组几乎没有过去的经验可借鉴，一切都需要从头考虑，并进行实际验证，内山田竹志要么失败，要么必须有创意，他的创意是：不单枪匹马地领导项目，而是从有经验的人那里寻求帮助，最好的办法是将相关核心技术领头人集中到一间大屋子（Obeya Room）中（见图 2-17）。

图 2-17　Obeya Room 会议

普锐斯开发项目中的成果之一被称为 Obeya Room——大部屋。在这个大屋子中，总工程师把对项目负责的团队召集在一起。因为所有关键人员都集中于这个区域，同步工程可以更有效地实施。现在的企业否定了职能制组织架构，而支持以产品为中心的组织架构。精益产品开发系统最好也是以产品中心的组织方式，总工程师责任制和大部屋可以有效打破职能制组织架构，每隔两天，总工程师（CE）会在大部屋内面对面会见各个部门的专家团队，如多个设计、验证和制造功能的团队。在此，专家们能与总工程师一起规划意见，讨论问题和做出决策。制造工程师们也参与到这些会议中，与设计工程师们讨论。此项目组成员更加重视内山田竹志的问题意识——"要共享信息，只有获得了大家的理解才能取得成功"，并在此基础上，信任与普锐斯相关的每一位员工，尽可能地公开信息，对出现的每一个问题自行协商，直到大家认可为止，而 Obeya Room（大部屋）刚好能实现。

2.5.2 Obeya Room 的特点

1. 高度授权

Obeya Room 必须由一个级别高的人来领导，高级别人员开始在工厂内部抽调相关人员参加会议，对不遵守规则的人员有人事处理权，高级别人员的权力凌驾于工厂的中高层领导之上，能协调相关资源来完成工作。如果级别不够，将很难发挥 Obeya Room 的作用，通常都是一把手亲自授权和监督。

2. 充分目视化

大部屋四面墙装备有简单的目视化管理看板，如关键指标图、计划日程进度图、价值流程图、检查清单、主要问题清单的描述、临时问题讨论区、团队人员联系信息和角色定义等，这些信息很容易被看到，作为有关人员，领导和团队共同对项目进展和存在的问题进行把握和解决（领导和支持团队能在 30s 发现异常的，在大部屋同样也适用）。

3. 高效沟通

集中办公方式作战室（War Room）设置完：墙上挂满了项目主计划、分计划、方案图等，密密麻麻，俨然一幅作战地图。在这样的作战室里非常有利于项目组的沟通，他们每天一起办公，一起围绕墙上挂的计划或方案讨论，随时知道项目的进展，随时找出方案的遗漏，有效地加快了其研发项目的速度。丰田的研发速度已经是业界平均水平的 4 倍。就便于沟通而言，集中办公的方法是一个不错的选择。如果墙上连"战略地图"都没有，就没有"作战"的氛围。作战室不但解决了沟通的问题，更重要的是能让项目组中的每个人都能看到别人的工作进展，可以和别人一起讨论各自的工作，这对于项目计划的执行是非常有利的。

4. 快速决策

信息集中的作用是：①项目信息更新速度快；②所有的信息在作战室里都能看到。另外，因为所有信息都已经目视化，数据、原因分析和任务进展都展示出来，更加容易做出问题的决策。

5. 联合作战

总工程师将形成的新车概念与设计和规划团队进行讨论。然后，团队写计划和概念文件。此外，当总工程师对项目的各个方面都具有控制权时，大部屋给其他跨部门团队更直接做贡献的机会。传统做法是：各个团队自己做计划，然后汇报给总工程师，"瀑布式"设计思路，一个设计步骤完成后交给下面的一个步骤，造成设计周期时间久。新的做法是：总工程师用大部屋管理他的计划，界定不同的问题区域，组建任务小组，然后总工程师委任不同小组同时进行相关设计。大部屋集中各方面的专家，如设计方面的专家、生产方面的专家、工程技术方面的专家。在设计阶段，生产方面的专家或者工程技术方面的专家对设计部门提出制造方面的要求，这样就可以保证设计的便利性，不像原来，设计的时候不考虑制造的便利性，设计后再由生产专家或者工程专家来考虑制造的便利性。在大部屋里实现了同步工程，一步设计到位。

Obeya Room 的好处如图 2-18 所示。

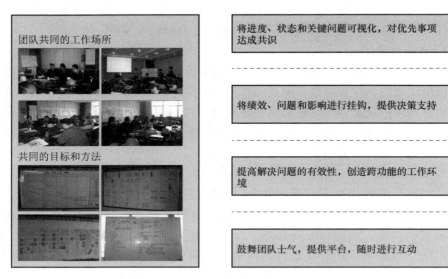

图 2-18　Obeya Room 的好处

如今大部屋不限制于产品研发，可以应用在公司年度方针实现、重大项目开展、多部门协作等。

大部屋如同许多 TPS 工具一样，从表面上看仅是一个场所或一种平台，要使大部屋真正发挥作用并使其成为工作的必需，要从工作理念上真正回到价值流驱动的观念上，并从体制、组织和职责上保证大部屋的跨部门工作得以顺利进行，从而满足对整体过程的增值。当企业规模形成以后，这种价值流驱动工作，经常被采用，如何突出价值流驱动的跨部门工作成为新的挑战，而大部屋是一个很好的解决办法。

2.5.3 Obeya Room 的设立

大部屋的流程角色职责如何确定？大部屋"屋主"是谁？如何管理矛盾冲突？项目管理（节点、预算）和工程决策的关系如何？大部屋管理有哪些精益工具［可视化、价值流程图（Value Stream Mapping，VSM）等］？大部屋的目的是什么？如何进行项目相关管理？图 2-19 为 Obeya Room 的流程。

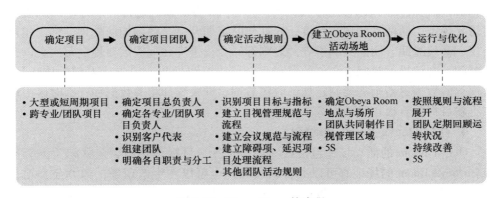

图 2-19 Obeya Room 的流程

1. 确定项目

Obeya Room 是从产品研发发展出来的，在应用时会发现其实很多项目都可以使用 Obeya Room，如公司推进精益生产、提高产品整体品质、新产品生产、产品转移、产品整体成本降低，达到信息快速沟通、进度定期审视、项目指标长期监控、新行动计划及时分配和改善案例分享的目的。项目为大型长周期项目、需要定期交流与汇报工作和存在跨部门进行沟通的，都可以利用 Obeya Room 来负责项目实施。

2. 确定项目团队

项目确定后就需要规划项目团队人员，例如谁是项目的总负责人以及总负责人的筛选条件是什么，如公司高层人员，如果不是将无法驱动其他部门按时完成工作。此外就是确定项目团队负责人员、项目团队人员、项目支援人员、相关客户和供应商。

1）禁止以工作忙为由缺席会议！（考虑品质第一，让代替者出席）

2）禁止推诿扯皮！（首先分析自身问题）

3）禁止逃避自己责任的解析！（首先想自己的责任）

4）禁止收到情报后自己擅自分析！（首先用"三现主义"确认实物）

5）禁止放弃自己无法解决的不良！（向会议提案，依靠团队力量）

6）禁止上级只向下级下达指示！（必须追踪结果）

7）禁止认为对策好就放心了！（必须用现物确认结果）

8）禁止单凭过去的经验发言！（用数据说明）

9）禁止监督者轻易地将原因推为作业者责任！

10）禁止管理者让监督者完全想对策！（共同通过事例来学习）

3. 确定活动规则

活动规则包括方方面面，如项目目标制定、项目相关数据收集办法、Obeya Room 目视化的工具数据更新办法、Obeya Room 会议如何进行开展等。团队活动前需要规定团队活动的规章制度，比如何时定期开会、缺勤如何处理、谁来主持会议、会议时间、团队共同遵守的规则等。会议进度和规范需要规定每次会议开始时间、会议进行时间、会议的议程、会议决议跟进和会议支持人相关技巧等。目视化的数据更新则需要制定如何收集数据、谁来统计相关数据和什么时候由谁来更新目视化看板相关数据等。

4. 建立 Obeya Room 活动场地

Obeya Room 的活动场地包括活动场地选择、目视化管理和建立相关配套设施。Obeya Room 的场地有可以办公的区域，也可以在生产现场，如办公类项目选择办公室区域，生产项目尽量选择在生产现场。场地大小可以放置会议桌椅和相关设备，同时能够让参加人员进行走动交流就可以。

Obeya Room 会议形式如图 2-20 所示。

（1）目视化看板规划　作战室有很多目视化看板，但是如何进行规划、决定哪些内容需要上墙进行展示，根据不同的项目估计有不同的内容，下面提供一种常见的目视化布局方式。

1）项目综述看板。它展示了项目的前因后果，介绍项目基本情况，如为什么需要做项目、客户需求、公司领导期待、项目现状［项目名称、项目改善范围、问题点、平面布局（layout）、流程、相关指标］。

2）价值流程图。确认项目后可以用 VSM 价值流图来展示项目的改善方向，如项目的改善方向是生产制造周期时间减少，就可以绘制整体流程 VSM，然后通过 VSM 分析流程中的问题点，如计划达成率差、每一个环节制造周期特别长、没有先进先出、中间在制品多等，这些都是接下来需要进一步改善的子项目。

3）项目改善成果。项目过程中有些子项目已完成，或者完成了阶段性的工作，就可以把报告张贴出来，让所有人员学习项目是如何进行开展的。

	关于运行良好的作战室的描述	所观察到的效益
参与者	■ 公司高层担任主席，专注于集中讨论和提出挑战 ■ 所有经理参与应对挑战和做出决定 ■ 各关键绩效指标的"所有者"一定出现在作战室内 ■ 采取"大门敞开"的政策，欢迎每个人参加作战室的讨论	■ 就关键议题展开热烈而开放的讨论 ■ 会议的重要程度得到提升 ■ 能够对所有关键绩效指标进行解释，负责采取纠正行动的人可获得第一手资料 ■ 提高员工的参与度和意识
日程	■ 日程固定，涵盖所有部门和整个价值链 ■ 每周对特定内容进行讨论（比如，周二对某项措施进行检查）	■ 树立全过程意识，无意外情况发生 ■ 帮助参与者准备实施干预
地点	■ 在高层负责人工作现场附近 ■ 场所固定，任何时间可在墙壁上看到所有关键绩效指标	■ 使高层易于参与其中 ■ 每个人都能到访，查看改变情况，使改变透明化
视觉背景	■ 在墙壁上显示作战室的目标和价值	■ 强化组织沟通 ■ 在共同的目标下协同参与者
时间/时期	■ 频繁的会议（每天都召开会议），会议开始时间固定 ■ 会议时间短（<1h）	■ 参与者易于制订计划，增加参与者的人数 ■ 将日常工作所受的干扰降至最低程度
会议成果	■ 采取纠正行动提高绩效，而非进行状态更新或提供信息 ■ 会议之后同意采取一致行动，并将行动内部公开	■ 实现快速行动，通常（并不总能）带来绩效改进

采取标准的会议形式，可容纳较多的出席人数，事先准备好具有可预见性的讨论内容，取得持续改善的、以行动为导向的成果

图 2-20 Obeya Room 会议形式

4）团队架构和规则。它包含团队名称、个人价值宣言、项目小组人员、小组培训计划、小组出勤表、小组基本规则和每一个小组 PK 成绩表。

5）关键指标和问题跟踪解决。运营相关指标和每一个子项目 KPI 指标。指标又分成日指标、周指标和月指标。绘制目标值和现状值在一段连续时间周期上的动态趋势图。

6）项目展示看板。子项目推进过程展示，如项目的改善操作步骤、改善思路、小组问题解决的流程和子项目活动的相关文件等。

7）实施计划跟踪。实施计划进度跟踪、计划时间节点、每周的跟踪和更新、手动跟踪、出现延误进行原因分析并跟踪解决。计划跟踪又分成总体项目计划进度管理和子项目计划进度管理，也包括每天的工作和任务的列表（具体的任务内容、任务负责人、任务完成时间）。

Obeya Room 看板示意如图 2-21 所示。

（2）目视化看板建立　每一块看板都需要有一个具体的排版规划，规划时可以在一个空白的白板上进行排版，可以用 CAD 或者 Photoshop 软件来进行排版设计。如果没有任何排版思路，可以用百度找到相应的图片来进行参考。

1）KPI 指标看板。KPI 指标看板可以展示绩效状态和业绩，然后依据状态

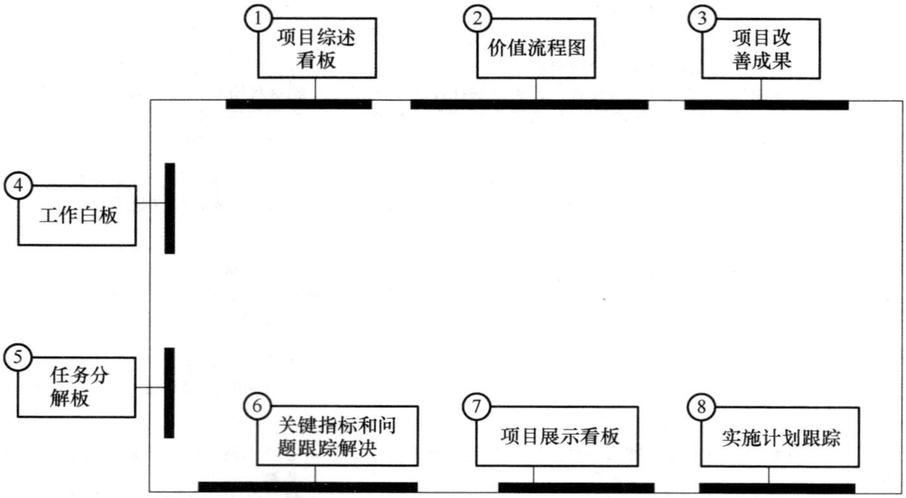

```
┌─────────────────────────────────────────────────┐
│  ①项目综述   ②价值流程图   ③项目改              │
│    看板                    善成果                │
├─────────────────────────────────────────────────┤
│ ④工作白板                                        │
│                                                  │
│ ⑤任务分                                          │
│   解板                                           │
│          ⑥关键指标和问  ⑦项目展示看板  ⑧实施计划跟踪 │
│            题跟踪解决                            │
└─────────────────────────────────────────────────┘
```

图 2-21　Obeya Room 看板示意

和业绩来评定是否异常，从而引出相应异常处理机制。展示工作处于正常或者异常状态，项目进展情况是如期进行还是逾期的状态，通过目视化的颜色来区分不同状态。展示业绩也是目视化的强项所在，用一个公司运行的 KPI 绩效看板就能清晰地了解公司目前几个月 KPI 指标的完成情况，哪些达标了，哪些需要额外努力才能达标。同时，一块指标看板可以显示 PQCDS（生产效率、质量和品质、成本、交期、安全生产管理）各方面的指标，如车间指标看板用 PQCDS 字母来涂颜色，也有用 A4 文件打印相关表格的，再根据具体的数据来更新，将数据转为柱状图，柱状图的不同颜色反映数据是否达标，红色为不达标，绿色为达标。柱状图既可以反映具体数值，也可以反映数据发展趋势。除了柱状图外，还可以用散点趋势图，或者直接将数值书写出来，这些都是数值的展示方式。

KPI 指标看板规划示意如图 2-22 所示。

2）任务分解看板。任务分解看板包括项目和各个分解的子任务看板，项目概述看板包括为什么要做改善描述，KPI 是如何一步一步分解的，以及项目的 KPI 指标情况。各个分解子看板展示内容包含项目架构、推进计划、项目 KPI、项目改善事项、项目改善进展汇报等信息。

任务分解看板示意如图 2-23 所示。

3）任务分配看板。任务分配看板就是将改善任务分配到个人，并且在以后便于跟进任务完成情况，每一个任务都包括问题描述、改善措施、责任人和完成时间（见图 2-24）。有时候为了便于后续统计分析每一个人员任务达成率，还会建立一个电子表格来进行汇总。

第2章 精益办公的基本要素

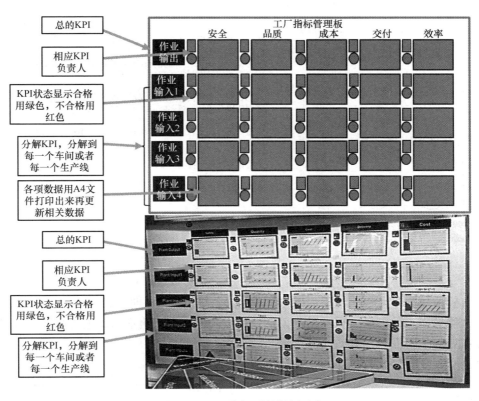

图 2-22　KPI 指标看板规划示意

- 整体目视化看板设计

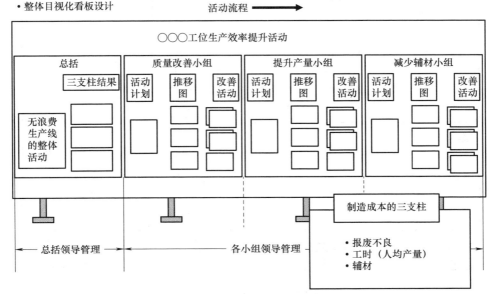

图 2-23　任务分解看板示意

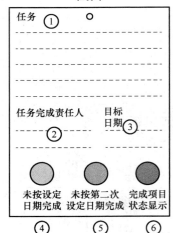

① 任务：对需要完成的任务的描述，如完成××工位夹具设计

② 任务完成责任人：一般先有任务分配的规则，如品质问题归口品质部，工艺问题归口工程部

③ 目标日期：完成任务时间，规定小改善内容3天内完成，需要原因分析的一星期完成，大项3个月完成

④ 未按设定日期完成：项目状态显示，可以用贴纸贴上或者涂色

⑤ 未按第二次设定日期完成：项目状态显示

⑥ 完成项目状态显示

图 2-24 任务分配看板

看板横列是每一个责任人或者责任部门，竖排是日期，如星期一、星期二等，然后用一种问题票来记录相关信息并插入框格中，用不同颜色的贴纸来识别任务是否按时完成。

个人任务分配看板如图 2-25 所示。

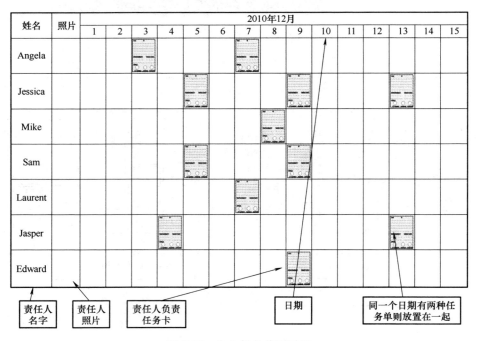

图 2-25 个人任务分配看板

4）项目展示板。改善案例展示板是将做过的改善项目或者改善案例展示出来。这样一来可以增加项目小组的荣誉感，也给没有参与项目的人员学习的机会，让他们能够了解项目是如何进行的，同时为他们提供了参考，原来可以这样改善工作，我的工作是否有类似的需要进行改善。第一种方式：底面喷绘出来加上 A4 硬文件套或者是亚克力插槽，长度看板 2m 放置 3×5 个 A4 文件，长度 1.5m 按照 3×4 个来放置，看板长度越长，效果越好，张贴内容根据项目来变换。第二种方式：用中空板做支撑板，看板大标题和小标题可以打印出来贴上，分割线可以用 2~4mm 的胶带分开（不用也行），好处就是可以随意变换不同的主题，排版比较灵活，成本也低。

项目展示看板如图 2-26 所示。

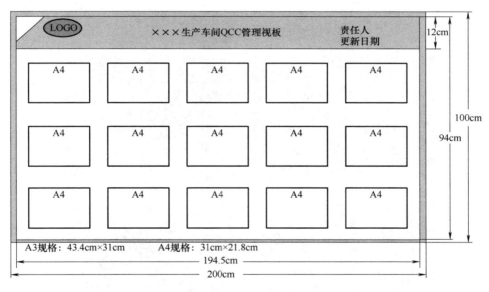

图 2-26　项目展示看板

5）VSM 改善看板。VSM 改善看板用于展示价值流程图，如现状价值流图、未来价值流、价值流改善团队以及项目改善计划表等（见图 2-27）。如果用很大的篇幅来展示价值流程图，则意味着企业整体运营得到改善。

5. 运行和优化

Obeya Room 建立好后就可以定期开始会议活动，运行过程中会出现各种问题点，组织者要思考如何解决问题点以保证活动持续开展，如会议时间如何进行控制、小组成员汇报的方式、数据更新是否及时等。如果 Obeya Room 运行没有问题就需要用标准指导书，将会议进行标准化，保证持续有效。下面展示优秀企业 Obeya Room 图片供参考（见图 2-28）。

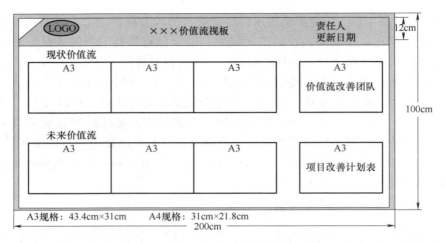

图 2-27　VSM 改善看板

a) 综合目标KPI实际图1

b) 综合目标KPI实际图2

c) 主要关注KPI

d) 公司方针规划

e) 核心推进课题案例1

f) 核心推进课题案例2

图 2-28　Obeya Room 图片

第 3 章

如何实施办公流程改善

办公流程有很多改善机会，且改善意义重大。那么，如何进行办公流程改善？有什么改善套路？套路是否可以帮助改善团队发现流程中的问题，能够对架构、职责、流程和运作进行优化，从而简单、有效、轻松地完成工作内容？

改善套路展示了改善的标准操作流程。有人认为明确的改善套路会限制人们对改善规划的思考和想象，不利于提出创意、新颖的实施方法。但是，改善套路对于改善新人是有指导性的，即学即用，方便高效，可以专注于流程问题的解决。对于新人，可以按照套路来解决问题，有经验的人员则可以借鉴此套路思考新的实施步骤。

实施精益办公的 4 个步骤如图 3-1 所示。

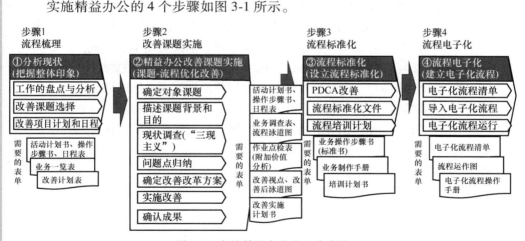

图 3-1　实施精益办公的 4 个步骤

3.1　步骤 1：流程梳理

流程梳理是对业务流程进行的管理。它与传统管理模式的不同之处在于，传统管理模式是按照组织职能的模式来进行工作的，关注组织内的工作，侧重于单个节点活动，而流程梳理则打破了原来的传统模式，是一种思维上的转变，关注的是整个流程的运转、各个部门的衔接，以及各项活动的联系，侧重于整体的目标达成，并能够运用持续改进来提升效率和效益，是一种流程式的管理，能够让组织变得更有活力、更加灵活。

流程梳理的目的是使流程透明化、标准化、完整化、顺畅化和高效化，为后续的流程改善做基石。无论对宏观的公司战略还是对微观的工作效率提升都有很大的好处。流程梳理有以下四个目的：

1）从战略方面来讲，流程扮演了极其重要的角色。很多公司制定战略后，就开始执行各种行动实施策略，来支持战略的实现。但是忽略了一步，就是明确组织、职责和流程上是否能够保证战略的实现，是否需要增加新组织、新职责和新流程。这些都可以通过业务梳理来考虑。执行过程中运行效率低下有可能是架构设置不合理造成的，部门之间的推诿也可能是工作的职责没有界定清楚等，流程操作时间长也可能是流程中没有设计好各个交接工作等造成的。

2）从成本方面来讲，一个简明而高效的流程比烦琐而复杂的流程要节省不少成本，当复杂的流程变得易于执行、维护简便的时候，也就能以更低的成本、更快速地处理事务。在提升效率的同时，业务的准确率也得到了提高，给管理层的反馈也更加明确，在什么时间、什么地点、由谁来完成什么任务、耗时多少等，管理层可以根据这些输入来进行决策，从而战胜竞争对手。

3）从组织方面来讲，流程梳理还可使整个组织或部门提升竞争力及凝聚力，使各部门的参与从原纵向管理变为横向管理，不仅关注本部门业务，更关注与外部门的衔接与配合，使得整体效益最大化，开阔了眼界与思维。在分析流程的过程中，能够增强与其他部门沟通的能力，使原本互不熟悉的两个部门能够因流程梳理而紧密地联系在一起，形成一个整体，优势互补。另外，流程梳理明确了输入、输出及中间过程，清晰地定义了边界及所需要的资源和任务的分配。这样就保证了流程运行效率和组织运行高效，不至于在执行过程中产生偏差，造成业务上的返工、等待、管理等浪费，大大提升了办事效率。

4）从改善方面来讲，流程梳理是进行改善时对现状的把握，然后根据现状的把握来发现真正的问题点，根据现状来制定相应的改善实施方案，如果没有充分地了解和把握现状，后面的很多行为和纠正方式也是徒劳无功的行为。另外，流程梳理也是对过去历史流程的一个检查，随着公司的发展会制定很多的流程制度，这些流程制定都是有效的吗？有冲突的吗？有缺少的吗？有需要报废的吗？这些都可以通过流程梳理来解决。

从管理者来看，部门职责为公司管理工作提供基础性支持，管理者明确自己和员工岗位职责，更好地为自己与下属制订计划、设定目标，并合理分配资源，人岗匹配工作。从员工来看，员工知道自己的岗位职责是什么，有什么样的手段或方法来发现自己的优劣势，从而扬长避短，取得更好的绩效，所以推进岗位责任体系有助于员工清晰地界定岗位职责、工作目标，更好地指导自己的工作。

3.1.1 如何进行流程梳理

通常我们在说公司资产的时候，首先想到的是设备、机器及仪器仪表类的固定的有形资产，殊不知，企业流程管理也是组织的重要资产，而且更加重要，理由是企业的硬件基本上具有可复制性、可购买性，但是企业管理是不具有可复制性的，将优秀企业的人员、体系、流程全盘复制到自己企业中，也不能起到好效果。在丰田公司参观，可以让你随意看任意瞧，但就是无法学会其强大的生产方式，原因之一就是对其背后的整个管理体系不了解，也不知道整个业务管理流程，更不知道管理体系背后的支撑理念和文化。企业要打造独一无二的核心竞争力，不但要从硬件着手，更需要从管理体系、整体运营流程中着手。流程梳理就成了一个基础重要的部分。下面我们按照四个步骤详细阐述如何进行流程梳理，如图3-2所示。①建体系主要是建立流程所需的相关支持系统，从组织架构、部门设置和岗位描述入手。例如，公司架构是否有利于流程操作，尽量减少"部门墙"或者解决组织臃肿，以保证正常运行。②串流程主要梳理出流程总目录，按照流程步骤一个一个进行相关调查和收集相关问题点，整理各个流程的改善点，部分小的问题点可以进行优先改善。③整数据是设立流程相关绩效，通过绩效指标来发现流程运行表现情况，针对指标异常进行改善。有了流程绩效指标，也可以根据指标来奖励相关人员。④列问题，通过前面的三个步骤我们基本上可以发现很多问题，有必要将所有的问题记录下来，然后进行有针对性的改善。当然，有需要重新优化流程的，就需要采取优化流程改善行动。

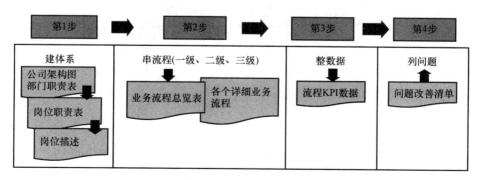

图3-2 流程梳理步骤

这一阶段我们要做到有的放矢，确定公司战略后，组织如何保证战略目标实现？如何建立公司架构、部门架构、部门职责、岗位职责及岗位编制来支持战略？流程中需要查漏补缺的有哪些？需要进一步优化的流程有哪些？如何列出所有改善清单，以期下一步改善？从公司来看，战略是公司生存和发展极为重要的问题，公司需要调用所有资源来完成，但是战略的实现就是要靠组织、部门、流程和执行人员。

公司在流程梳理时，先建立一个流程梳理计划（见表3-1），便于整体梳理过程高效开展。这个计划是在建立了流程总目录后，对每一个流程设置梳理完成时间。也可以仅对所有二级流程进度安排梳理时间，后续建立所有的流程总目录，给出一个更详细的计划。计划表格还可以根据每一个流程梳理的步骤，在表格后面几列增加流程梳理步骤，这样整个计划就更加完整了。

3.1.2 建体系

建体系的主要工作是以战略为导向调整组织，让整体体系能够适应新的战略需求，在组织硬件上支持公司战略达成。另外，明确组织和组织的责任，明确本部门的组织机构、岗位设置（岗位名称、人数）以及与相关部门的工作关联。此外，部门职责和个人职责在业务流程梳理中会被弱化，传统组织职能的模式强调划分好每一个部门职能，但是在流程型组织或者矩阵型组织中，部门职能将变得更加模糊，更关注的是在流程中扮演的角色。

在公司战略和目标确定以后，公司大组织架构会做出相应的调整，比如台式计算机事业部按客户不同而拆成了消费计算机事业部和商用计算机事业部。在大组织架构调整完成后，事业部内部组织架构也会做出相应的调整，如原来部门职能架构调整为项目流程架构等，从而支持公司的整体战略。另外，公司新战略可能会配置新的部门或者新的岗位，这也是根据公司的战略需求设定的。组织架构确定后，各部门会按照公司总体的战略和目标来做部门规划，明确部门的宗旨、职责和部门年度目标，将部门的职责和目标分解到岗位。在这一过程中，我们除了明确部门职责外，还要明确岗位职责，部门职责是公司目标分解的依据，从而岗位职责是部门责任和目标分解的依据。同时，在部门和岗位职责确定后，通过绩效考核的方法来保证部门职责和目标的完成，进而实现公司的战略和目标。战略导向部门职责如图3-3所示。

1. 组织架构调整

调整组织架构好似调整"作战队形"，积极的效果是通过对组织中"痛点"的分析，改进组织架构，提升组织能力。不一定所有的流程梳理都需要进行架构调整或者架构变化。但是当架构的"旧瓶子"不太适合流程的"新酒"时，就需要考虑组织架构调整了。比如，企业在发展过程中有一些需求变化或是新要求，一成不变的组织架构就会使其很难应对这些新的变化和需求，往往会造成企业跟不上变化的速度，此时就需要进行组织架构的调整。组织架构调整的方向一般是事业部制组织、矩阵式组织、流程式组织或者价值流经理组织。

表 3-1 ××××流程梳理工作计划

序号	梳理流程	流程文件级别	预计完成时间	梳理方式	责任人（流程Owner）	梳理助手	梳理批次(1/2/3)	时间安排						
								现状分析	概要设计	活动定义	文件编制	规范性审核	跨部门评审	文件发布	培训宣贯

（续）

序号	梳理流程	流程文件级别	预计完成时间	梳理方式	责任人（流程Owner）	梳理助手	梳理批次(1/2/3)	时间安排							
								现状分析	概要设计	活动定义	文件编制	规范性审核	跨部门评审	文件发布	培训宣贯

注：1. 请Owner指定一名梳理助手，负责具体执行工作。
2. 一个批次周期2个月左右；进度安排，各阶段周期：1周。
3. 每次周例会REVIEW进展。

第3章 如何实施办公流程改善

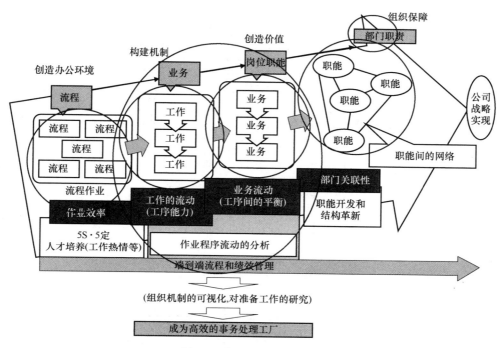

图3-3 战略导向部门职责

现用一个案例来说明组织架构调整：原来公司的组织架构如图3-4所示，问题点在于企管部和行政部之间存在矛盾。行政部作为集团元老级的部门，从集团成立的第一天起就诞生了，而企管部则是顺应市场化运作的要求新增的活力部门。原本集团高管层也有将行政部的职能并入企管部的想法，可是，为集团奉献了一辈子的元老们绝大部分集中在行政部，企管部的出现让这些人惶惶自危。几经周折，行政部虽然保全了下来，可是企管部的"小字辈"们经这么一折腾，从此也一蹶不振，一派"做一天和尚撞一天钟"的架势。另外一个问题点在于设备部、质量管理部和生产管理部的职责划分存在职能重叠和错位的现象，如这三个部门都有采购设备的权利，也有设备保养的团队。它们作为集团的职能管理和协调部门，由于目前的职能设置过于条块化，横向协调幅度较大，无形中增加了提高组织效率的难度。

改善后的组织架构（见图3-5）与改善前组织架构做对比，会发现有以下明显变化：

1）在董事会层下，新增战略发展委员会和投资管理委员会。作为与总裁层平级的部门，分别负责集团的重大经营决策和投资决策，同时对经营管理层起到了合理的制衡作用。

2）工会等部门从原有组织架构中剥离，而在改善后的组织架构中仅突出与

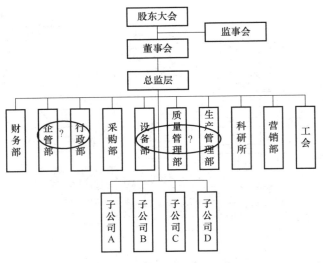

图 3-4 改善前组织架构

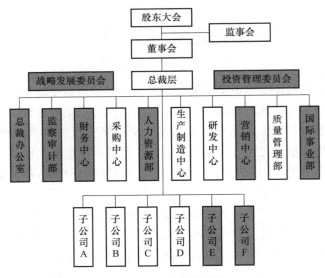

图 3-5 改善后的组织架构

企业经营有直接关系的部门设置，以最大限度地发挥经营部门与职能部门对企业各自的作用，避免互相干扰、政企不分。

3）将职能较为单一的单位个体定名为部门，而将职能较为复杂、涉及面较广的单位个体定名为中心。例如，质量管理部的主要职责就是监督、保证所有产品的质量。把生产管理部改造成生产制造中心，全面负责所有产品的生产制造，合理安排生产线的使用，保证进度，同时对设备进行管理。

4）如前所述，调整职能错位或重叠的部门，新增总裁办公室、人力资源部、监察审计部和国际事业部。

5）将日渐成熟的E、F产品从总部分离出来，成立子公司E、F，与现有4个子公司平行，为这两个产品和相关人员提供充分的发展空间。

2. 划分部门职责

在公司里人人都需要完成各自的岗位工作，单个工作连接在一起就成为业务或者业务流程，所有业务都是为了完成部门担负的职责，有时为了完成一个职责，可能需要不同的业务来实现，如品质部门为了完成保证品质的工作职责，需要来料品质业务流程保证，需要过程品质业务的流程保证，需要问题快速解决业务流程来保证。一个部门的职责也不止一个，可能同时有不同职责要担当。

梳理部门职责是为了理清部门的工作定位和工作内容，如部门在整个公司内发挥什么作用？公司期待部门能实现什么目标？部门内主要工作内容是什么？例如，设计部门的职责是：推进产品成本的降低（材料费、加工组装费等），实现目标成本；提升设计品质，排除因设计不良造成的设计变更，提升设计效率；追求设计业务的改善，使设计周期缩短，遵守确定的设计日程。如果理清这个部门职责就能够明确知道一个部门的工作范围。详细部门职责见表3-2。

表 3-2　各个部门职责

项目分类	序号	项目细则	公司职责分配总括表 ●批准　◎审核、检查、评审　○编制、提出、参与　▲主负责													批准	审核	编制
			业务分担													输入		输出
			董事长	董事会	总经理	经营决策室	生产管理部	财务部	营销部	质管部	研发部	人事行政部	转向事业部	减振事业部	商品采购部			
年度、月度、经营计划、目标	1	公司年度经营方针、计划、目标的制定、发布、执行	◎	●	▲	◎	○	○	○	○	○	○	○	○	○	输入与输出暂不填写，待流程再造项目完成后填写		
	2	公司年度投资预算	◎	●	▲	○	○	○	○	○	○	○	○	○	○			
	3	各部门年度战略方针、经营计划、目标			●	◎	▲	▲	▲	▲	▲	▲	▲	▲	▲			
	4	各部门年度预算			●	◎	▲	▲	▲	▲	▲	▲	▲	▲	▲	职责分配需要讨论后再确定		
	5	公司月度战略计划			●	◎	▲											
	6	各部门月度战略计划			●	◎	▲	▲	▲	▲	▲	▲	▲	▲	▲			
	7	各部门月度工作总结（A3报告）			●	◎	▲	▲	▲	▲	▲	▲	▲	▲	▲			
	8	公司年度工作总结报告（A3报告）	●		◎	▲												
	9	各部门年度工作总结报告（A3报告）			●	◎	▲	▲	▲	▲	▲	▲	▲	▲	▲			
	10	年度计划执行期间新增项目提出、评审、批准	●		◎	▲	○	○	○	○	○	○	○	○	○			

（续）

项目分类	序号	项目细则	业务分担													输入	输出
			董事长	董事会	总经理	经营决策	生产管理室	财务部	营销部	质管部	研发部	人事行政部	转向事业部	减振事业部	商品采购部		
新产品开发管理职责分配	1	市场调查、新产品开发年度计划	●		▲	◎			○		○						
	2	新产品开发成本分析、报价			●	◎		▲	○		○						
	3	新产品开发可靠性目标、质量目标			●	◎			○	▲	▲						
	4	新产品立项、下达开发任务书			●	◎		○	○	○	○						
	5	新产品开发日程计划（总计划、分计划）			●	◎	▲		▲	▲	▲		▲	▲			
	6	新产品开发各阶段的评审、验证			●	◎	○		○	▲	◎						
	7	产品的零件图测量、转换、绘制、评审、批准			●	◎				○	▲						
	8	总成图、装配图的绘制、评审、批准			●	◎				○	▲						
	9	新产品工艺流程图、设计失效模式及后果分析（DFMEA）、过程潜在失效模式及影响分析（PFMEA）、控制计划			●	◎				○	▲						
	10	新产品零部件检测、测量、试验			●	◎				▲	○						
	11	新产品产成品检测、测量、试验			●	◎				▲	○						
	12	产品审核、过程审核			●	○	○		○	▲	○	○	○	○			
	13	新产品生产件批准程序（PPAP）提交的管控			●	◎				▲	◎						
	14	供应商新产品零部件让步接收			●	○				▲					○		
客户管理职责分配	1	特殊合同的评审			●	◎		○	▲	○							
	2	顾客满意度调查、处理			●	◎			▲								
	3	顾客反馈的质量问题的处理			●	◎			○	▲	○		○	○			
	4	客户抱怨的处理			●	◎			▲	○	○		○	○			
	5	顾客投诉、索赔处置			▲	◎			▲	▲	○		○	○			
	6	新客户报价			●			○	▲								
	7	客户优先级分类管理			●	◎			▲								
	8	客户财产管理							▲	○							
	9	客户图样管理							○	○	▲						
	10	客户质量保证金额度			●	◎			▲	○							

（续）

项目分类	序号	项目细则	董事长	董事会	总经理	经营决策	生产管理室	财务部	营销部	质管部	研发部	人事行政部	转向事业部	减振事业部	商品采购部	输入	输出
客户管理职责分配	11	客户付款方式、付款周期管理			●	◎		▲									
	12	客户日常财务、货款资金管理			●	◎	▲	○									
	13	客户拜访			○	○			▲	○							
	14	客户到公司参观、考察、技术交流	○		●	○			▲	○	○		○	○	○		
供应商管理职责分配	1	供应商前期选择、调查、名录提交								○			▲	▲	▲		
	2	供应商技术协议			●	◎				▲	○		▲	▲	▲		
	3	供应商质量协议			●	◎				▲	○		▲	▲	▲		
	4	供应商合同（含报价）评审、最终选择			●	◎		◎		◎			▲	▲	▲		
	5	合格供应商的日常管理								▲			▲	▲	▲		
	6	供应商样品，PPAP提交			●				○	▲	○		○		○		
	7	年度采购计划编制、评审、批准、下达			●	◎							▲	▲	▲		
	8	月度采购计划编制、评审、批准、下达			●	◎							▲	▲	▲		
	9	采购件异常管控（交期、品质、数量、成本）			●	▲	▲		▲				▲	▲	▲		
	10	供应商月度业绩管控			●	◎				○			▲	▲	▲		
	11	供应商年度业绩管控		▲	◎					○			○	○	○		
	12	供应商年度大会			●	◎				▲			○	○	○		
	13	供应商供货发票、货款、排款、财务结算管控			●	○	◎						○	○	○		
	14	供应商零部件让步接收			●	◎				▲			○	○	○		
	15	供方审核、体系改进								▲							
	16	供应商年度产能规划、审核			●								▲	▲	▲		
品质管理职责分配	1	质量管理体系的维护与定期评审			◎	○	○	○	▲		○	○					
	2	定期产品审核与过程审核							○	▲	○	○					
	3	检测与试验设备的配置策划与采购申请								▲	○						
	4	检测与试验计量器具与设备的定期检定与维护			●					▲	○		○	○			
	5	重要检测器具与试验设备测量系统分析与计量确认								▲			○	○			

（续）

项目分类	序号	项目细则	业务分担													输入	输出
			董事长	董事会	总经理	经营决策	生产管理室	财务部	营销部	质管部	研发部	人事行政部	转向事业部	减振事业部	商品采购部		
品质管理职责分配	6	计量体系策划与计量标准配置			●					▲		○	○				
	7	重大质量事故与批量报废品处理			●	○		○		▲	○	○	○				
	8	客户质量投诉与索赔处理			●	○			○	▲	○						
	9	供应商品质监控与质量改进								▲					○		
	10	供应商品质管理能力考核与评审								◎	○				▲		
	11	产品检验状态标识与质量问题产品追溯							○	▲		○	○				
	12	过程品质监控与质量改进				○				▲	○						
	13	质量目标监控、目标改进与持续改进			●			○		▲	○						
	14	质量成本分析与质量成本改进			◎			○		▲							
	15	质量纠正、预防措施的组织与实施监控								▲	○						
	16	实验室组建与管理体系策划			●					▲	◎						
	17	产品研发样品的检测与试验								▲							
	18	供应商样件的检测与试验								▲	◎						
	19	质量记录的确定与归档															
	20	质量管控标准、规范的编制与执行监管				○			○	▲	◎	○	○	○			
	21	质量问题惩罚标准制定与执行			●			○	○	▲	○	○	○	○			
生产、仓储管理职责分配	1	年度生产能力、周期规划			●	◎	▲		▲				▲	▲	▲		
	2	月度销售计划编制、评审、批准、下达			●	○			▲				○	○			
	3	月度主生产计划编制、评审、批准、下达			●		◎		◎				▲	▲	▲		
	4	生产计划组织、安排、执行			●		◎						▲	▲			
	5	生产计划达成异常管控（交期、品质、故障）			●		▲	◎	▲				▲	▲			
	6	销售计划变更管控					○		▲				▲	▲			
	7	生产计划变更管控					▲		◎				▲	▲			
	8	仓库库存基准数、订货基准数管控			●		◎						▲	▲	▲		

（续）

项目分类	序号	项目细则	董事长	董事会	总经理	经营决策	生产管理室	财务部	营销部	质管部	研发部	人事行政部	转向事业部	减振事业部	商品采购部	输入	输出
生产、仓储管理职责分配	9	仓库盘点			●		◎						▲	▲	▲		
	10	仓库物料储存、质量管控								◎			▲	▲	▲		
	11	工程更改 PPAP 提交的管控			●			◎	○	◎	○		○	○	○		
	12	生产过程中部件、产成品让步接收					○			●			▲	▲	▲		
设备、工装管理职责分配	1	新设备（含配件）申购、经费、厂家选择	▲		●	◎	○	○					○	○	○		
	2	在生产设备（含配件）技改、经费、厂家选择			●	▲		◎					○	○	○		
	3	新工装制作、费用、厂家选择			●	▲		◎					○	○	○		
	4	刀具订购、费用、厂家选择			●	▲		◎					○	○	○		
	5	新设备、改造后设备、配件验收			●	◎	▲	▲	▲	▲	▲	▲	▲	▲	▲		
	6	工装、刀具检测			●					▲			▲	▲	▲		
	7	设备、工装、刀具台账、标识					▲						▲	▲	▲		
	8	固定资产管理						○	▲								
	9	特种设备管控			●	◎				○			▲	▲	▲		
	10	设备、工装保养、维护											▲	▲	▲		
	11	闲置、报废设备、工装处置			●								▲	▲	▲		
人力资源、行政管理职责分配	1	公司组织机构的更新、完善、发布、实施	●		▲	◎	○	○	○	○	○	○	○	○	○		
	2	部门组织机构更新、完善、发布、实施			●	◎	▲	▲	▲	▲	▲	▲	▲	▲	▲		
	3	公司级职能分配更新、完善、发布、实施			●	▲	○	○	○	○	○	○	○	○	○		
	4	部门级业务分担表更新、完善、发布、实施			●	▲	▲	▲	▲	▲	▲	▲	▲	▲	▲		
	5	公司年度经营计划、目标达成考核、实施	●		▲	○	○	○	○	○	○	○	○	○	○		
	6	部门年度经营计划、目标达成考核、实施			●	◎	▲	▲	▲	▲	▲	▲	▲	▲	▲		
	7	各部门月度绩效考核、绩效改善			●	◎	▲	▲	▲	▲	▲	▲	▲	▲	▲		
	8	各科室月度绩效考核、绩效改善			●	◎	○	○	○	○	▲	○	○	○	○		

（续）

项目分类	序号	项目细则	业务分担													输入	输出
			董事长	董事会	总经理	经营决策室	生产管理室	财务部	营销部	质管部	研发部	人事行政部	转向事业部	减振事业部	商品采购部		
人力资源、行政管理职责分配	9	部门级岗位说明书的更新、完善、发布、实施			▲	◎	○	○	○	○	○	○	○	○	○		
	10	部门内岗位说明书的更新、完善、发布、实施			●	◎	▲	▲	▲	▲	▲	▲	▲	▲	▲		
	11	公司薪酬体系更新、完善、发布、实施			▲	◎	○	○	○	○	○	○	○	○	○		
	12	公司绩效管理制度更新、完善、发布、实施			▲	◎	○	○	○	○	○	○	○	○	○		
	13	公司培训体系更新、完善、发布、实施			●	◎	○	○	○	○	○	▲	○	○	○		
	14	职务晋升体系更新、完善、发布、实施			▲	◎	○	○	○	○	○	○	○	○	○		
	15	组织实施年度、月度培训计划			●	◎	○	○	○	○	○	▲	○	○	○		
	16	公司级培训教材更新、完善、发布、实施			●	◎	○	○	○	○	○	▲	○	○	○		
	17	员工社保等福利制度更新、完善、发布、实施			●	◎	○	○	○	○	○	▲	○	○	○		
	18	企业文化制度更新、完善、发布、实施			●	◎	○	○	○	○	○	▲	○	○	○		
	19	员工满意度调查与分析和改进			●	◎	○	○	○	○	○	▲	○	○	○		
	20	公司内部文件资料和记录等管理工作			●	◎	○	○	○	○	○	▲	○	○	○		
	21	公司基础工程项目厂家选择、审批			●	◎						▲	○	○	○		
	22	公司公共设施维修和维护			●	◎						▲	○	○	○		
	23	项目申报的资料准备、申请			●	◎		○		○		▲	○	○	○		
	24	公司财产、人身、事故安全管理			●	◎		○		○		▲	○	○	○		
	25	公司后勤保障管理（食堂、劳保、宿舍、门卫）			●	◎		○		○		▲	○	○	○		

为了实现各部门的职责使命，必须让各部门的各级人员理解自己应该做什么，明确认识公司或者领导对自己有什么要求、期待。为了实现各部门设定的方针、目标，要确认部门各级人员对自己需要执行的内容是否明确。职责分配详见表 3-3。

表 3-3 职责分配（不完整版本）

品质部门职责分配表

编制		时间	
审核		时间	
批准		时间	

○→业务担当者　　◎→业务担当辅助

		品质部	品管代	质管	检验	品质业务描述
		经理	管代	组长	组长	
		×××	×××	××	××	
序号	业务 实际业务内容					
1	体系管理	○	◎			体系维持维护、体系审核、产品审核、过程审核、管理评审；客户或第三方审核
2	业务规划	◎				日常品质工作管理、品质年度规划、品质月度计划、品质月度总结、人事管理、供应商管理
3	统计分析			◎		日常品质统计、月度品质统计、质量会议编制、客户投诉、SPC、纠正预防措施、持续改善等
4	计量管理			◎		计量器具购置、计量器具维护维修、计量管理（包括台账）、计量检定、测量系统分析（MSA）、样品管理
5	实验管理			◎		实验仪器购置申请、实验仪器维护、产品实验、实验室管理、样品管理
6	检具标准			◎		专用检具设计、检验标准的编制、检验记录的编制
7	进料检验				◎	进料检验、进料日常统计、进料品质处理、纠正预防、检验记录管理
8	过程检验				◎	过程检验、过程日常统计、过程品质处理、纠正预防、检验记录管理
9	完工检验				◎	完工检验、完工日常统计、完工品质处理、纠正预防、检验记录管理
10	出厂检验				◎	出厂检验、出厂日常统计、出厂品质处理、纠正预防、检验记录管理
11	精密测定			◎		精密测定室的管理、精密测定仪器管理、精密测定运行、精密测定记录管理
12	售后服务			◎		退货品管理、退货分析、退货记录管理 退货纠正预防

职责总括分配 | 项目 | 品质部组织机构及岗位图 |

（续）

项目		序号	实际业务内容	职责分配										资源	
一级	二级			质管部经理 xxx 1人	质管代 xxx 暂缺	质管组		检验组						输入	输出
						质管组长 xxx 1人	实验员 xx 2人	检验组长 xx 1人	进料检验员 xx 3人	过程检验员 9人（增1人）	完工检验员 2人	出厂检验员 0人	三坐标检验员 xxx 1人		
体系文件管理		1	制定公司质量方针和目标	○	○	—	—	—	—	—	—	—	—	企业文化、战略规划、顾客要求等	质量方针和质量目标
		2	编制公司质量手册	○	○	—	—	—	—	—	—	—	—	体系标准、顾客要求、公司规划	质量手册
		3	编制公司程序文件	○	○	—	—	—	—	—	—	—	—	质量手册、工作流程	程序文件
		4	协助编制公司管理规定和执行表单	○	○	—	—	—	—	—	—	—	—	程序文件、管理要求	管理规定、表单
体系培训		5	体系标准的培训	○	○	—	—	—	—	—	—	—	—	培训内容	会议签到、效果评价
		6	工作流程的培训	○	○	—	—	—	—	—	—	—	—	培训内容	会议签到、效果评价
		7	质量意识的培训	○	○	—	—	—	—	—	—	—	—	培训内容	会议签到、效果评价
		8	其他	○	○	—	—	—	—	—	—	—	—	培训内容	会议签到、效果评价
体系运行		9	体系文件的发布	○	○	—	—	—	—	—	—	—	—	体系文件	体系文件发布、签收记录
		10	质量目标监控、目标改进与持续改进	○	○	—	—	—	—	—	—	—	—	质量目标	质量目标实现情况
		11	质量成本统计分析及改进	○	○	—	—	—	—	—	—	—	—	质量成本管理办法	质量成本分析报表
体系		12	体系文件实施的指导与监督	○	○	—	—	—	—	—	—	—	—	体系文件	

分类	序号	项目								审核要求	审核准备资料
管理	13	第二方（客户）审核时的对接	○	◎	○	—	—	—	—	审核要求	审核准备资料
	14	第三方（认证公司）体系审核对接	○	◎	○	—	—	—	—	审核要求	审核准备资料
体系审核	15	内部产品审核策划与实施	○	◎	○	—	—	—	—	产品审核管理办法	产品审核计划、审核记录、报告、改进
	16	内部过程审核策划与实施	○	◎	○	—	—	—	—	过程审核管理办法	过程审核计划、审核记录、报告、改进
	17	内部体系审核策划与实施	○	◎	○	—	—	—	—	体系审核管理办法	体系审核计划、审核记录、报告、改进
	18	外部审核不符合项整改资料的提交	○	◎	○	—	—	—	—	不符合项	不符合项整改措施计划表
	19	内、外部审核不符合项整改措施的跟进	○	◎	○	—	—	—	—	不符合项整改措施计划表	措施执行情况
产品审核过程审核	20	产品及过程审核年度计划策划	○	◎	○	—	—	—	—	程序文件、管理要求	产品、过程审核年度计划
	21	产品及过程审核组织实施	○	◎	○	—	—	—	—	审核准备资料	按计划实施审核
	22	审核报告做成与提交	○	◎	○	—	—	—	—	产品、过程审核规范	产品、过程审核报告
	23	不符合项整改措施的落实与跟进	○	◎	○	—	—	—	—	不符合项整改措施计划表	措施执行情况

（续）

项目		序号	业务实际业务内容	职责分配												资源	
一级	二级			质管部 经理 xxx 1人	管代 xxx	质管组				检验组						输入	输出
						质管组长 暂缺	实验员 xx 2人	计量员 xxx 1人	设计人员 xx 1人	检验组长 xx 1人	进料检验员 xx 3人	过程检验员 xx 9人(增1人)	完工检验员 xx 2人	出厂检验员 xxx 0人	三坐标机员 xxx 1人		
体系管理评审		24	管理评审会议策划与组织	○	○	—	—	—	—	—	—	—	—	—	—	管理评审要求	管理评审计划
		25	管理评审会议通知	○	○	—	—	—	—	—	—	—	—	—	—	管理评审计划	管理评审通知
		26	管理评审资料准备	○	○	—	—	—	—	—	—	—	—	—	—	管理评审通知	管理评审资料
		27	管理评审会议记录及形成决议	○	○	—	—	—	—	—	—	—	—	—	—	管理评审会议	会议记录、形成决议一览表
		28	管理评审报告	○	○	—	—	—	—	—	—	—	—	—	—	管理评审会议	管理评审报告
		29	管理评审决议的跟踪执行	◎	—	—	—	—	—	—	—	—	—	—	—	管理评审报告、形成决议一览表	措施执行情况
部门年度经营计划		1	制定部门年度战略目标与分解指标	○	—	—	—	—	—	—	—	—	—	—	—	公司发展战略、中长期规划、上年度总结等	年度战略目标及指标分解
		2	编制部门年度经营计划	◎	—	—	—	—	—	—	—	—	—	—	—	年度战略目标及指标分解	年度经营计划
		3	经营计划评审确定	○	○	—	—	—	—	—	—	—	—	—	—	年度经营计划	年度经营计划、会议纪要
年度工作计划及总结		4	编制部门年度工作计划	◎	—	—	—	—	—	—	—	—	—	—	—	公司发展战略、中长期规划、年度经营计划等	年度工作计划
		5	编制部门上年度工作总结	◎	—	—	—	—	—	—	—	—	—	—	—	上年度工作计划	上年度工作结
		6	工作计划与总结的提交	○	—	—	—	—	—	—	—	—	—	—	—	年度工作计划与总结	—

第3章 如何实施办公流程改善

分类	序号	活动内容								输入	输出
业务部门年度预算	7	质量成本预算（预防、鉴定、内外损失）	—	—	—	—	—	○	—	◎	上年度质量成本统计数据	年度费用预算表
	8	办公费用预算	—	—	—	—	—	○	—	◎	上年度办公费用统计数据	年度费用预算表
	9	其他管理费用预算	—	—	—	—	—	○	—	◎	上年度其他费用统计数据	年度费用预算表
	10	预算报告提交审议、批准	—	—	—	—	—	○	—	◎	年度费用预算表	年度费用预算表
月度工作计划与总结	11	编制部门月工作计划	—	—	—	—	—	○	—	◎	年度工作计划、月工作内容	月工作计划
	12	月工作计划监督实施	—	—	—	—	—	○	—	◎	月工作计划	
	13	编制部门月工作总结报告	—	—	—	—	—	○	—	◎	月工作计划	月工作总结
人员规划	14	优化部门组织架构图、人员配置	—	—	—	—	—	○	—	◎	部门组织机构	组织机构及岗位图
	15	优化质管部职责分组表、岗位说明书	—	—	—	—	—	○	—	◎	组织机构及岗位图、岗位要求	质管部职责分组表、岗位说明书
	16	编制人员需求计划并提交审批	—	—	—	—	—	○	—	◎	人员需求	人员需求计划表
人员技能培训	17	人员能力识别及技能培训	—	—	—	—	—	○	—	○	岗位技能要求	培训记录等
	18	质量意识的宣传教育	—	—	—	—	—	○	—	○	质量知识	培训记录等
	19	产品知识的培训教育	—	—	—	—	—	○	—	○	产品知识	培训记录等

(续)

项目		序号	业务实际业务内容	职责分配									资源	
一级	二级			质管部经理 XXX 1人	质管组				检验组长 XX 1人	进料检验员 3人	过程检验员 9人(增1人)	完工出厂检验员 2人	三坐标机员 XXX 1人	输入	输出
					质管组长代 XXX 暂缺	实验员 XX 2人	计量员 XXX 1人	设计人员 XX 1人							
人员技能培训		20	计量知识与计量器具使用培训教育	○	◎	—	○	—	—	—	—	—	—	计量知识、计量器具使用规范	培训记录等
		21	检验标准及产品技术标准培训教育	○	◎	—	—	—	○	◎	○	○	○	检验标准、产品技术标准	培训记录等
薪资管理		22	协助公司编制薪酬体系	◎	○	—	—	—	—	—	—	—	—	薪酬管理体系要求	公司薪酬管理办法
		23	按薪酬制度定期对本部门职员调薪	◎	○	—	—	—	—	—	—	—	—	公司薪酬管理办法	
绩效管理		24	根据公司绩效方案，分解制定质管部的部门内绩效方案	◎	○	—	—	—	—	—	—	—	—	公司绩效管理方案	质管部内部绩效考核方案
		25	执行部门各职员绩效方案	○	◎	—	—	—	○	—	—	—	—	质管部内部绩效考核方案	考核表
供应商管理		26	向供应商提出产品质量改进要求	○	◎	—	—	—	—	—	—	—	—	不合格情况	供应商质量改进措施计划表
		27	供应商质量改进措施的跟踪	—	◎	—	—	—	—	—	—	—	—	供应商质量改进措施计划表	供应商质量改进措施计划表
		28	供应商产品质量改进的验证	—	○	—	—	—	○	◎	—	—	—	供应商质量改进措施计划表	进料检验记录
		29	供应商质量问题的处罚（依据处罚标准）	○	◎	—	—	—	—	—	—	—	—	质量奖惩办法	处罚单
业务规划		30	供应商能力评估	○	◎	—	—	—	—	—	—	—	—	供应商调查表	供应商现场评审记录表
		31	供应商现场评审	○	◎	—	—	—	—	—	—	—	—	供应商现场评审计划	供应商现场评审记录表
		32	供应商现场评审不合格项改进的提出与跟踪	—	◎	—	—	—	—	—	—	—	—	供应商现场评审改进要求	供应商现场评审改进措施计划表

第3章　如何实施办公流程改善

序号	任务	监视和测量设备控制程序 计量器具管理要求	计量器具分类管理规定 计量器具分类管理要求	计量器具点检与维护管理规定 计量器具维护与点检管理要求	计量器具编号管理细则 计量器具编号管理要求	温度湿度记录表 计量室管理规定	计量器具申购单 计量器具需求	计量器具台账 计量器具管理要求	计量器具验收评定表、计量器具报废评定 计量器具管理要求	计量器具定置化清单 计量器具管理要求	计量器具借用、回收登记表 计量器具管理要求	计量器具现场检查表、点检表 计量器具管理要求
1	协助制定监视和测量装置控制程序	◎	—	—	—	—	—	—	—	—	—	—
2	建立计量器具分类管理规定	—	◎	—	—	—	—	—	—	—	—	—
3	制定计量器具点检与维护管理制度	—	—	◎	—	—	—	—	—	—	—	—
4	计量器具编号规范	—	—	—	◎	—	—	—	—	—	—	—
5	计量室环境（温湿监控）维护	—	—	—	—	◎	—	—	—	—	—	—
6	计量器具申购	—	—	—	—	—	◎	—	—	—	—	—
7	计量器具编号管理并建立台账	—	—	—	○	—	—	◎	—	—	—	—
8	计量器具验收、报废评定	—	—	—	—	—	—	—	◎	—	—	—
9	计量器具定置化储存与保管	—	—	—	—	—	—	—	—	◎	—	—
10	计量器具借用、回收登记	—	—	—	—	—	—	—	—	—	◎	—
11	计量器具使用状况检查监督（日常点检与维护）	—	—	—	—	—	—	—	—	—	—	◎

（制度建立：1~5；日常管理：6~11；计量管理）

（续）

项目		序号	业务	职责分配													资源	
一级	二级		实际业务内容	质管部经理	管代	质管组				检验组						输入	输出
						质管组长	实验员	计量员	设计人员	检验组长	进料检验员	过程检验员	完工检验员	出厂检验员	三坐标机员		
				xxx	xxx	xxx	xx	xxx	xx	xx	xx	xxx	xxx	xxx	xxx		
				1人	暂缺	1人	2人	1人	xx	1人	3人	9人(增1人)	2人	0人	1人	1人		
计量管理	日常计量管理	12	计量器具校准（内、外）计划与实施	—	—	—	○	—	—	—	—	—	—	—	—	计量器具管理要求	计量器具校准计划、记录
		13	计量器具维修	—	—	—	—	○	—	—	—	—	—	—	—	计量器具管理要求	计量器具维修记录
		14	周期检定计划完成率和量具完好率统计	—	—	—	—	○	—	—	—	—	—	—	—	计量器具管理要求	计划完成率、量具完好率
		15	计量管理体系策划	—	—	○	—	—	—	—	—	—	—	—	—	公司战略规划	测量管理体系导入方案
		16	计量人员技能培训	—	—	○	—	—	—	—	—	—	—	—	—	测量管理体系要求	培训记录、效果评价、培训证书
		17	计量确认	—	—	○	—	—	—	—	—	—	—	—	—		
	计量体系建立与维护	18	计量不确定度评定	—	—	○	—	—	—	—	—	—	—	—	—		
		19	检定与校准标准的建立	—	—	○	—	—	—	—	—	—	—	—	—	检定与校准要求	检定与校准标准
		20	测量系统分析	—	—	○	—	—	—	—	—	—	—	—	—		MSA报告
		21	测量管理体系的内部审核策划及实施	—	—	○	—	—	—	—	—	—	—	—	—	测量管理体系内部审核管理办法	审核计划、通知、记录
		22	内部审核报告及不符合项的改进	—	—	○	—	—	—	—	—	—	—	—	—	审核记录	内部审核报告、不符合项改进报告

部门职责存在职责交叉、空档、重叠、错位或者虚位的问题（见图 3-6）。例如，采购有权利下订单给供应商进行采购设备，但是如果生产部门、计划部门或者设备部门也可以下订单给供应商，这就会出现职责交叉。

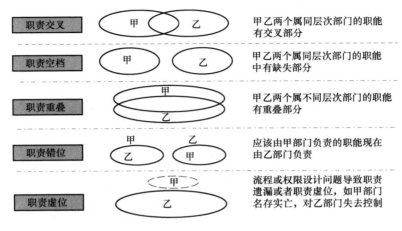

图 3-6　职责问题汇总

3. 描述个人职责

根据组织架构图，详细描述本部各个岗位的名称、职责（即所负责的业务）、人员姓名。岗位职责是指一个岗位所需要完成的工作内容以及应当承担的责任范围，无论兼任还是兼管均指不同职务之间，岗位职责是一个具象化的工作描述，可将其归类于不同职位工作范畴，简单来说就是每一个人的工作负责范围，详见表 3-4。岗位是组织为完成某项任务而确立的，由工种、职务、职称和等级等性质所组成。

3.1.3　串流程（全流程梳理）

串流程就是全流程梳理过程，以公司要实现目的或者以端到端流程来考虑，是否有足够的流程来支持公司整体运营，当流程缺失时，建立新流程保持流程完整。流程梳理的好处如下：

1）现有流程表达。通过梳理来了解企业现有业务流程、业务的处理方式和方法。公司的业务处理方式或者处理步骤是由相关方来进行操作实施的，有些操作步骤可能步骤多、处理时间长或者变化大，不太好进行观察，但是可以通过业务流程的制定文件来进行初步了解，再进一步了解文件描述和实际运作过程中的差距来进行改善，或者针对流程问题或者流程缺失项进行改善。

表 3-4 岗位说明书范例

xxxxx汽车工业有限公司
岗位说明书

职务名称	质检科科长	所属部门	事业部	直接上级	事业部经理	职务编号	—
		工资等级		直接下级	质检科副科长		—
		薪酬类型		所辖人员		编制日期	2021.11

岗位概要	对外负责处理客户投诉、与客户进行日常沟通，确保客户对公司的满意，同时开展对供应商的支援、提升供应商的品质保证水准；对内建立维护公司品质保证体系，实施持续改进，确保公司产品不制造不良品和本制造不流出不良品，确保品质成本的持续降低

职责描述	总结上年度品质（对内、对外）工作，制定持续改进的项目；制订下年度的工作计划；制订本部门的年度工作计划能够按要求（目标、指标）完成

	工作任务（输入）		目标、指标输出	表格表单（输入）	衔接单位		表格表单（输出）	衔接单位	
					自部门	外部门		自部门	外部门
品质部年度工作	1	制订本科室年度工作计划	计划达成率	公司和事业部年度经营计划	质检科		部门年度工作计划	质检科	
	2	负责分解质量目标、方针到相关人		部门年度计划	质检科		部门年度工作计划	质检科	
	3	制订质检科内培训计划	计划达成率	公司和事业部年度培训计划	质检科	人事行政部	部门年度培训计划	质检科	人事行政部
	4	对上年度工作进行总结并形成总结报告		年度计划与实施记录	质检科		总结报告	质检科	
	5	组织对本科室进行年度绩效管理	绩效考核指标	考核方案	质检科		考核记录	质检科	
	6	年度体系维护	外审体系符合率100%	外审和内审不符合	质检科	质管部	整改措施和维护记录	质检科	质管部
	7								

职责描述	工作任务(输入)	序号	目标、指标输出	表格表单(输入)	衔接单位-自部门	衔接单位-外部门	表格表单(输出)	衔接单位-自部门	衔接单位-外部门
供方管理：开展对供应商的开发与支援，提升供应商的品质保证水准	供方质量保证	1	供方的交货批次合格率；供方产品制程不良率；供应商索赔金额	所有的记录单	质检科	采购部	所有供应商统计单	质检科	采购部
	供应商年度品质报告	2		所有供应商统计单	质检科	采购部	品质报告	质检科	采购部
	年度供方审核计划	3	供应商审核通过率	审核计划	质检科	采购部	审核记录和报告	质检科	采购部
	供应商纠正预防	4	不良信息处理率	纠正预防措施	质检科	采购部	纠正预防处理结果和验证报告	质检科	采购部
	供应商年度质量目标制定并分解	5		目标管理方案	质检科	采购部	统计报告	质检科	采购部
	供应商体系开发与支援	6	供应商辅导支援次数	支援报告	质检科	采购部	支援记录	质检科	采购部
		7							
		8							
检验过程管理：对外协、工序、出厂检验进行监督管理，现场管理制度标准完善，异常处理分析统计；保证过程控制实施有效性，对管理道具运用管理	部门检验制度编制管理	1		管理要求和工作要求	质检科		各种检验管理制度	质检科	
	进货检验监督及管理	2	漏检次数	检验管理制度	质检科		检验确认表单	质检科	
	工序内检验监督和管理	3	漏检次数	检验管理制度	质检科		检验确认表单	质检科	
	出厂检验监督和管理	4	漏检次数				检验确认表单	质检科	
	日常质量异常处理	5		质量异常处理单，信息反馈单	质检科		异常处理报告，纠正预防报告	质检科	
	管理看板培训和使用管理	6		管理使用规则、制度、标准	质检科		培训记录	质检科	
	日常质量记录确认和管理	7		日常质量记录	质检科		日常质量记录	质检科	
	各部门联系和协调	8					一些联系记录、报告	质检科	
		9							

(续)

计量管理

职责描述：贯彻国家计量法规和计量管理工作落实情况，组织编制下一年度计测器采购、配置计划、周期管理计划和MSA分析计划，确保计量有效实施

序号	工作任务（输入）	目标、指标输出	表格表单（输入）	衔接单位 自部门	衔接单位 外部门	表格表单（输出）	衔接单位 自部门	衔接单位 外部门
1	专用检具、量具周检管理	月周检率、周检合格率	检定台账、计划	质检科		检定记录、表单、合格证	质检科	
2	计测器需求	年计量设备采购合格率	需求申请单	质检科		采购登记记录	质检科	
3	MSA分析管理	计量尺寸覆盖率	MSA分析表	质检科		MSA记录表	质检科	
4	标准样件的管理		标准样件监测单	质检科		记录单、标识卡	质检科	
5	专用检具、计测器管理		管理规则规定	质检科		管理记录、表单	质检科	
6	年度检定计划管理	年度计划完成率	检定计划单	质检科		检定计划	质检科	
7								

实验管理

职责描述：完善实验标准制度，保证产品的可靠性，满足客户使用需求

序号	工作任务（输入）	目标、指标输出	表格表单（输入）	衔接单位 自部门	衔接单位 外部门	表格表单（输出）	衔接单位 自部门	衔接单位 外部门
1	实验制度、标准管理		管理要求和工作要求	质检科		实验制度、标准	质检科	
2	年度型式试验管理	计划完成率	实验要求规范	质检科		实验数据	质检科	
3	日常实验运行管理	实验成功	实验要求规范	质检科		实验数据	质检科	
4	实验分析管理		标准数据	质检科		实验分析报告	质检科	
5	实验标准件管理		标准样件监测单	质检科		记录单、标识卡	质检科	
6	实验设备、工装等管理	4S	实验操作规范规程	质检科		实验点检记录表单	质检科	
7								

第3章 如何实施办公流程改善

	序号	工作任务（输入）	目标、指标输出	表格表单（输入）	衔接单位-自部门	衔接单位-外部门	表格表单（输出）	衔接单位-自部门	衔接单位-外部门
客户管理		职责描述 对外负责处理客户投诉，与客户进行日常沟通，确保客户对公司的满意							
	1	客户质量信息反馈	处理及时率	反馈信息表、电话	质检科	营销部	纠正、预防措施报告	质检科	营销部
	2	故障件分析	分析通过率	故障件、失效信息	质检科	营销部	分析、对策报告	质检科	营销部
	3	客户要求与希望	及时传递	传真、邮件、电话	质检科	营销部	反馈信息表、确认报告	质检科	营销部
	4	客户审核	审核通过率	审核计划/审核报告	质检科	营销部	纠正预防计划、报告	质检科	营销部
	5	产品对顾客影响故障率统计分析	重大质量问题件数	顾客反馈统计表	质检科	营销部	对顾客影响故障率统计表	质检科	营销部
	6	质量提升	顾客满意度	顾客满意度评价	质检科	营销部	质量提升计划	质检科	营销部
	7								
质量体系推进和持续改进		职责描述 对内建立与维护公司品质保证体系，实施品质成本的持续降低，确保公司产品不制造不良品和不流出不良品							
	1	协助公司年度产品审核	产品质量水平逐年上升	年度产品审核计划	质检科	质管部	产品审核报告	质检科	质管部
	2	协助公司年度过程审核	审核通过率	年度过程审核计划	质检科	质管部	过程审核报告	质检科	质管部
	3	协助公司年度体系审核	无严重不符合项	年度体系审核计划	质检科	人事行政部	体系审核报告	质检科	人事行政部
	4	协助公司年度文审	无漏、缺、错	年度文审计划	质检科	质管部	文审报告	质检科	质管部
	5	参与管理评审	质量方针目标完成率	审核报告、纠正报告、持续改进	质检科	质管部	管理评审报告	质检科	质管部
	6	进行过程能力评价	过程能力达标	过程能力分析计划表	质检科	质管部	能力评价表	质检科	质管部
	7	展开产品全尺寸审核	关键尺寸无超差	全尺寸分析报告	质检科	质管部	全尺寸审核报告	质检科	质管部
	8	纠正、预防	达标率	纠正与预防改进报告	质检科	质管部	纠正预防报告	质检科	质管部
	9	持续改进	一次通过	持续改进计划	质检科	质管部	持续改进报告	质检科	质管部
	10	协助客户二方审核	一次通过	审核计划、要求	质检科	质管部	审核结果报告	质检科	质管部
	11	协助认证公司三方审核	一次通过	审核计划、要求	质检科	质管部	审核结果、不合格纠正预防	质检科	质管部
	12								

（续）

职责描述 负责对本科工作与绩效指标完成情况、质量运行、体系监察、纪律执行情况检查及改善计划实施情况进行检查总结。确保各项工作完成任务，质量运行情况得到有效监控

		工作任务（输入）	目标、指标输出	表格表单（输入）	衔接单位		表格表单（输出）	衔接单位	
					自部门	外部门		自部门	外部门
部门定期绩效管理	1	公司内工不合格率指标	待定	业务计划和考核方案	质检科	事业部	指标统计记录表	质检科	事业部
	2	金额损失率指标	待定	业务计划和考核方案	质检科	事业部	指标统计记录表	质检科	事业部
	3	客户大同题件数	0件	业务计划和考核方案	质检科	营销部	指标统计记录表	质检科	营销部
	4	客户一次交验合格率	待定	业务计划和考核方案	质检科	事业部	指标统计记录表	质检科	事业部
	5	计划完成率	待定		质检科		指标统计记录表	质检科	
	6	重大安全事件	0件	业务计划和考核方案	质检科	人事行政部	指标统计记录表	质检科	人事行政部
	7	4S	待定	业务计划和考核方案	质检科	人事行政部	指标统计记录表	质检科	人事行政部
	8	出勤率	待定	业务计划和考核方案	质检科	人事行政部	指标统计记录表	质检科	人事行政部
	9								

职责描述 进行内部沟通，及时汇报和解决内部问题并形成计划和措施

		工作任务（输入）	目标、指标输出	表格表单（输入）	衔接单位		表格表单（输出）	衔接单位	
					自部门	外部门		自部门	外部门
部门日常会议	1	公司级质量会议	准时、高效、议题明确	会议通知单、开会资料	质检科	公司	会议记录和落实计划	质检科	公司
	2	科室例会	准时、高效、议题明确	会议通知单、开会资料	质检科		会议记录和落实计划	质检科	
	3	质量专题会议	准时、高效、议题明确	会议通知单、开会资料	质检科		会议记录和落实计划	质检科	
	4								

第3章 如何实施办公流程改善

职责描述 协助相关部门进行工作开展，保证产品质量管理顺利运行

	工作任务（输入）	目标、指标输出	表格表单（输入）	衔接单位 自部门	衔接单位 外部门	表格表单（输出）	衔接单位 自部门	衔接单位 外部门
1	协助营销客户信息反馈整理		信息反馈单	质检科	营销部	信息处理及报告单	质检科	人事行政部
2	协助采购供应品质改进		品质统计表	质检科	采购部	质量改进报告、预防报告等	质检科	人事行政部
3	协助人事人力资源管理		人事相关表单	质检科	人事行政部	组织机构、绩效考核	质检科	人事行政部
4	协助技术过程工艺分析管控		过程能力、检测、实验表单	质检科	技术部	过程工艺分析相关表单	质检科	人事行政部
5	协助研发部产品检测验证		各种检测记录表	质检科	研发部	检测验证报告、记录单	研发部	人事行政部
6								

协助工作

职责描述 遵守法规，遵守公司制度，实施管理制度化

	工作任务（输入）	目标、指标输出	表格表单（输入）	衔接单位 自部门	衔接单位 外部门	表格表单（输出）	衔接单位 自部门	衔接单位 外部门
1	公司作息时间管理	出勤率	公司管理制度	质检科	人事行政部	出勤统计表	质检科	人事行政部
2	公司服装礼仪管理	无违规	公司管理制度	质检科	人事行政部	纪律检查表	质检科	人事行政部
3	公司宿舍管理	无违规	公司管理制度	质检科	人事行政部	纪律检查表	质检科	人事行政部
4	公司劳动纪律	无违规	作业标准	质检科	人事行政部	纪律检查表	质检科	人事行政部
5	公司工艺纪律	无违规		质检科	人事行政部	处罚决定通知	质检科	人事行政部
6	安全法规	无违规	国家和地方法律法规	质检科	人事行政部	处罚决定通知	质检科	人事行政部
7	环境法规	无违规	国家和地方法律法规	质检科	人事行政部	处罚决定通知	质检科	人事行政部
8	职业健康	无违规		质检科	人事行政部		质检科	
9								

公司制度

（续）

项目	内容
使用设备材料	计算机（三坐标、轮廓仪、圆度仪、投影仪、粗糙度、显微镜、分析仪、通用/专用检具、各类试验设备）
使用方法和程序	办公软件、绘图软件、质量体系（标准、程序文件、指导性文件、表格表单）、员工手册
技能	产品的型号、规格、功能、原理；TPS、绘图；制图；统计方法；QC技法
评价考核	年度目标指标考核评价；薪资调整；职务晋升；新员工转正；工作业绩评估等
内部协调关系	科室内各班组
外部协调关系	客户、供应商
态度要求	对事物有判断和决策能力；对团队的标杆作用及领导能力；对组织策划、沟通、协调能力；对公司决策的执行能力；团队合作意识强；对下属能体现出相对的公正、固执，处理问题不偏执，能够容纳团队的意见；言行能够以最高道德标准要求自己
经历要求	3年以上本行业工作经验；机械或管理类专业，大专学历或中专以上学历
身体状况	健康、良好
年龄要求	30岁以上，有3年以上品质管理经验
性别要求	无
工作环境	办公场所
工作时间特征	8小时，白天工作，有加班，偶尔有出差
关键绩效指标	公司内工序不合格率指标
	金额损失率指标
	客户重大同题件数
	客户一次交验合格率
	计划完成率
	重大安全事件
	4S
	出勤率
其他	
工作协调关系	部门规划；绩效管理；客户沟通

备注：

2）隐藏流程显现。在公司中经常会出现流程步骤，而且这个步骤只有少部分人知道，没有具体的文件流程，隐藏流程会增加很多成本，因为只有少部分人了解具体运作过程，其他大部分人只能靠不断的询问、尝试或者自己的想象来完成流程的操作。或者流程没有标准，每一个人都有自己的操作办法，也不知道哪种操作办法是最佳的运作方式。通过流程梳理可以找出隐藏的流程，将它进行文件化和制度化。

3）优化流程准备。流程是需要追求增值的，如果流程运行不畅，就需要将这个流程进行优化和整合，这就涉及了流程改善的制度，比如流程僵化、烦琐、周期长和执行差，可能要进行优化。流程优化过程要留意习惯化的思维，认为原来流程执行很习惯，为什么要改变流程？改变流程后要重新适应新流程的惯性思维。在流程优化阶段，标准化也是关键因素，只有标准化才有改善，如果没有标准化、文件化的流程，就没有办法来进行优化和改善，所以需要先进行文件的标准化才能做后续的改善。

1. 建立流程总目录

流程先从高度概括整体综合流程图开始，即公司级流程，并表现各流程之间的逻辑关系。综合流程图的基础是企业的价值链，即企业从输入各种生产资料和资源到创造出客户价值、满足客户需求的全过程的活动。首先将这些活动分为业务流程、业务支持流程和职能支持流程。比如一个广告公司，公司级流程包括业务流程，其中业务流程中应包括接到项目到完成项目达到客户需求的所有活动、运营流程、人力资源流程、行政流程、财务流程等。这个综合流程图很概括，也很笼统，实际是一个表述理解结构的工具，使流程优化人员站在公司整体运营的高度来宏观、整体、有逻辑性地观察企业的业务运行，更多的工作在于进一步对分解子流程的梳理和绘制。

以华为公司为例，主流程包含 MTL、LTC、IPD、MEM、ISC、ITR 和 DSTE 等（见图 3-7）。MTL（市场到线索）如何快速找到合适的细分市场，并且在合适的时机介入合适的细分市场，找到合适的客户呢？如何用有限的资源创造更多的线索和机会点，甚至是合同订单呢？MTL 整个流程由市场洞察、市场管理、联合创新、销售赋能、激发需求以及营销的质量管理六个模块组成。LTC（线索到回款）打通从需求到交付再到回款的全价值链条流程管理，包括管理机会点、管理合同履行、管理销售项目、管理客户关系、管理销售运营五个模块。IPD（集成产品开发）是关于产品开发（从概念产生到产品发布的全过程）的一种系统方法，IPD 将开发流程划分为概念、计划、开发、验证、发布、生命周期六个阶段。MEM（制造管理）是生产制造端到端流程，包含量产工艺控制、制造计划、资源统筹、产品生产、成品交付和品质保证等模块。ISC（集成供应链）是企业所在供应商链上从原材料到终端销售整条链上企业的协同。此外，ITR（问题到解决）是问题解决和 DSTE 为战略制定到战略执行等。

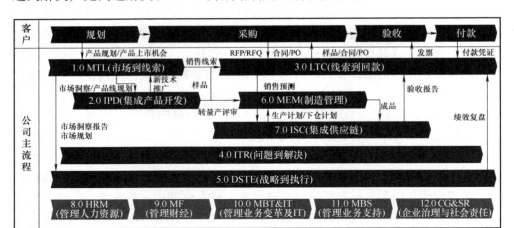

图 3-7　整体综合流程图

其次，逐次分解综合流程图。各子流程之间应当分清楚逐层次的链接关系，并应该说明流程的输入和输出，才便于使用者使用。以公司一个产品流程为例（见图 3-8），业务流程下的次级流程包括计划/采购、制造、发运和销售等流程，其中发运流程包括调仓、开单、联系承运商和关单等流程，调仓流程包括系统登录、输入调仓操作步骤、发单审批、出单等。通过一级一级向下分解，就能清楚地了解该流程的运作，更加容易地发现流程相互关联关系和存在问题的地方，可以为流程运行节约一定的时间。

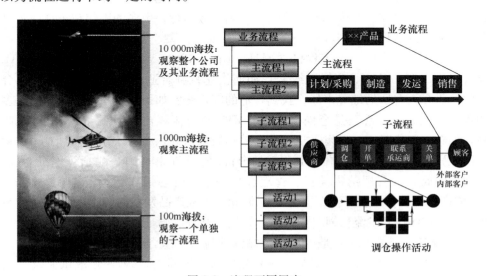

图 3-8　流程不同层次

最后，对单体流程图进行整合。这是流程中最细致的部分，需要流程优化的项目运作人员从不同的角度、各自负责的领域分别对流程提出推敲意见，找到最合理的操作步骤。

整理现有流程是流程梳理中的一个步骤，可以利用表格来收集所有的业务流程（见表3-5），首先记录下一级流程名称，然后思考为了完成一级流程需要哪些二级流程来支持，这样依次向下进行分解。分解过程中，要注意，细化的流程是否有缺失的内容，如生产计划流程中少了订单评审流程，变成所有的订单都需要接受，这是不合理的地方。关键备件少了关键备件的定义和安全库存设置，这也是缺少了相关流程。分解后需要区分哪些是核心流程，哪些不是核心流程，核心流程的定义为外部（其他部门）产生价值的业务；直接与销售额有联系的业务；部门应当要做的核心业务。对于核心业务流程会用更多的精力来进行改善，以保证流程能够达到预期的目的，对于核心流程的关注程度，就像品质不良分析，用柏拉图找出不良最大项进行集中改善。另外，在梳理流程的过程中会对流程有一定的了解，可以简单地划分出不同流程的改善方向，如是否需要重新设计流程，是否属于重点优化的流程，是否属于局部调整的流程，以及是否属于梳理规划的流程。

有时为了让更多的人参与流程目录的梳理工作，用一张很大的白纸来做流程总目录的梳理，在白纸上先写出一级流程名称，然后考虑二级流程有哪些并依次写出，最后考虑三级流程是什么，如图3-9所示。这种办法的好处是可以多人同时进行梳理，每个人的参与感都很强。另外，过程中会利用头脑风暴，集合每一个人的思考力，避免一个人带来的局限性。在墙上张贴一张大大的白纸，并在白纸上写上所有的流程，其实也是一件很有成就感的事情。

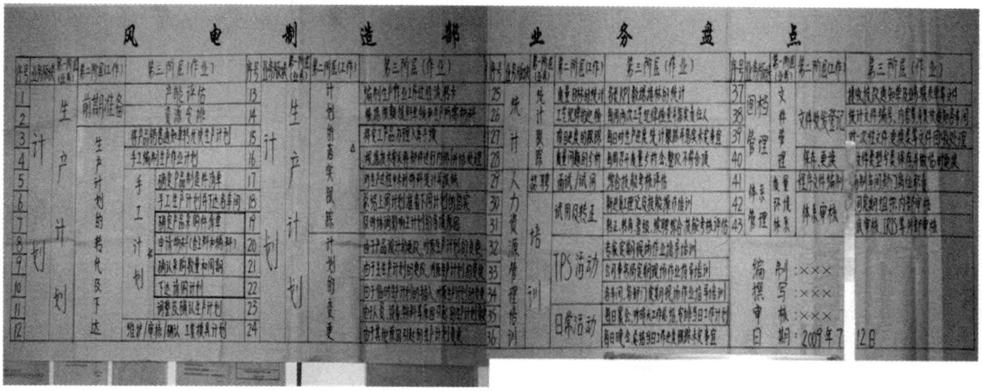

图3-9 用白纸来做流程目录梳理

表 3-5 不同级别流程梳理

● 重新设计的流程　● 重点优化的流程　● 局部调整的流程　○ 梳理规范的流程

公司流程清单 V1.0

一级流程	二级流程	三级流程	四级流程	五级流程	主责部门	流程所有者	流程经理	流程专员	关键流程	建设规划(2019/2)	改善类型
8.0 MEQ（管理企业质量）	8.1 建立产品质量要求	8.1.1 定义产品关键质量特性			QA	xxx	xx	xxx	是	2019	●
		8.1.2 定义物料关键质量特性			QA	xxx	xx	xxx	是	2019	●
		8.1.3 定义质量目标			QA	xxx	xx	xxx	是	2019	○
	8.2 建立产品质量计划	8.2.1 研发质量控制计划			QA	xxx	xx	xxx	否	2019	
		8.2.2 制造质量控制计划			QA	xxx	xx	xxx	否	2019	●
		8.2.3 供应质量控制计划			QA	xxx	xx	xxx	是	2019	●
		8.2.4 客户服务质量控制计划			QA	xxx	xx	xxx	是	2019	
	8.3 过程质量控制	8.3.1 研发质量控制			QA	xxx	xx	xxx			●
					QA	xxx	xx	xxx			●

				QA	xx	xxx	是	2019	◐
	8.3.1.1 产品测试验证流程（调用IPD）			QA	xx	xxx	是	2019	◐
	8.3.1.2 TR 评审			QA	xx	xxx	否	2019	●
	8.3.1.3 样品质量控制			QA	xx	xxx	否	2019	●
	8.3.1.4 研发流程符合度评估			QA	xx	xxx	否		●
	8.3.2.1 过程能力控制	8.3.2 制造质量控制		QA	xx	xxx	是	2019	◐
	8.3.2.2 过程检验			QA	xx	xxx	否	2019	◐
	8.3.2.3 成品检验			QA	xx	xxx	否	2019	◐
	8.3.2.4 ORT 测试			QA	xx	xxx	否	2019	◐
	8.3.2.5 不合格品管理			QA	xx	xxx	否	2019	◐
	8.3.2.6 产品审核			QA	xx	xxx	否		◐
	8.3.3.1 供应商质量控制	8.3.3 供应质量控制		QA	xx	xxx	否	2019	●
	8.3.3.2 供应链要求传递			QA	xx	xxx	否		●
	8.3.3.3 来料质量控制			QA	xx	xxx	否	2019	◐

(续)

一级流程	二级流程	三级流程	四级流程	五级流程	主责部门	流程所有者	流程经理	流程专员	关键流程	建设规划(2019/2)	改善类型
		8.3.4 客户服务质量控制	8.3.4.1 客户投诉处理		QA	xx	xx	xxx	否	2019	●
			8.3.4.2 客户退换货及召回		QA	xx	xx	xxx	否	2019	◐
	8.4 管理不符合项				QA	xx	xx	xxx	否		◐
		8.4.1 开发问题管理			QA	xx	xx	xxx	否	2019	◐
		8.4.2 制程问题管理			QA	xx	xx	xxx	否	2019	◐
		8.4.3 来料问题管理			QA	xx	xx	xxx	否	2020	●
		8.4.4 客户问题管理			QA	xx	xx	xxx	否	2020	●
		8.4.5 测量系统问题管理			QA	xx	xx	xxx	否	2020	●
		8.4.6 ORT 问题管理			QA	xx	xx	xxx	否	2020	◐
		8.4.7 产品安全问题管理			QA	xx	xx	xxx	否	2020	◐
	8.5 实施和维护企业质量管理体系										
		8.5.1 定义质量战略			QA	xx	xx	xxx	否	2020	◐

编号	名称	子编号	子名称	负责部门				是否	年份	状态
8.5.2	策划企业质量管理体系			QA	xx	xx	xxx	否	2020	●
8.5.3	实施和运行企业质量管理体系			QA	xx	xx	xxx	否	2020	●
8.5.4	审核质量管理体系			QA	xx	xx	xxx			◐
		8.5.4.1	内部审核管理程序	QA	xx	xx	xxx	否	2020	●
		8.5.4.2	管理评审控制程序	QA	xx	xx	xxx	否	2020	●
8.5.5	质量改进			QA	xx	xx	xxx	是	2020	●
8.5.6	检测设备管理			QA	xx	xx	xxx	否	2019	◐
8.5.7	质量成本管理			QA	xx	xx	xxx	否	2020	●
8.5.8	品质工具的管理与运用			QA	xx	xx	xxx	否	2020	◐
8.5.9	质量文化建设			QA	xx	xx	xxx	否		○
8.5.10	文件管理			QA	xx	xx	xxx		2020	◐
		8.5.10.1	体系文件管理	QA	xx	xx	xxx	否	2020	◐
		8.5.10.2	外来文件管理	QA	xx	xx	xxx	否	2020	◐

2. 流程基本信息收集

记录流程的输出和客户，如果有需要也可以列出流程的输入部分。每一个流程完成以后总有一个输出，代表工作完成需要转交给客户，这时输出和客户就是一个很重要的信息。有时候检讨输出是否是客户所需要的，输出的格式是否满足要求，客户是否正确，输出部分是否有价值，如何传递给客户等。

最后部分需要填写工作时间，工作时间是一个类似于标准工时的概念，有了这个值就可以看出每一个人的工作是否满负荷，是否有必要增加更多的人手。在企业中，这一部分欠缺，往往部门称人员不足都是没有任何数据支持的，只是觉得不够了向上级要求新的人手。上级也不会充分考虑工作负荷就答应或者拒绝，造成人员过多、无所事事，或者部分人手不够，仓促完成工作。一般情况下，标准工时是用秒表来测量的，当然业务人员知道后会降低工作速度，遇到这种情况可以找一个业务熟练的人对比测试时间，在竞争环境下，熟练者不会操作太慢，两者综合起来就是标准时间。业务的合计时间没必要与出勤时间 100% 进行对比，而是与出勤的 70%～80% 进行对比（因为有作业时间宽放）。信息收集如图 3-10 所示。

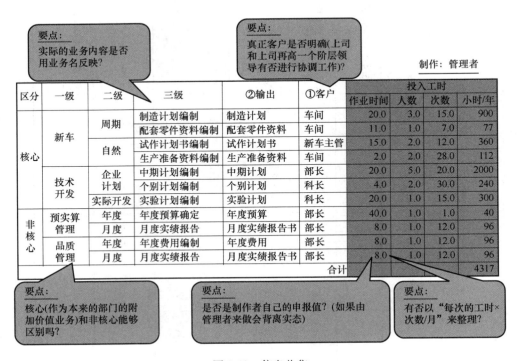

图 3-10　信息收集

在流程梳理中收集不同的内容，如什么时候工作输入，输入什么信息，输入的标准是什么，处理流程的工具（处理办法、限制条件、所需能力、控制点、注意点以及注意点理由）是什么，输出需要多少时间完成，输出的标准是什么，输出文件是什么，过程中主要的痛点是什么，工作容易出错的地方是什么，如果流程可以改善你需要改善哪个部分。这些都是可以收集的内容。

3. 流程标准文件输出

一个组织的所有程序文件应规定统一的内容和格式要求，以便使用者熟悉、适应按固定方法编写的程序文件。流程标准文件如图 3-11 所示。

1）版面。一般可采用 A4 幅面，太大和太小不利于保管和使用。对于原来标准化程度基础较好的组织，在印刷和复制没有困难时，也可按 GB/T 1.1—2020《标准化工作导则　第 1 部分：标准化文件的结构和起草规则》的要求规定版面规格。

2）文头。文头一般包括组织的名称、程序名称、文件编号、文件层次或级别、文件发布或实施日期、编制人、审核人、批准人及实施日期、页码等内容。

程序名称由管理对象和管理特性两部分组成，如文件控制程序，管理对象是"文件"，管理特性是"控制程序"。

一份程序文件往往由数页构成，可以每页都有文头，也可以只在第一页有文头，在后续页的上部只标注文件编号、共几页、第几页。

3）文尾。文尾一般可列出修改记录，包括修改情况、修改人、修改日期、批准人、批准日期等。在大多数情况下，上述文尾的内容可以直接编排在文头中，不再单独设计文尾。这样，使用者一看文头就对文件的修改情况一目了然。

这里需要注意的是，在做每一个流程之前，首先考虑好这个流程的输出是什么，提供什么样的产品或服务。

企业的流程不在于多，而在于执行，企业不缺流程制度，缺的是执行，很多企业都通过了 ISO，但是把 ISO 文件仅当作应付客户检查的工具，每年都是客户审核工厂时，才让各个部门将文件、表单补全，客户验厂完毕后就又锁到柜子里了，做成了一个拿来应付的工具，而不是视其为一个很好的管理工具。所以，在做方案、流程、制度的时候就要考虑执行，暂时不能执行或无操作性动作的流程文件，宁可不做；做出来的方案、流程、制度不能够长期执行的，也宁可不做。

标准化即对业务流程进行跟踪，包括定期回顾流程、定期检查执行状况等，常见的形式有现场巡检及定期文件审查等。

3.1.4　整数据

整数据的主要目的是建立流程监控指标，在企业里绩效的主要表现方式就是绩效目标和绩效实绩的对比。通过设定量化的绩效目标，在一定时间周期内，通

a) 流程变更记录

流程版本变更记录		流程名称：		
流程编号：		编制人	审核人	批准人
版本号	日期	版本变更说明(变更原因、变更关键点)		
…	…	…	…	…
…	…	…	…	…
…	…	…	…	…
…	…	…	…	…
…	…	…	…	…
…	…	…	…	…

b) 流程图

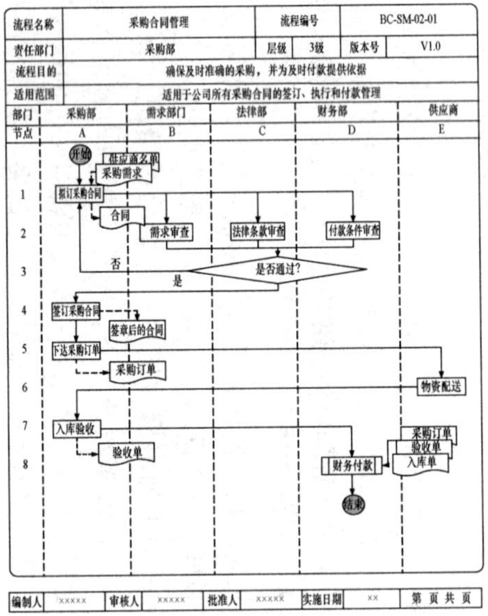

流程名称	采购合同管理	流程编号	BC-SM-02-01	
责任部门	采购部	层级	3级	版本号 V1.0
流程目的	确保及时的确的采购，并专为及时付款提供依据			
适用范围	适用于公司所有采购合同的签订、执行和付款管理			
部门	采购部	需求部门	法律部	财务部	供应商
节点	A	B	C	D	E

| 编制人 | xxxxx | 审核人 | xxxxx | 批准人 | xxxxx | 实施日期 | xx | 第 页 共 页 |

图 3-11 流程标准文件

c) 流程关键点说明

关键点：指影响流程价值和运行的"瓶颈"环节

关键点	关键点价值	负责岗位	工作要求（时间、质量、成本）
B2: 需求审查	确定合同条款中的要求与自身要求完全一致	需求部门	1. 确保合同条款中的要求与自身需求完全一致，合理性和合法性 2. 在规定的时间内完成需求审查
C2: 法律审查	确定法律条款的合法性，维护公司利益	法律部	1. 确保法律条款的合法性、合理性和合法性 2. 在规定的时间内完成法律审查
D2: 财务审查	确定付款方式是否符合公司财务制度	财务部	1. 确保付款方式和条款符合财务管理制度相符 2. 在规定的时间内完成财务审查
A5: 下达采购订单	将采购信息及时准确地传递给供应商	采购部	及时制定采购订单，采购订单与需求一致
A7: 入库验收	确保采购商品的质量、数量	采购部	1. 组织质检员对采购物品的质量进行检查，并填写质量验收单 2. 对采购品的数量进行检查，填写验收单

过考核一个人或者一个团队的实绩是否达到目标,来评判绩效的好与坏。业务流程是为组织服务的,那么服务的究竟是好还是坏呢?这就需要通过量化绩效指标来体现。所以,组织有绩效,流程也应该有绩效,有时也会出现组织的绩效就是流程的绩效。按照平衡积分卡(BSC)的理论,组织在设定自己的绩效目标时,流程是一个很重要的因素。流程的结果性指标和流程的过程性指标都是必要的。其中,结果性指标会出现在对流程的考核里,而对于过程性指标则需要根据流程的实际情况来设定。过程性指标一般设定在关键、重要的过程或者环节中,而不是全面铺开。过多的过程性指标会极大地增加收集数据和考核的成本。这是在实际操作过程中要特别注意的。

设置流程指标可以考虑按照以下几个维度来设置(见图3-12):①质量,包含产出特性指标(如待机时间、强度)、产出符合性指标(如合格率、不良率等);②成本,主要包含人工成本、物料成本以及费用分摊;③时间,这是流程重点关注的,如周期时间是一个关键指标,在审核流程中一般要规定审核周期时间是多久,不然这个审批结束就完全取决于领导是否想起审核这件事情,流程变得很拖沓。另外,订单到采购周期时间、发货周期时间、运输周期时间,以及接单到内部订单周期时间都是要重点关注的时间。除此以外,还要考虑数量、客户和效率等维度指标。

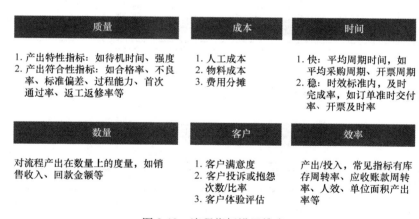

图3-12 流程指标设置维度

设计流程指标的原则如下:

1)任何流程的宗旨都在于可靠地产出一个或更多的输出项。因此,在决定制定哪些衡量指标时,我们总是首先关注流程的结果,而不是流程中的活动。这些指标不仅应当衡量流程能否产出输出项,而且要衡量流程的每次执行能否满足所有的合理预期。

2)在帮助客户制定流程指标时,我们总是从流程的外部开始,试着去了解流程产出的接受方对产出有什么期待。所谓接受方，可能是真正的客户，也可能是组织内部的某一方，即接受特定流程结果的"内部客户"。无论流程面对的客户来自内部还是外部，制定流程指标的第一步都是了解该客户最看重什么。我们可将客户期望转化成"关键绩效指标"。在了解客户对流程产出的期望后，我们会创建各种衡量指标并将它们分配到流程的各个环节中，用以衡量所有与关键绩效指标相关的指标，如时效、质量、成本效益、数量、合规性等。

3）有时候流程会关注周期时间，或者按照时限工作完成率，或者工作一次性、准确性，这些都是可以度量的指标。一个端到端流程可以识别的衡量指标有很多，但是并非越多越好，太多的指标数据收集成本很高。你并不需要每个子流程的输出项的每一维度的衡量指标。以订单履行为例来看一个端到端流程如何确定流程KPI（见表3-6）。

表3-6 订单履行

流程阶段1	流程阶段2	流程阶段3	流程阶段4	流程阶段5	内部流程终点	外部流程终点
订单输入	订单输出	订单组装	终检	订单发货		
输入项	输出项	输出项	输出项	输出项	最终产出	输入项
客户订单 产品规格说明 生产进度规划	订单	产品 装运说明	检验产品 校对账单	已封装的 产品账单	已封装的 产品账单	已封装的 产品账单
成本效益指标						
订单处理成本（人员数量和操作时间）	每笔订单 处理成本	每笔订单 生产成本	每笔订单 检验成本	每笔订单 发货成本	每笔订单 总成本	产品单价
				每笔订单 包装成本	订单返工 成本	
时效性指标						
子流程周期	子流程周期	子流程周期	子流程周期	子流程周期	流程总周期 时长	订单准时 收货率
质量指标						
及时率	订单及时 录入率	订单及时 组装率	订单及时 检验率	订单及时 装货率	准时发货率	准时发货率
准确完成 订单的比率	订单录入 差错率	产品缺陷率	检出差错与 由客户发现 的差错之比	发货出错率	检出差错的 订单百分比	客户投诉率

3.1.5 列问题

在做流程梳理的过程中，会陆续发现很多的问题点，如部门职责设立不清，造成工作的推诿现象；在业务流程中会发现缺少相应的流程，造成运行的效率很低；人员配置不足，造成工作完成质量低等。对于特别没有效率、烦琐、经常出现问题的流程可以列入改善课题，进行团队集中改善。

流程相关人员需要思考的问题如下：

1）公司架构是否合适？
2）部门职责和岗位职责是否合适？
3）现有流程清单是否完整？
4）流程描述体系（流程说明、流程图等）是否完善？
5）什么才是需要优化的流程？与现有流程相比，需要在哪些方面做出改进？
6）现有流程不足之处的根源是什么？是战略目标、组织架构，还是流程本身的问题？
7）现有流程如果继续执行下去，会产生怎样的结果？这些结果中，哪些是我们的目标？哪些又是我们不希望发生的？
8）流程中部门职责设立是否合适？是否需要将职责做出调整？
9）表单的传递是否存在问题点？流程交接过程是否顺畅？流程是否有监控指标等？
10）流程中关键控制点是什么？关键控制点能否驱动流程在规定时间内完成任务？
11）流程指标标准是什么？现在流程运行实际指标是什么？有改善空间吗？
12）流程中相关人员需要具备哪些能力和知识？能力和知识人员掌握情况如何？

流程关注事项如图 3-13 所示。

问题汇总并制作成问题清单，在流程梳理的过程中就可以发现问题，及时记录下来，并通过 5why 分析法来了解过程、问题和原因。在发现问题点时，要和当事人一起确认是否是真的问题点，问题点出现的原因是什么，可能解决的方案是什么。另外，在后面的流程梳理的定期会议上或者不同相关方加入都可以发现问题点。所有的问题都确认以后，我们就可以制作流程梳理问题汇总清单（见表 3-7），便于跟踪问题直到关闭为止。

```
         有工作职责，疏忽或           工作业务存在，但是
            缺失流程                    流程缺失
         1. 有职责没有流程           2. 有工作没有流程


       跨部门的文件，需保持                   有流程，但是执行过程
       协调沟通，流程衔接问题      关注              和流程不一致
                                  事项
         5. 跨部门流程                    3. 流程和执行过程冲突


            流程制定本身存在
          缺陷、遗漏或者执行困难
             4. 流程本身不合理
```

图 3-13　流程关注事项

表 3-7　问题汇总清单

序号	业务域	项目类型	流程名称	问题点	期待解决办法	责任部门
1	开发流程	端到端	开发流程二期	1. 开发流程没有执行到位，表现为不知道、不理解、不执行或执行不到位。缺乏专职的组织做质量运营 2. 专业支撑领域缺乏详细流程、表单/模板、操作指导/规范的支撑，导致专业领域业务没有按开发流程思想转变，专业支撑力度不足 3. 项目管理关键角色能力不足	1. 完成开发流程专业支撑（需求/质量/制造/采购/财务/项目管理）流程文件及作业层工具、方法、模板的建设 2. 组建研发团队，负责开发流程推行 3. 通过速赢点导入，实现短期的成效，增强推行信心 4. 对关键角色（如项目、工程、品质、采购代表等）人员能力进行培养 5. 完成样板点建设，输出开发流程 2.0 版本	研发部
2		单个流程	客户产品开发流程建设	按平台产品开发流程参照执行，研发周期不满足市场快速反应的需求	1. 梳理业务场景，根据方案成熟度建立差异化的产品开发流程 2. 从阶段、活动、模板三个维度进行流程简化设计 3. 细化流程裁剪规则，提升可操作性	设备部

第3章　如何实施办公流程改善

（续）

序号	业务域	项目类型	流程名称	问题点	期待解决办法	责任部门
3	开发流程	单个流程	设计变更流程优化	1. 设更需求管理不闭环，容易出现传递不到位 2. 设计配套评估不到位 3. 物料的影响评估不到位，导致物料处理不到位 4. 设计变更执行，包括文件、物料、工艺设备执行容易出现问题	1. 变更执行到位率 2. 变更问题关闭率	研发部
4			设计评审流程优化	1. 评审关注点不明确，重点不突出 2. 评审执行不到位，效果不佳	1. 评审规范性 2. 评审有效性	
5	线索到收款	单个流程	客户审核与接待优化	客户审核与接待，部门或组织职能不清晰，常有准备不充分或信息脱节、执行不到位等情况，影响整体审核和客户感受，最终影响项目或业务成败	重新定义客户审核与接待的部门职责，增加预审环节，增加流程KPI（客户审核满意度或打分提升）	设备部
6	销售服务	端到端	服务体系建设	客户服务管理体系缺失，包括策略、流程、组织、IT等	输出可落地执行的流程/组织体系及IT建设规划，重点关注： 1. 维修流程（人才培养体系、知识库建设） 2. 备品备件管理 3. 服务管理流程 4. 服务营销流程 5. 维修中心管理流程	销售部
7	运营	单个流程	工程变更流程优化	设计、工艺变更评估、审批、传递不到位，变更没有执行流程，导致因变更而引起频繁的批量性返工	1. 因变更错误导致的返工率<2% 2. 因变更发生错误的流出率为0	运营部
8	供应链	端到端	供应链流程变革	1. 缺乏公司级计划管理体系，对主计划缺乏系统性的梳理与拉通，生产与物料交期信息不明，整体对客户的交付需求达成率较低 2. 端到端订单履行流程缺失 3. 采购体系化运作不足，尤其是在早期采购、采购策略、采购需求管理、供应商管理方面不足	导入供应链标杆实践，建立集成计划管理体系、采购管理体系、订单履行体系，并与组织、IT相匹配	供应链

131

(续)

序号	业务域	项目类型	流程名称	问 题 点	期待解决办法	责任部门
9	来料控制	单个流程	来料质量控制流程优化	流程不清晰，关键安全/质量特性识别不完全，来料质量问题多	物料上线异常率小于1%	品质部

注：1. 项目组会基于前期诊断问题及各部门反馈的优化需求，整理提供一份本年流程优化项目建议给各 L1 流程所有者做参考。

2. 每个部门至少要提交一个流程优化项目，项目经理由 L1/L2 流程所有者指派，建议由部门经理承担。

3.2 步骤2：改善课题实施

初看精益办公改善步骤，会觉得与品管圈（Quality Control Circles，QCC）活动步骤有很多相似点。的确是这样的，QCC 问题解决方法适用于所有问题，也适用于精益办公的改善中。借用 QCC 的问题解决逻辑只是因为很多人都了解QCC 套路，也就更容易理解精益办公改善开展过程。逻辑框架是一样的，但是具体操作却是不同的。在实施改善中，生产领域改善相对容易，精益办公实施改善要遭遇更多烦扰，如新的流程需要完成更多步骤才能送交审核批准，所有流程相关方都同意了才能让流程进入审批流程；新流程容易被办公人员抵触，比操作人员有更高的聪明才智，来抵制自己不认同的作业方式；改善过程中人员的权限不够很难开展工作等，很难将工作改善任务分配给其他部门的同事，往往高层很难参与项目，分配任务更难。

精益办公改善步骤如图 3-14 所示。

第 1 步：确定对象课题。选定一个好的课题和改善对象，对于项目的实施是一个关键的开始，在办公室流程改善中，经常会选择流程烦琐的、客户投诉多的、过程问题多的、部门之间衔接不好的流程作为改善课题进行优化。另外，前面做过流程梳理，也就容易确定改善课题。

第 2 步：描述课题背景和目的。项目背景让大家了解在什么样的环境下需要做这项改善，明白为什么要做这个项目，而不是另外一个项目。理由越充分，投入热情就越高。最后确定项目完成后需要达到的目标。

第 3 步：现状调查（"三现主义"）。掌握现状对不同的工具和问题所应用的方法也不尽相同，在生产领域一般用价值流程图（VSM），在精益办公中一般会用泳道图和办公 VSM 价值流，相比较两个过程图，泳道图更容易表明部门间流

第3章 如何实施办公流程改善

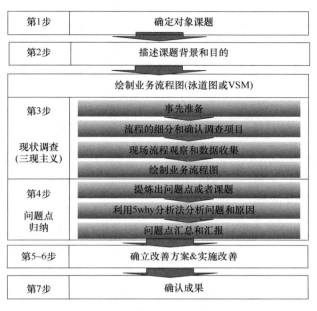

图3-14 精益办公改善步骤

程的运作方式,并更容易使用,所以一般选择泳道图作为现状掌握的工具。在现状调查中会用到现场巡视(Gemba Walk),小组成员亲自到现场,了解每一个操作步骤,收集相关数据和表单,整理过程中的问题点,只是操作对象是信息(文件或者数据)。

第4步:问题点归纳。泳道图的目的不是把流程展示出来就好了,主要想通过泳道图将看不见摸不着的流程可视化,然后根据过往经验、IE手法、精益基本原则、流程异常和流程浪费发现,将过程中所有的问题点暴露出来并整理归纳。

第5步:确定改善方案。认真分析问题点,找到相应的原因就可以确定改善方案,为了确立最好的改善方案,可以一次给出三条改善方案,在三个方案中选择最优。

第6步:实施改善。改善实施是精益办公中最为关键的一个步骤,通过定期开会来监控整体的进展情况,针对某些问题点需要成立专门攻关小组,在改善过程中如果遇到障碍,部分改善方案可能要进行调整。

第7步:确认成果。当项目关闭后,可以通过三个月的流程运行情况来判定流程是否正常运行,是否满足流程改善的目标,如果都满足就可以进行项目最终确认和项目发表。

精益办公第3步与QCC会有很大不同,在QCC问题分析中是数据收集、来到现场对现状进行把握,用QCC七大工具将问题展示出来。精益办公主要是用泳道图将不可视化的流程进行可视化，展示详细操作的每一个步骤和操作过程相应的表单数据等。当然，精益办公也需要到现场了解现状，经常在绘制泳道图时，安排全体人员顺着流程的操作方向进行实地工作流程观察，通过对流程不断地提出问题，来更加充分了解流程和收集流程的相关数据。

精益办公第4步在QCC问题分析中，是问题分析和进行要因验证，在精益办公中更多的是寻找出问题，问题包括效率低下、人员需要额外的工时来操作或者流程周期时间比较长等。相较而言，问题的验证被弱化，更多关注流程中存在问题点是什么，哪些流程可以优化，分析流程问题的原因是什么。毕竟找出更多的问题，才能将流程中的问题暴露出来，进而使流程更加高效。

3.2.1　确定对象课题

精益办公流程改善主要针对办公领域的问题来进行优化，选取一个好的课题作为改善活动的主题，成为公司部门、部门领导和改善领导人主要考虑的话题。在日常公司活动中，有些课题或者问题具有通用性，如采购一般都是供应商物料准时交付率提升、品质提高的课题，另外，成本降低也是采购的主要工作。部门课题清单见表3-8。

表3-8　部门课题清单

计划部门的课题有：	采购部门的课题有：
• 减少在制品数量 • 提高日计划按时完成率 • 提高客户交货及时率 • 降低原材料库存 • 优化生产计划流程（如流程操作时间减少、流程周期时间缩短、错误率减少） • 减少异常订单 • 看板拉动项目	• 增加供应商电子看板项目 • 减少采购物料 • 减少供应商数量，增加交货频次，缩短周期时间，减少最小订货量 • 优化辅料采购流程 • 优化主料采购流程 • 降低采购金额（夹具采购金额、辅料采购金额、主物料采购金额、研发试验物料、文具成本）
销售部门的课题有：	• 提高供应商来料品质 • 提高供应商来料及时率 • 优化供应商评选流程
• 销售订单平稳化 • 销售订单输入信息准确化 • 提高客户满意度 • 提高市场占有率	
物流部门的课题有：	
• 减少仓库面积 • 引进第三方物流 • 减少物流时间 • 减少报关时间 • 减少成品装车时间 • 仓库人员递减	• 供应商送货平准化 • 降低空运成本 • 减少呆滞物料 • 减少成品发错率 • 物料齐套供给，缩短周期时间 • 加班工时递减

不同部门有不同的运作流程，每一个流程可能还有二级流程、三级流程或者四级流程。所有的这些流程都是改善的对象。为了防止忽略或者遗忘某些流程，可以用流程梳理（流程盘点）的办法将一个部门的所有的流程都列出来，对没有标准化的流程进行重新制定，考虑哪些流程是改善的重点课题，考虑因素参考如下：

1）流程运行不顺畅，总有问题点出现。
2）客户抱怨多。
3）人员需求大。
4）流程总是不能按时交付所需服务或者产品。
5）领导比较关注的问题（客户关注的问题，投资者关注的问题，员工关注的问题）。
6）与竞争对手比较差距大。
7）流程周期时间长，过程烦琐。
8）流程使用部门抱怨多。
9）复杂的组织机构关系或奇怪的权力结构作用。
10）流程执行严重不统一或流程频繁更改。

也可以从流程中浪费的角度来看，哪些流程存在浪费？如何来消除浪费？浪费大量存在于生产领域，也大量存在于非生产领域。

- 找一找哪里有浪费的步骤和环节，哪些流程或者操作是增值的？哪些是非增值的？
- 看一看自己周围的流程有没有返工问题，如何进一步减少返工？如何一次做对？
- 想一想怎样可以使工作更省时、省力？哪些流程可以自动化？
- 看看文件是否有积压、停滞、等待的环节，这些可以显现化吗？还是就是混在文件堆中，没有人知道清晰的状态？
- 注意一下有无安全隐患。
- 考虑如何改善工作环境，使员工干劲十足、齐心协力。
- 考虑一下如何让关联工序（上下工序）更加满意和顺畅。
- 想一想如何让各工序间的沟通、协调更加有效、顺畅。

用头脑风暴来寻找改善课题

现场作业人员了解流程和懂得流程中的问题，利用头脑风暴可以把问题引导出来。在第一步经常要鼓励相关人员积极提出问题点。在头脑风暴的过程中一定要和员工说清楚，我们是在找问题点，不是找责任，请大家放下思想包袱，不然有些同事可能会想暴露出问题点后，会不会找我的麻烦，我会不会得罪其他人。

通过流程的盘点和作业量的把握来确定改善课题（对象业务），如图3-15所示。梳理业务流程，细化流程、表单，寻找运行状态中的问题点。

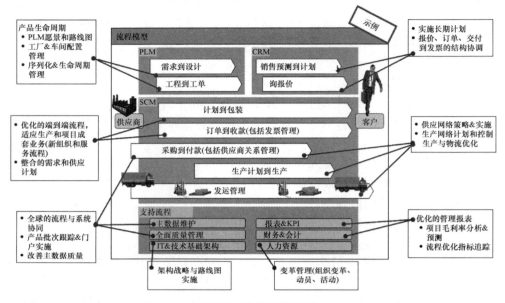

图 3-15　确定改善课题

主题确认方法有：①流程梳理；②从浪费的角度来分析；③用头脑风暴来寻找主题；④寻找运行过程中的问题点。

在办公流程中常见的流程改善项目有：供应商LT、最小订单量（Minimum Order Quantity，MOQ）和准时交货改善；采购库存数量降低、辅料采购流程优化；计划达成率改善、客户交付LT减少和呆滞物料减少；品质部有退货单（Material Reject Bill，MRB）流程优化、来料质量控制（Incoming Quality Control，IQC）漏检率减少、供应商品质提高等；设计部有新产品开发周期减少、开发成本降低、设计变更减少、制造工时减少等；工程部有异常问题及时关闭率改善、夹具设计开发周期减少、SOP完成率改善等。

3.2.2　描述课题背景和目的

前面的内容主要介绍了课题选择，本部分内容就是阐述为什么要做课题，课题相关背景情况、基础信息、流程、制度，以及课题需要达到目标的确认。

1）课题的背景和目的说明。这主要就是介绍为什么做这个课题（见图3-16），课题可能是公司的高层领导要求做的课题，课题有可能来自公司或者部门的KPI，有些课题是为了实现客户的满意度等。不同的目的给人的紧张感不一样，建议将精益办公的改善背景转化为一个非做不可的理由，这样更能推动项目的进行，如竞争对手是三天交货，我们必须要在三天之内交货才能获得客户的订单，或者这个项目是今年 KPI 考核的重点项目等。如果精益办公项目得到了总经理的重视，以及部门各领导的重视，项目的成功性就会变高，本部门可以完成的精益办公项目除外。

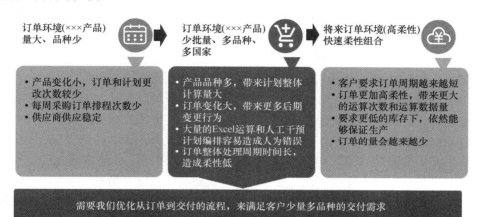

图 3-16　描述课题背景和目的

2）确定改善的范围。项目范围就是课题的宽度，一般在课题选定时也要考虑一下项目的范围，不同的项目范围会引出不同的课题，如新产品导入（New Product Introduction，NPI）项目，如果整个 NPI 作为项目的话，项目会非常大，可以分成不同范围，如 NPI 报价、NPI 设计开发、NPI 样品制作、NPI 产品认证等。将一个大课题切分成几个小课题，分别进行或者是交给不同的团队来负责，也是一个不错的办法。做精益办公项目时，经常会出现最大的障碍很难克服，需要将最大障碍成立一个新的课题，解决后才能顺利地进行原来的课题。例如在做采购按时交货率提高项目时，最大的障碍可能是研发零件没有标准化，造成同样的结构有好几个不同零件，研发零件标准化就成为一个新的课题来执行，不然项目没有办法进行下去。

3）确定改善的基准值、目标值以及项目开始、结束时间。项目改善基准值和目标值是项目进展情况和项目完成值的衡量指标。如果项目没有达到目标值就需要重新审视项目，制订新的项目计划并实施来达到项目的目标值。项目开始时间和项目结束时间是衡量项目的进展情况的依据。项目进行到了哪一步，项目是按时完成还是延迟了，这些都需要比较项目开始时间和结束时间。

如果参加改善活动人员中有外部人员，需要将信息展示给外部人员，这就需要准备相关资料，让外部人员更快速地了解办公流程，能够在后续改善中更容易地发现问题并提出质量更高的解决方案等。外部人员就需要更长的时间来了解基本情况。

3.2.3 现状调查（"三现主义"）

现状调查是所有步骤中最为关键的一步，由于每一个人员只负责流程中的某一段，对于下游流程或者上游流程怎么操作都不熟悉，现状调查后可以很清楚地知道整体的运作，知道上下游需要什么样的配合才能让流程运行顺利，知道流程的瓶颈在哪里，它制约整个流程的效率，知道过程中有什么问题点是阻碍流程工作的，也知道过程中每一个表单的使用条件、目的和意义。

不同的项目现状调查的侧重点不同，如针对品质问题现状调查，会用数据分析中的工具，简单一些的有数据收集表、柏拉图、矩阵图或鱼骨图，复杂一些的可以通过过程能力指数、SPC、方差分析和实验设计（Design of Experiments，DOE）来了解问题的情况。如果是单元线的设计就需要了解整体的流向，包括产品、原材料以及零部件等，需要了解每个设备、仪器或者物料暂存大小，需要了解每一种产品过去的需求数据和未来一年的需求数据，需要了解每个工位的操作时间、品质情况、设备利用率、总工时、搬运人员数量、班长数量以及在制品数量，还需要了解其他辅助道具、不良品放置、Andon 尺寸、运输车、各种信息看板等，才能做好单元线的前期调查工作。

精益办公现状调查就是针对流程，目的是掌握现状的流程是怎么来运作的，流程最好的运行条件是什么，通过什么系统来完成工作，流程是如何在不同人员、不同部门之间进行交接的，流程需要哪些支持文件和相应技能，现有流程运作过程中存在哪些问题点。根据现状来制定一些改善措施进行改善。流程现状调查方式（见图 3-17）如下：

- 通过流程泳道图对业务系统整体进行认识
- 确定工序，提取业务的流动
- 通过布局分析调查物理性流动
- 为了提取业务的流动，要利用票据实物表现原有的实际状态(制作业务过程流动)

图 3-17 流程现状调查方式

1）小组 Gemba Walk。小组 Gemba Walk 是团队成员一起到"流程现场"，察看流程是如何运作的，找出流程中的问题点，应用团队的智慧来发现问题点。团队成员深入流程现场了解流程，流程的步骤是什么？操作人员是谁？流程中的运行指标是什么（处理周期、完成周期时间、工作分配时间、不良率、批量大小、系统故障时间）？流程的输入表单和输出表单是什么？了解流程异常情况或者流程运行过程中困扰的问题点。

2）收集流程文件和表单。流程按照什么程序来运行？与流程文件一致吗？过程中有指导书吗？过程中每一个表单是什么？另外，需要将表单打印出来，以备流程泳道图所使用。流程都会关注流程周期时间，可以跟踪 1~2 个具体运行流程，如某一个订单什么时间接受客户订单，客户订单完成输入系统时间是多少，什么时候转化为生产订单，什么时候进行生产，什么时候完成交货。详细跟踪 1~2 个具体订单就可以了解过程周期时间，从而知道哪个环节花费的时间最长。

3）绘制流程泳道图。绘制泳道图是现状掌握的重要步骤，将调查的流程步骤用图示的方法展示出来，人员据此可以了解整体过程，做到有的放矢，根据流程泳道图说出自己看到的问题点。

调查实际运行流程过程中，可能会出现流程没有任何标准的流程文件，也没有任何作业指导书，或者现实的流程与流程文件上描述的不一致，也可能现实流程要比流程文件上描述的更加复杂，理由是流程文件是根据某些人的意愿编辑出来的，而不是按照真实的流程来编写的。

除了要考虑以上问题，在调研过程中也要充分利用 5W1H 分析法。

为什么需要做这件事？（Why）谁来做？（Who）在什么情况下做了什么事情？（What）怎样才能把流程做好？（How）这个事情何时能完成？（When）流程完成的地点是哪里？（Where）搞明白这几个问题后，调研就可以圆满完成了。由于精益办公的关系，增加了文件、流程条件以及过程决策等几个常用的环节，如图 3-18 所示。

对每一个流程都要回答以下几个问题：

1）Who——谁？包括部门、角色、岗位、负责人、上下游操作人员。

2）What——什么事情？包括完成任务的名称、需要几个步骤、本次调查的目的、业务大流程以及每一个细化的流程。

3）Where——在哪里做的？梳理的业务流程图上，Where 更多表示的是文档或各种系统，用来表示信息化的程度。比如当我们在梳理中发现，有一项登记是用 Excel 而不是业务系统来进行的，那么这里的 Where 就可以表示为 Excel 文档。

4）Document——产生的这份文档的名字，也写出来，代表有文件的传递，而以后要进行信息化时，此份文档也是需要被消除并被系统取代的。（相反，如果这项工作是在某个系统里操作的，Where 就可以写成"人事系统"，文档可以

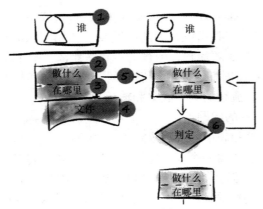

图 3-18　5W1H 分析法

继续存在,即该系统中的表单名称为"员工登记表单"。)

5) Condition——条件。在这种条件下,下一个活动还能够继续,即用逻辑连接线的方式来表示一项活动的输入和输出,指向某个活动的箭头就表示此活动的前置输入条件。

6) Dicision——决策。有些活动会产生一个条件判断,根据不同的判断结果从而走不同的分支流程。比如输入员工信息的时候,可以根据员工之前是否就职过,选择不同的流程,对于已经就职过的,选用之前的工号而不用生成新的工号。

1. 小组 Gemba Walk

小组 Gemba Walk 是整个改善团队成员将三现主义应用到实际工作场所进行的流程观察和问题发现。在绘制泳道图前会先开展小组 Gemba Walk 的活动,以了解流程和发现流程问题点。时常有人会问,公司有流程文件,都是按照流程文件来操作的,没有必要到现场了解运作过程。Gemba Walk 是必需的,虽然流程文件有规定,但是实际过程中的操作都按照文件规定吗?文件上有详细的操作描述,但是不能完全代替操作者的操作,有可能会疏忽或者缺失。另外,当你看完操作过程,也许会有更多的改善灵感,比起流程文件更让人有启发性。程序是单向交流,到现场可以亲自核对,和相关人员进行沟通获取更多的相关信息。

管理者容易忽视现场,认为现场没有任何值得参观学习的地方,认为自己很熟悉流程或者现场,没有必要去,或认为现场应该是下级职员去的地方,自己是负责更加高级的事务。这些都是错误的观点。管理者到现场是为了验证现场,看看是否正常运行,现场情况是否与报告描述的一致,如果不去现场是没有办法进行验证的。更好的管理者到现场能够指出现场的不足之处,然后指引现场运作到更高的层次。管理者到现场还有一个作用就是工作教导,当出现问题后,利用教练技术引导员工如何来一步一步解决问题。Gemba Walk 如图 3-19 所示。总之,多"走动一步",工作才能真正做细,多"走动一步"才能比下属更加了解现场情况。

图 3-19 Gemba Walk

"事情的真相要用双手去掌握,光靠阅读或用眼睛看是无法了解的。"

——丰田汽车公司名誉董事长丰田章一郎

Gemba Walk 管理可以分成以下四个阶段:

1)准备阶段。准备阶段要对相应团队成员开展走动管理培训,让成员了解走动管理的好处及相应的工作办法。另外,在准备阶段还需要制作 Gemba Walk 工作计划,计划包括参加人员、开始时间、结束时间、相应主题和问题发现数量。

精益办公的 Gemba Walk 有两个目的:一是了解实际流程的运行过程,掌握每一个流程的操作步骤;二是能够发现流程中的问题点。在前期做好准备工作,如流程简单介绍,请流程熟悉者介绍流程,可以更加快速地掌握流程。过程中详细分工有时流程长,需要进行分组,小组内也要进行分工,如谁来做询问工作,谁负责拍照和记录问题点,谁来发现过程中的问题点。同时,准备问题发现点检表,帮助大家发现现场的问题点。

2)现场观察。到现场不是随意在现场走一圈就结束,而是要能发现问题、解决问题,帮助员工能够实现更好的工作流程,所以现场观察也是在考验各位团队成员的眼光,能够发现各种各样的阻碍员工操作的问题。当然,现场要构筑好一目了然的目视化管理现场。

在精益办公中,按照流程实施的先后顺序来观察流程情况,找到流程具体操作者,用 5W1H 询问具体的操作过程,同时还得询问过程相关运行指标,如操作时间是多少,完成工作的周期时间是多久,有多少不良返工情况。我们也可以用 Gemba Walk 点检表来发现问题,见表 3-9。

表 3-9　Gemba Walk 点检表

		操作步骤名称					内容
通常	是否选择了正确的方法，并对其进行了培训？						
	是否有一个小组工作信息板（可以连线）并更新了？						
	是否存在改善总体规划？计划能够被跟踪吗？						
	是否有任何行动清单或会议记录？						
第1步	过程定义：过程是否明确定义？						
	是否定义了流程边界、交接、接口人和所有者？						
	定义：谁是客户？谁是供应商？（内部）						
	顾客的要求知道吗？						
	团队是否为每个所有者定义了绩效指标？						
	是否有针对已定义的绩效指标的数据收集系统？						
第2步	是否详细描述了流程中的所有单个活动？						
	是否所有团队成员都参与了描述流程？						
	是否涉及所有流程所有者？他们接受过面谈吗？（亲自来到操作所在的位置）						
	团队是否从开始到结束对这个过程进行了多次观察？						
	每个团队成员是否理解并接受描述的流程？						
	所有表单都是收集的吗？						
	是否所有活动用连线进行连接？是否进行了评估（红色/绿色）？						
第3步	每个人都知道"增值"的定义吗？必须使用哪些标准？						
	所有活动是否都按增值/非增值分类？						
	是否过程中的损失在流程中（红色连接线）？						
	团队是否发现其他问题和损失？						
	指标的计算						
	流程步骤（操作）数						
	文件数量						
	总流程时间						
	工作时间						
	增值时间						
	损失时间						
	不良数量和比例						
第4步	是否定义了当前的最佳标准？						
	所有非价值活动都被消除了吗？						
	是否对仍然存在的问题进行了分析（4M/5W）？是否有对策？						
	是否出现异常（绩效指标跟进）？						

3）改善机会。当发现改善问题后，与现场人员沟通交流确认是否是真正的问题。现场人员长期在现场，是最了解现场的人，有时候会有认识上的偏差，与现场人员的沟通变成一种必要。将发现的问题和解决办法记录到相应的表格中。也可以固定一个指标，就是每个人至少发现三个问题，有了目标才能让大家投入更多精力在发现问题上。

可以用常见的精益办公的浪费来发现问题，也可以用八大浪费来发现问题，还可以从 IE 角度用 ECRS（取消、合并、重排、简化）来发现浪费，如哪些步骤可以消除，哪些步骤可以合并在一起操作，哪些步骤可以进行重排或者简化。

4）过程回顾。现场发现了很多问题，解决办法并不是最优化的，需要重新讨论，所有的问题解决办法需要分配相应责任并进行改善，这些都需要有一个简单的过程回顾。精益办公在 Gemba Walk 以后，需要简单汇总在现场看到的问题点，一起讨论这些真的是问题点吗？这个问题是共性问题吗？你所看到的问题，现场人员觉得是问题吗？假设是问题点，那么解决办法是什么？全体人员对问题进行审视、思考、纠错或者讨论，最后得出来的问题点的质量会很高。所有问题点需要整理成清单，如图 3-20 所示。

追踪号	行动	责任人	动作数	正常开放日期	到期日期	完成(%)	关闭日期	状态	G=追踪 Y=需要注意 R=过期	问题	根本原因	06/03/19
129773	按照图样要求，用激光在部件上做标记	×××	4	5/22/19	7/10/19			开放		无零件标记	只了解装配零件的要求，而不是组件	审查设计并为每个设计规范制订PFMEA和控制计划

图 3-20 问题清单

Gemba Walk 走动管理成功的因素如下：

1）带着问题走动。带着问题去了解情况，和员工沟通才能事半功倍，相反则会浪费时间。如果只是走马观花到现场看一遍，将不会有任何的收获，有时候给自己一个目标看到一个问题点，才能到下一个工序。

2）听取员工的建议或意见。Gemba Walk 的目的就是要了解工作情况，发现问题并纠正。另外就是要和员工多加沟通，沟通是双向的，因此要聆听员工的建议或意见，和他们讨论问题及解决方法，这样员工才能将自己知道的告诉你。

【例1】 假设要调研生产计划实施业务流程，目的是给他们提供减少从接单到生产计划下达周期时间的对策。

在现况的调研中：

1）调研前准备。首先将从接单到计划下达的流程文件进行收集。目的是了解过程实施情况，以备查验流程文件与具体操作过程的出入。

2）调研前，让业务精通者向大家展示一下流程到底是怎样运行的，必要时简单画出流程图，让大家有一个初步印象，也可以根据简单的流程图进行小组分工工作。

3）实地 Gemba Walk 观察和记录（花点时间走一遍业务流程），调研具体流程操作，思考流程所有的步骤是否有更好的办法来完成。

4）收集过程中的所有表单，并跟踪一两个具体订单的执行全过程。

现场调研是通过文件描述流程和实际操作流程的对比，对流程中的问题进行观察和发现。这就需要流程系统观，用流程文件或者简单流程图了解大体枝干，不要切入流程具体细节。用提问的方式来进行发掘，依赖于问题的质量以及提问的技巧。有时会出现对象问题方向错误或提问方式不对的尴尬。最后就是在观察中进行验证，实际流程是否与操作人员描述的一致，或者实际流程是否与流程文件描述的一致。

在提问中经常用到 5W1H 分析法，现在以询问计划人员操作步骤为例来说明过程：

问：你主要负责什么操作？（What）

答：订单评审实施。

问：那么订单都是谁给你的？（Who）

答：我们的销售人员。

问：他们怎样提供给你？（How）

答：销售把客户需要的产品型号、特殊要求、交货数量和交货时间输入系统中。

问：系统订单上都会写什么？（What）

答：产品型号、图纸编号、包装要求、产品工艺要求、订单数量和交货时间。

问：销售系统订单什么时候给出？每天需要处理多少份订单？需要多长时间完成订单评审？（When）

答：销售一有订单就输入系统，然后我一般是每天下午集中处理订单评审工作。一天需要处理 3~6 份订单，销售需要我们在一天之内将订单评审处理完成。

问：如何来进行订单评审流程？（How）

答：首先需要打开系统，将系统订单相关数据导入到 Excel 中，在 Excel 中完成"订单评审表",然后将好的订单评审表格用邮件的方式发给所有相关人员,相关人员填写后打印出来让领导签字就完成了订单评审工作。

问:订单有哪些异常情况出现吗?(What)

答:相关人员经常不能按时将订单评审邮件发出,需要不断地通过电话联系来跟踪进度情况;在订单评审阶段,销售经常会更改相应的客户要求,造成订单需要重新评审;系统不能自动导出"订单评审表",需要导入 Excel 来完成;个别订单由于缺少某些产品参数,需要重新倒回销售,让销售重新确认具体参数,最后影响了订单评审时间。

接下来,让他具体操作一遍,观察流程的操作步骤,对于有疑问的过程,打断他的操作详细地询问,为什么需要操作这个步骤?操作这个步骤的理由是什么?有更好的办法吗?要求他打印一份"订单评审表",以备绘制流程泳道图时使用。最后你选择1~2个具体订单,了解订单输入的时间,完成订单评审的时间,验证是否在一天内完成订单评审,并留下相关资料。询问是掌握办公流程的好办法,一开始你可能不太了解流程,或者不太清楚每一个流程的具体的操作过程,通过询问就可以让流程操作者清晰地介绍整个过程。对于流程中不太理解的地方或者对流程有任何改善想法,也可以及时和他们沟通,进一步验证改善想法的可行性,不会出现改善想法很好,但是实际中根本不可能实施的尴尬。

2. 收集流程文件和表单

收集流程文件和表单可以与 Gemba Walk 归入前一个步骤,经常发现团队成员做 Gemba Walk 时容易把收集流程文件和表单遗漏了,所以单独将其作为一个步骤来说明。它主要是收集流程文件,如流程文件、相关信息,特别是表单,表单在后续分析中成为一个重点,看看表单设置是否合适?上下游的表单是否可以合并或者实现电子流?表单是否可以减少输入项目等?另外一个主要收集的是流程指标,流程指标也是后续分析的重点,如要知道流程中哪一个步骤是瓶颈工位,就需要收集每一个步骤操作时间,为了保证数据的准确性,可能需要用秒表来测量时间,如需要知道流程的返工情况,就需要收集每一个步骤的流程不良数据,有多少不良流程需要返工?返工所造成额外工时是多少?不良的种类是什么么?如果缺少了这部分数据,流程分析是没有办法进行下去的。流程收集信息见表3-10。

3. 绘制流程泳道图

泳道图(Swimming Lane)是精益办公现状调查最好的工具,泳道图有详细的操作步骤,同时展示运行相应表单和指标,帮助我们找出流程中的步骤问题,也可以通过数据分析找出相关问题。流程关注时间进展和时间周期,可以将时间轴刻度加入泳道图中。泳道图与程序流程图画法是一致的,有步骤框、判断框、连接线、部门等,也增加了一些新的内容,如时间轴、过程指标数据、相应的表单和增值/非增值环节的判定。有人会提出疑问，既然它和程序流程图一样，为什么需要重新绘制一遍，还不如将程序流程打印出来？理由是程序流程图和实际操作流程可能不符，所有用 Gemba Walk 收集信息来绘制泳道图，将更加准确和贴合现场运作，如果用不正确的现状程序流程图，改善就变得没有任何意义。泳道图用到的材料也很简单，只需要 A0 白纸或者纸卷来做背景，用便利贴来做步骤框、部门框或者判定框，用 2mm 的色带胶纸来做分割线。泳道图具体应用场景如图 3-21 所示。

表 3-10　流程收集信息

过 程 名 称			
部门	上游过程	下游过程	库存数量
岗位员工数	周期时间/范围	任务频率	完成率或者准确率
过程走动距离	设备正常使用率	处理批量	表单或者程序

注：其他特别事项如转线时间、软件系统、过程问题点、目前困难点。

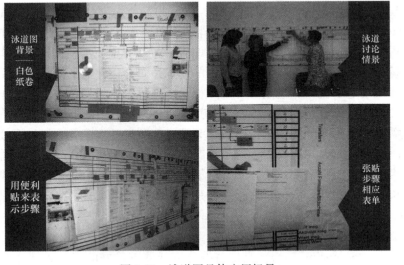

图 3-21　泳道图具体应用场景

第 1 步：列出部门。将所有相关职能部门或者负责人贴在表格左侧，每一列代表一个部门或者一个负责人（见图 3-22）。部门用不相同的便利贴来进行标识，如果某个部门的流程多或者有几个职能模块，可以几个职能模块占相应的列数。通常情况下需要预留 2~3 空列，以便于绘制后期需要增加新的部门，有多余的空间可以进行补充。泳道图可以横排，也可以纵排。如果流程比较复杂而部门少，则可以用横排的方式；如果部门多而流程相对简单，则可以用纵排的方式。

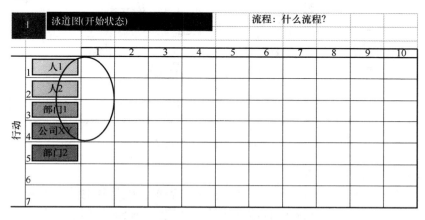

图 3-22　泳道图绘制 1

第 2 步：张贴操作步骤。按照流程顺序在泳道图中贴上每一个流程操作步骤，第一列的数值 1、2、3、4…代表流程操作顺序，也可以是时间轴，为了更好地跟踪流程的运行时间，可以将数值改为天数，如第 1 天、第 2 天……代表流程运作周期时间（见图 3-23）。一般建议用天数，有一个时间线来展示流程每一个步骤的操作时间。

另外一个问题是一张便利贴代表多大范围的流程，如一张便利贴可以代表订单给供应商的过程，也可以代表出具订单过程中的小步骤，可能是生成物料需求计划、需求批准、产成订单、订单批准、发邮件给供应商，也可能代表生产订单中的某个操作环节，如打开 ERP 系统，输入账号，运行订单生产命令，生产订单，保存提交。正常情况下，一般用三级文件的流程步骤来做参照标准。泳道图中一般有 30~60 个操作步骤是比较合适的，太少的操作步骤流程比较粗糙，很难发现问题点，太多的操作步骤很难看清流程全貌，陷入流程细节中，过多操作步骤建议拆分成两个泳道图。

流程中如果需要判断选择的请用菱形符号来代表，如果有相应的文件可以用单独颜色的便利贴或者菱形的便利贴来表示。流程中的一些符号可以根据企业来定义，也就是什么符号代表什么意思，形成规定后整理成企业的统一标准，便于

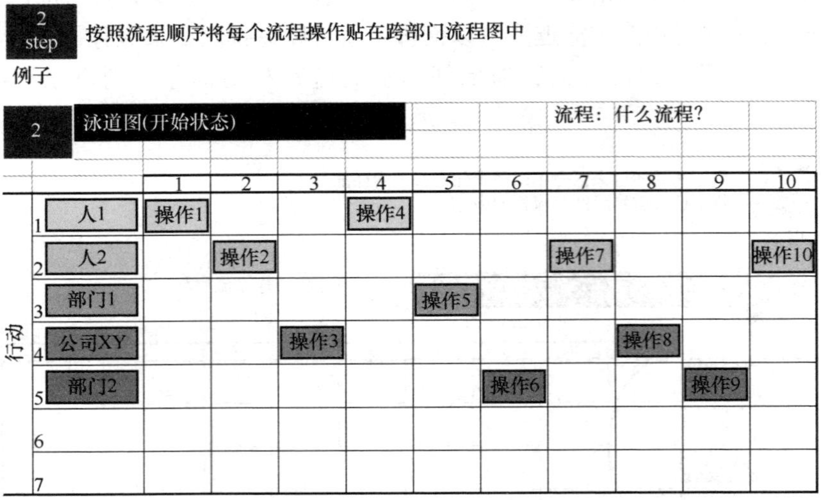

step 2 按照流程顺序将每个流程操作贴在跨部门流程图中
例子

图 3-23 泳道图绘制 2

企业人员都能看懂泳道图。

第 3 步：相应的表单。流程中会有很多的表单，或是其他的输入或者输出文件，表单能让我们看到流程中表格设计是否合理，是否考虑到了每个部门的使用便利性，是否有信息遗失或者缺少。一个流程的好坏不仅和流程的顺序和步骤有关，还和流程中用到的表单有关。"执行就是流程加表单"，很遗憾的是，很多企业对于表单处于一种忽视的状态。好用的表单是需要进行不断 PDCA 改善的，过程中针对问题点不断地进行优化和改善，才能成为一张好用的表单。另外，除了表单，还可以看看部门衔接工作是否顺畅，是否有数据重复加工处理，以及输入信息和输出信息是否准确且是否及时传递给工作人员。

将表单提前在 Gemba Walk 时收集好，张贴在相应的表格区域，有时会给表单编一个号，便于索引和查找，或者用颜色线进行连接（见图 3-24）。除了上面的描述以外，表单审核的内容还有：①表单的交接手次数，交接手次数越多代表流程更加烦琐和复杂；②表单需要填写的数据是否必需，经常有一些表单收集了不需要的数据；③表单的格式是否合适，上下游客户收到这张表单，是否能够利用好表单内的数据；④表单是否可以转为电子流，可以减少纸张和文件传递工作。

第 4 步：增加流程连接线。用连接线将流程操作步骤连接起来，有些流程连线会出现交叉情况，则用半圆形符号表示不相连。连接线需要带上箭头，这样能够清晰表明流程流向，连接线可以用手工绘制或者贴上电工胶布表示连接线。手工绘制时用直尺来绘制会显得工整。不同颜色的线条代表不同的含义，绿色表示

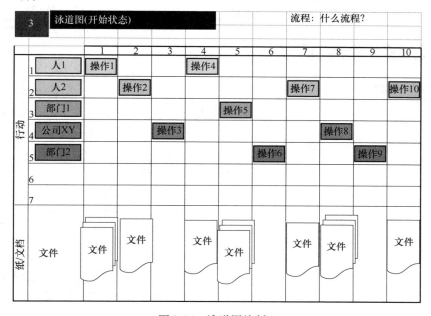

图 3-24 泳道图绘制 3

及时、充足、很少变异的流程,红色表示信息不够、不正确、不清晰、超时(返工多)的流程,如图 3-25 所示。

第 5 步:划分出增值过程和非增值过程。流程的操作步骤可以分为增值过程、非增值过程和浪费过程。

与生产领域的判定方法一致,即根据增值的定义来判定是否增值。在生产领域,增值要同时满足以下几个要求:

1)客户愿意付钱。

2)发生形变、装配、性能变化。

3)一次就做对且用最小的消耗完成。

在办公领域也是要同时满足上面的要求才能界定为增值,只是第二点针对非生产领域有些调整,因为办公室很难发生操作能使产品形变或者装配,改为信息加工或者提供给客户服务。

1)客户愿意付钱。

2)发生信息加工、服务、性能变化。

3)一次就做对且用最小的消耗完成。

例如,设计研发是一个增值的环节,因为研发过程可以产生新的功能,而客

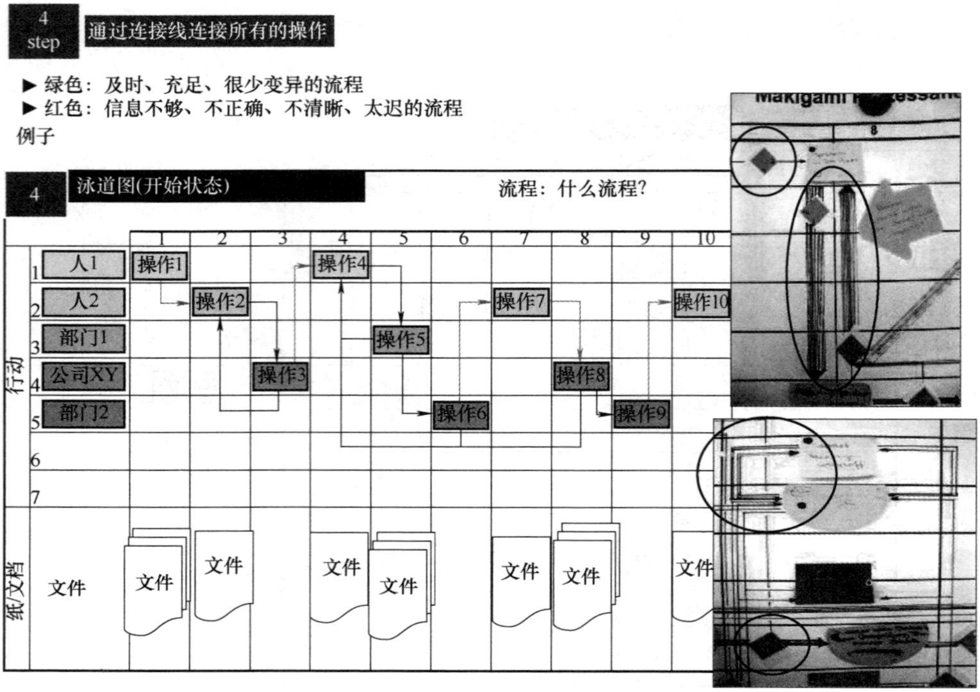

| 4 step | 通过连接线连接所有的操作 |

► 绿色：及时、充足、很少变异的流程
► 红色：信息不够、不正确、不清晰、太迟的流程
例子

图 3-25　泳道图绘制 4

户愿意付钱购买。有些环节虽然有信息加工，但是客户不愿意付钱，我们依然认为是不增值的，如排生产日计划是由信息加工，但是客户不会因为多排几个计划就支付金钱，所以认定排生产日计划是非增值的，理由是没有增值的环节产生。

除了增值过程，还存在非增值过程。非增值过程没有创造出客户认同的价值，但是为了支持经营需要而不得不存在的活动。企业大部分的活动为此类活动，如研发部样品开发是公司常见的活动，只有将样品制作出来才是增值的，其余的样品企划、样品可靠性论证、产品包装美化、样品采购都是属于非增值的活动。

既不属于增值活动，也不属于非增值活动，就是浪费活动。浪费活动典型的就是第 1 章提到的八种浪费。在泳道图中可以用绿色代表增值，红色代表浪费，如图 3-26 所示。

第 6 步：增加流程指标。流程指标用来衡量流程运行效率，分析流程中的问题点，判定流程改善前后效果，对标优秀企业了解差距。只有程序流程表单，根本无法进行下一步问题点发现和后面的改善，只有通过数据来说话，这样才有足够的说服力来证明过程中有很多的问题，需要全体成员进行改善。

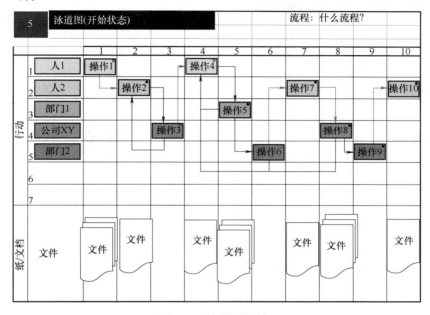

图 3-26 泳道图绘制 5

（注：图中○表示红点，•表示绿点，下同。）

流程的指标分为流程操作次数、流程处理人数量、文件数量、表单数量、操作过程周期时间、过程真正操作时间、有效时间、无效时间及过程合格率等，如图 3-27 所示。

到此，流程泳道图就完成了。泳道图切忌一个人单独绘制，全体团队成员一起完成才有意义，使得团队成员更有参与感和成就感。当大家一起把泳道图绘制完成后，自豪感会油然而生：原来自己操作的流程是这样的，如此复杂的流程也被我绘制出来了。

3.2.4 问题点归纳

不同的人有不同的看待事物和问题的角度，发现问题的能力也各有差异，不尽相同。有些人对于问题发现敏锐，有些可能就不太擅长。发现问题需要具备敏锐的观察力，具有敏锐的观察力需要以下条件：

| 6 step | 计算跨部门流程指标 |

▶ 操作步骤次数：流程中操作次数
▶ 文件数量：操作过程中文件总数量
▶ 处理人数量：多少个人处理流程

例子

6	泳道图(开始状态)											流程：什么流程？		# 交接	# 步骤
		1	2	3	4	5	6	7	8	9	10				
行动	1 人1	操作1			操作4									2	2
	2 人2		操作2					操作7			操作10			2	3
	3 部门1					操作5								1	1
	4 公司XY			操作3					操作8					2	2
	5 部门2						操作6			操作9				2	2
	6														
纸/文档		文件	文件	文件	文件	文件		文件	文件	文件			13	文件数量	

图 3-27　泳道图绘制 6

1）具有责任感。具有责任感的人往往不给自己寻找做错事的借口，发现问题成功率高。管理者有责任为下属树立榜样，起表率作用。

2）对工作认真。具备责任感，对工作认真，不仅努力学习专业知识，也注重涉猎相关非专业知识。

3）加强专业能力。具有过硬的专业能力，才能懂得如何具体用更加专业的能力来发现问题点。

4）广阔的视野，多学科知识。完整的知识体系是出色的观察者必不可少的，除了专业知识，其他方面的知识也应该尽力拓展，具备丰富知识的管理者更善于发现问题，并灵活处理问题。

5）不受常识左右。常识主要是指不易受思维定式或者现有的观念阻碍，逆向思维和辩证思维充分应用；具有发现、解决各种问题的经验。

简单问题发现是利用经验和常识，觉得流程的操作方法和原来待过企业的流程不一样，或者察觉到流程奇怪的地方，原来的流程不是如此操作的，旧流程操作效率更高。原流程没有此步骤，为什么现在流程会多出这个步骤？这是过程中发现问题的办法，对比好的流程，从差异中找出问题点。发现问题的能力可以通过后期强化训练来提高，只要多想、多看、多提问题、自我体会和学习就可以提高。

当然，你也可以借助一些方式来发现问题点。发现问题点有很多方式，现在介绍几种来提高大家发现问题点的水平。

1. 用5W1H分析法发现问题点

大家都知道5W1H分析法是较好地了解现状的工具，其实5W1H也是发现问题的一个有效方法，针对流程操作步骤，将5W1H的所有问题点问完，过程中的问题点就都浮现出来了。这种办法在非生产领域同时适用，5W1H分析法见表3-11。

表3-11　5W1H分析法1

5W1H	问　　题
人（Who）	1. 谁做的？2. 谁正在做？3. 该谁做？4. 还有谁能做？5. 还有谁该做？6. 谁是最合适做这项工作的？
事（What）	1. 要做什么？2. 已经做了什么？3. 应该完成什么？4. 还能做什么？5. 还该做什么？6. 产生哪些浪费？
地点（Where）	1. 要在哪里做？2. 在哪里完成的？3. 该在哪里完成？4. 还可以在哪里做？5. 还该在哪里做？6. 哪里产生浪费？
时间（When）	1. 什么时候做？2. 什么时候完成的？3. 该在什么时候完成？4. 还该在什么时候完成？5. 为什么在那个时间做？6. 在时间上有任何浪费吗？
理由（Why）	1. 为什么是他做？2. 为什么要做？3. 为什么在那里做？4. 为什么那样做？5. 在思考上有任何浪费吗？
如何（How）	1. 要如何做？2. 是如何完成的？3. 该如何完成？4. 这套方法还能用在别的地方吗？5. 还有别的方法吗？

如果觉得上面的问题太多可以进行简化，针对每一个流程步骤问完下面的问题，你就可以找出相应的问题，简单但是相当有效的工具，也不需要过多的学习和操作经验。

1）What？流程做了什么？完成了哪些工作？
2）Who？谁来做这个流程？谁是最适合做这个流程的？
3）Where？在哪里完成这个流程工作？还有更好的工作地点吗？
4）When？流程什么时候开始？什么时候结束？可以缩短时间吗？
5）Why？为什么要这样做？为什么要他来做？为什么需要这个时间？
6）How？还有别的更好的改善方法？

换一种提问的方式，可以给出新的思维。下面是另外一种提问的方式，见表3-12。

表 3-12　5W1H 分析法 2

5W1H	现　状	为 什 么	改　善
目的（Why）	为何做	有无必要性	理由是否充分
对象（What）	做什么	为什么要做这个	能否干别的
地点（Where）	何处做	为什么在此处干	能否换个更好的地点
时间（When）	何时做	为什么在这时干	能否换个更好的时间
人员（Who）	由谁做	为什么由他干	能否换别人干更好
方法（How）	如何做	为什么这样干	能否有更好的办法

实际运用时，可参照 5W1H 分析法。第一次分析，从六个方面分析现实的状况；第二次分析，从六个方面进一步问为什么；第三次分析，从六个方面考虑能否有更好的方案，能否有替代的办法，从而找到进一步深入改进的方向，才能有针对性地解决问题。

【例2】　图书馆垃圾清理

图书馆是个大集体，是学习的集中区。在图书馆自习室学习，学生会带很多吃的、喝的东西，然而在离开后却不记得带走放入垃圾桶，包括一些草稿用的纸张也任意丢在桌上，给清洁人员带来很多麻烦，如何快速合理地打扫自习室成为一大难题。为此，改善小组进行了深入讨论。

应用 5W1H 分析法分析问题，见表 3-13。

表 3-13　5W1H 分析法 3

考察点	第一次提问	第二次提问	第三次提问
目的	为何做：营造一个良好的学习环境	为什么要这样做：使学生有个干净舒适的地方学习	是否不需要做：非常需要
对象	做什么：打扫自习室	是否必要：有必要	有无其他更合适的对象：无
地点	何处做：两个自习阅览室	为何要在此处做：此处人多垃圾多	有无其他更合适的地点：没有
时间	何时做：每天都要打扫清理，上午九点、晚上八点	为何需要此时做：此时员工上下班	有无其他更合适的时间：有，在学生未到之前或离开以后，这样就不会打扰学生
人员	由谁做：清洁工	为何需要此人做：她们的本职工作	有无其他更合适的人：自习的学生自己打扫或者勤工俭学的学生来打扫
方法	如何做：最好是不产生垃圾	为何需要这样做：这样节省时间	如何不产生垃圾：每一个学生自我清理垃圾后才离开自习室

解决办法如下：

1）在每个桌子边缘安一个装垃圾的框子。

2）在桌子上粘贴精致的小纸条，写上"同学，你忘东西了吗？"
3）招聘学生志愿者周末打扫图书馆自习室。
4）在全校组织召开一个以"图书馆自习室卫生"为主题的团会。
5）进行校园调查，以调查问卷的形式提醒同学们在图书馆时注意卫生。
6）每一个学生自我清理完卫生后才离开自习室，老师定期监控执行情况。

2. 通过检查清单发现问题点

在工厂里寻找现场的八大浪费时，会用一张检查清单来帮助大家发现现场的八大浪费，在现场对照问题检查清单。如果操作是清单上列出的，那么就是一种浪费（问题点），在寻找流程中的浪费时，也会用到这种办法来发现问题点。检查清单如图3-28所示。

主要问题点	损失的种类	损失的定义
1. 获得客户满意 　是否在提供有价值的物品或服务？ • 向客户提供价值的明确化与融入工作 • 客户满意度的确认与要因的明确化，以及改善的实施	没有计划造成的损失 等待指示造成的损失 信息不全的损失 无用作业的损失 部门间隔阂带来的损失 重复作业造成的损失 转抄作业带来的损失 交期延误带来的损失 速度低下造成的损失 过程周期时间的损失 搬运的损失 布局的损失 标准化滞后的损失 文件整理的损失 检查作业的损失	没有确定工作的顺序 等候其他部门或者其他人的指示 信息没有传递充分 进行一些没有必要的作业 部门间的鸿沟造成工作的不均衡 同样的作业在其他部门也在进行 同样的信息也誊抄在其他单据上 无法遵守指定的日期 操作工程中被上司叫走等造成中断 作业效率低下造成过程周期时间加长 拿着文件到不同位置批签 布局不合理造成走动距离长 没有工作手册，造成同样的业务做法因人而异 文件查找 多次检查
2. 业务效率的追求 　确保了业务的效率吗？ • 多余业务流程的削减（削减用人工数）、标准化 • 导入更高效率的设备、作业方法 • 业务每一个操作步骤是否优化，流程文件积压时间减少	技能的损失 多能化方面的损失 支援/受援方面的损失	工作不熟练，花费时间过多 本人不在的话无法进行该项作业 自己虽然闲着但是帮不了别人
3. 提高人与组织的能力 　工作是否均衡？在维持和提高工作的品质吗？ • 学会必要的技术、知识、技能 • 人材培养的机制[特别是在工作现场内教育培训(on the Job Training，OJT)] • 组织、流程设置不合理造成的问题点	决策的损失 会议的损失 互相沟通的损失 盖章的损失 失误的损失 精度的损失 返工的损失 事后处理的损失 手工作业的损失	决策缓慢 不能遵守会议的开始时间和结束时间 沟通不畅 永远都不清楚到底采用还是不采用 判断失误或者作业失误频繁发生 缺乏作业的正确性 总是在返工 工作向后拖一天 能够实现OA化但是依然在进行手工作业
4. 信息基础的充实 　工作所需的信息在必要时能获取吗？ • 建立信息实时共享机制 • 各种原因造成的不良品		

图3-28　检查清单

3. 用头脑风暴法发现问题点

头脑风暴法是现代创造学奠基人美国奥斯本提出的，是一种创造能力的集体训练法。它把一个组的全体成员组织在一起，使每个成员都毫无顾忌地发表自己的观念，既不怕别人的讥讽，也不怕别人的批评和指责，是一个使每个人都能提出大量新观念、创造性地解决问题的有效方法。

头脑风暴法用于收集意见和问题点及制定相应的改善解决方案（见图3-29）。

图 3-29　头脑风暴法

头脑风暴法的具体操作如下：

（1）召集有关人员　参加的人员可以是同一行业的专家，也可以是不同行业的人员，甚至可以是毫不相关的人员。人数最好在7~10个。

（2）选择一个合格的主持人　主持头脑风暴法的主持人应该具备下列条件：

1）了解召集的目的。

2）掌握头脑风暴法的原则。

3）善于引导大家思考和发表观点。

4）自己不发表倾向性观点。

5）善于阻止相互间的评价和批评。

主持人应懂得各种创造思维和技法，会前要向与会者重申会议应严守的原则和纪律，善于激发成员思考，使场面轻松活跃而又不失头脑风暴的规则；可轮流发言，每轮每人简明扼要地说清楚一个创意设想，避免形成辩论会和发言不均；要以赏识、激励的词句语气和微笑点头的行为语言，鼓励与会者多出设想，如说"对，就是这样！""太棒了！""好主意！这一点对开阔思路很有好处！"等；禁止使用下面的话语："这点别人已说过了！""实际情况会怎样呢？""请解释一下你的意思""就这一点有用""我不赞赏那种观点"等；经常强调设想的数量，比如平均3min内要发表10个设想。

遇到人皆技穷、出现短暂停滞时，主持人可采取一些措施，如休息几分钟，自选休息方法，散步、唱歌、喝水等，再进行几轮头脑风暴，或发给每人一张与问题无关的图画，要求讲出从图画中所获得的灵感。根据课题和实际情况需要，引导大家掀起一次又一次头脑风暴的"激波"。例如，课题是某产品的进一步开发，可以从产品改进配方思考作为第一激波、从降低成本思考作为第二激波、从扩大销售思考作为第三激波等。又如，对某一问题解决方案的讨论，引导大家掀起"设想开发"的激波，及时抓住"拐点"，适时引导进入"设想论证"的激波。

要掌握好时间，会议持续1h左右，形成的设想应不少于100种。但最好的设想往往是会议要结束时提出的，因此，预定结束的时间到了可以根据情况再延长5min，这是人们容易提出好的设想的时候。在1min时间里再没有新主意、新观点出现时，头脑风暴会议可宣布结束或告一段落。

（3）选择一个舒适的地点　选择的地点应该具备下列条件：

1）一间温度适宜、安静、光线柔和的办公室或会议室。

2）严禁电话或来人干扰。

3）有一台性能良好的录音机。

4）有一块白板或白纸夹板，以及相应的书写工具。

（4）召集人宣布会议开始　召集人在会议开始时要澄清目的，拟定待解决的问题和会议规则（如相互之间不评论等），让每个人考虑10min。

（5）注意事项　在头脑风暴中应注意以下几点：

1）尽可能使每个人把各种方案讲出来，不管这个方案听起来多么可笑或不切实际。

2）要求每个人对自己讲出来的方案简单说明一下。

3）鼓励由他人的方案引出新的方案。

4）对全过程录音。

5）把每一种方案写在白板上，使每个人都能看见，以利于激发出新的方案。

（6）结束　头脑风暴时间一般不要超过60min，结束时对每一位参与者表示感谢。

（7）基本原则　奥斯本认为在创造力激发的过程中，关键的是"设想发现"这一步，而正是根据这一步，他才提出了头脑风暴法。这一方法包括两条基本原理和四项指导原则。其中，两条基本原理是：

1）推迟评价。这要求参与者自由发挥想象，各抒己见，不要顾虑群体中的其他人的任何非难。各种评论可以使想法更趋完善，但它不利于思想的自由发挥。

2）数量产生质量。根据联想主义者心理学，我们的思维具有等级结构，处在支配地位的是我们司空见惯的习惯性思维。为了真正产生新设想，我们必须打破这些传统思维的束缚。奥斯本说，要做到这一点，只有尽可能地多产生一些设想。

头脑风暴法的四项指导原则是：

1）力排所有干扰。绝对禁止批评，即使是荒诞或错误的想法。领导有责任采取一些措施来确保这一点，哪怕是轻声嘲笑或扬眉毛都应该禁止。

2）欢迎随心所欲。鼓励自由畅想，构思越新奇越好，越自由越好，没有任何限制。主持人应该对参与者表示鼓励，让他们畅所欲言，提出分歧的意见和其他思路。

3）数量要多。追求构想数量，多多益善。无论如何都不要放慢会议的节奏

（比如花费时间整理记录，使思路更完整清晰等）。会议结束时，群体人数要与设想的数量做比较。

4）寻求配合不断完善。要求借题发挥，顺着别人的思路进行扩展。领导要能使每个人都认真听取其他人的意见，然后对设想进行完善补充，使其进入能开发或者应用的阶段。

头脑风暴法可以用在泳道图绘制完，团队成员一人拿几张便利贴，把发现的问题记录在贴纸上，然后一轮一轮地发表自己看到的问题，如果发表者有激发你的新的想法，马上记录下来，这样可以发现很多流程问题。

4. 用精益办公七步法发现问题点

精益办公七步法是按照一定的逻辑顺序来发现问题点的，每一个步骤集中进行消除一个浪费，到了7步之后就可以实现一个改善优化的流程，如图3-30所示。

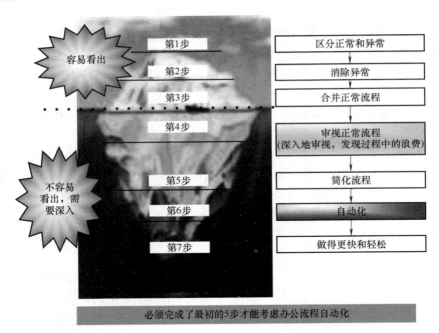

图3-30 精益办公七步法

（1）区分正常和异常 与快速换模（SMED）思路类似，快速换模中需要区分外部作业和内部作业，然后将外部作业的工作移到换模前进行准备。在办公流程中也有正常作业和异常作业，有些异常作业可能会严重影响正常工作，如采购中的异常，没有准时交货，需要耗费大量的工作时间来处理，和供应商不断地确认最早的交货时间，与生产进行沟通是否这个最早交货日期满足生产需要，为了加快整个流程，需要催促相关部门加快工作，如仓库加快入仓，来料质量控制

（IQC）加快检验、仓库加快发料等。可能正常的交货处理只用 5min，但是针对异常的处理可能要 2~3h。另外，办公流程中随时可以见到各种异常情况，如来料异常处理，缺少客户要求信息使研发重新设计，客户报价信息缺少造成几个部门不断返工，领导没有及时签批造成进度延迟等，这些异常都是问题点。

（2）消除异常　区分异常情况的目的就是消除异常，消除异常时常用 5why 分析法或者鱼骨图进行原因分析，能更好地找出根本原因，为什么供应商不能按时交货？供应商延期交货能否提前通知我们？对供应商的交付水平有定期考核吗？供应商的流程是否有问题？供应商的生产流程是否有问题？我们和供应商的信息传递流程是否有异常？对异常不断地深入了解就能更好地简单高效地得出消除异常的办法。

（3）合并正常流程　将异常流程删除后，流程上的操作时间也会大量减少，会出现有些流程更适合在别的岗位上操作的情况，这时就要考虑重新合并和重新分配任务。类似于生产线生产平衡，重新安排每一个操作人员的工作内容，使之达到节拍时间。

（4）审视正常流程　审视流程主要是找出过程的浪费，可以划分出流程哪些操作是增值，哪些是非增值的，哪些是浪费的，可以用提问的形式来发现问题点，可以用问题检查清单发现问题点或者用头脑风暴法发现问题点。

"发现问题"需要一定程度的"欲望"。你必须不停地思考，永远不满足于对某个当前的状态，认为现状是最差的、最应该进行改善的。你必须具备探索疑难问题的能力，这些问题可能会对传统知识形成挑战。例如，有专家认为某个具体的问题已经解决，并提出该问题解决的理论，你必须拒绝迎合专家。也许最为重要的是，有着强烈求知欲的人会不断地学习新事物，对新鲜事物永远充满好奇，不断发现新的情况、冒出新的想法。

"初学者眼中凡事皆有可能，行家心中可行之途无多。"

——日本禅师铃木俊隆（Shunryu Suzuki）

（5）简化流程　烦琐的流程会增加操作的时间和周期时间，经常用 5why 分析法来分析每一个步骤存在的目的和价值，对于一些没有意义和价值的流程用消除的办法来减少操作步骤。

在工作中经常会发现几个问题：①很多人在工作离职交接时，仅仅是把流程告诉了别人，但是却并未把这项流程的原因告诉别人，结果是流程一直在执行，执行流程的人却不知道流程存在的价值和意义；②部分员工以消磨怠工的态度滥用流程来打发时间，而不是真正为了取得成果，结果是电话、邮件来回"飞"，仅仅是为了一件没有意义的事，即所谓的"瞎忙"；③员工和上级领导都陷入了过度流程的陷阱，曲解了流程的真正含义，导致签字成为流程中不可或缺的因素，注意力放在了流程的完整性上，而忽略了真正需要监督、审核和决策的部分。

流程不可缺，但是绝不可滥用，必须在以目标实现为前提下仔细分析流程的流转途径和成本与收益。观点是流程应尽可能简化，在遵守法律、符合道德准则以及不损害组织和个人利益的前提下，流程应力求简单。即使达不到最简单，也应力求更简单。流程的产生本就是简化，若流程使人人忙于流程完整而忽略了工作本身，那么这样的流程宁可不要。举例而言，如果电子系统上线，汇总工作完全可以通过电子系统形成，那么人工制作的汇总就没有存在的价值了，完全可以摒弃；若一项也已发生的费用在使用前已获得最高领导同意，使用和报销过程也符合规定，那么报销时是否批到下面的某个主管就可以了呢？分公司有完整的人力资源部时，劳动合同的签订与管理工作是否可以下放给分公司的人力资源部，而不是统归总部。只要我们跳出日常工作的圈子，仔细思考一下某个流程的目的，反思现状，就可以发现很多工作是可以继续简化的，很多流程是可以摒弃不用的。

（6）自动化　繁忙的工作，不但浪费工作人员的时间，而且会增加人员的工作量，再加上烦琐的工作流程，如果工作人员稍有疏忽，轻则重新做工作，重则会导致企业流失资金。企业中经常会有数据处理的工作，少量的数据表单用 Office 软件处理还是足够的，一旦数据量多达几百或者上千条，无论筛选、查阅还是替换数据，往往都要大大浪费人力和时间，而且更加容易出现错误。为了避免出现这种事倍功半的情况，提高企业员工办事效率，就可以考虑自动化的手段，如 ERP、OA、CRM、SCM、PLM、PDM 等管理信息系统。让计算机来处理大量复杂的数据计算和自动搬运相应的信息。

（7）做得更快和轻松　做好前面 6 个步骤的工作，到了第 7 步就是精益求精的阶段，进一步考虑有什么可以使工作更快和轻松。为了配合精益办公七步法发现问题点，我们特意设计了一个七步法表单（见表 3-14）来帮助更好地完成上面的步骤。

七步法表单填写规则如下：

① 七步法步骤。列出每一个步骤提醒操作内容。

② 基本表头部分。填写项目名称，如采购订单周期减少或图纸审核时间减少等。部门/区域指的是调整的部门或者区域，可以用斜杠来区分。最后填写时间和制作人。

③ 任务。任务指的是流程的操作步骤，流程可以分成不同的步骤来进行，将每一个步骤填写在表单中。

④ 时间。时间一般都是用秒表进行测量，单位可以是秒、分钟、小时、天，不同流程的时间单位会有所不同。

⑤ 七步法分七个步骤将所有的任务都考虑了一遍，避免遗漏每一个环节。

步骤 1　判定任务是否正常或者异常。正常则标注 N（Normal），异常则标注

第3章 如何实施办公流程改善

表3-14 七步法表单

项目名称								制作人	
序号	任务	部门/区域	时间 s/min	步骤1 (N/AB)	步骤2 时间	步骤3 (C#)	步骤4 时间	步骤5 (S#)	步骤6 (A#)	步骤7 时间	备注
1											
2											
3											
4											
5											
6											
7											
8											
9											
10											
11											
12											
13											
14											
15											
16											
17											
18											
19											
20											
21							0			0	0

七步法步骤：步骤1：区分异常正常；步骤2：消除异常；步骤3：合并正常；步骤4：回归正常；步骤5：简化流程；步骤6：自动化；步骤7：加速/简易化

基本表头部分：① 七步法步骤 ② 办公室改善的7个步骤

③ 所有流程的操作步骤都填入
④ 填入每一个步骤时间，单位是秒或者分钟
⑤ 步骤1 是否正常或者异常，正常则标注N，异常则标注AB
步骤2 异常是否可以消除，是则标注×，否则标注时间
步骤3 判定是否可合并，是则标注×，否则标注时间
步骤4 标注合并后流程的时间，统计合并后总时间
步骤5 判定工序是否可简化，是则填写简化后的时间并标成黄色，否则标注原有时间
步骤6 工序是否自动化，是则填写实施后的时间并标注黄色，否则标注原有时间
步骤7 加速、简易化工序是否可加速、简易化，是则填写实施后的时间并标成黄色，否则标注原有时间
⑥ 填写相关备注
⑦ 汇总每一个步骤时间

注：N—正常；AB—不正常；C#—合并；S—简化；A#—自动化。下同。

AB（Abnormal）。正常步骤为第一次做对、连续不中断的流程并且产生价值的任务。而异常的任务包含多次反复沟通、不符合要求的交付、等待、不必要的动作、无效的移动、搬运或者文件堆积等。

步骤2　消除异常。在前面步骤的基础上，进一步确认异常是否可以消除，不是所有的异常都可以消除，对于能够消除的用×来表示，不能做出改善的则将时间标注出来。

步骤3　判定是否可以合并。可以合并任务的标注×，不能合并的标注时间，合并考虑减少传递次数、减少任务交接次数和一个操作中完成两个动作。

步骤4　回归正常。考虑哪些任务可以并行作业，同时标注合并后流程的时间（统计合并后总时间）。

步骤5　简化流程。判定工序是否可简化，如果可以进行简化，则填写简化后的时间并标注成黄色；如果不能简化则标注原有时间。简化考虑减少不必要的操作、优化操作方法、提供更精确的信息或者利用函数来简化计算等。

步骤6　自动化。使用简易有效的系统或者与现有系统结合，让流程电子化和信息化，可以实现自动化，填写实施后的时间并标注成黄色，如果不能则标注原有时间。

步骤7　加速/简易化。判定流程是否做得更快和轻松，如果是则填写实施后的时间并标注成黄色，如果否则标注原有时间。

⑥ 备注。将任务需要标注的地方或者提示的内容记录下来。

⑦ 汇总所有步骤的时间。

完成好的七步法表单见表3-15，我们看到改善后操作时间是逐渐下降的，表明改善是有实质性进步的。

上述四种发现问题的方式，可以自由选择进行应用，也可以组合起来使用，如在头脑风暴中加入精益办公七步法来发现问题点，也是没有问题的。

3.2.5　确定改善改革方案

所有的问题都已经整理出来后，就需要制定改善方案（见图3-31）。检讨对策是根据原因解析结果，将解决问题的初步思路具体化，同时评估其现实可行性。这点非常重要，对策不能只是空想不切实际的方案，还必须得到大家一致的认可，考虑效果、经济性、实施难易度等。比如，某零件箱包装零件数量少，导致箱数过多，经过与供应商研讨，对方首先提出了少改动现有包装的希望（出于减少重复投资的考虑）。最后权衡利弊，将对策定为原有包装材料不变，将4件/箱变更为8件/箱，方法是零件一正一反倒扣放置，原内包装的隔板也不需要改变，装箱数量却提高了1倍。方案得到了供应商和本方领导的充分认同，所以很快就付诸实施了。

表 3-15 七步法表单案例

步骤1: 区分异常/正常	步骤2: 消除异常	步骤3: 合并正常	步骤4: 回归正常	步骤5: 简化流程	步骤6: 自动化	步骤7: 加速/简易化

序号	任务	时间 s/min	步骤1 (N/AB)	步骤2 时间	步骤3 (C#)	步骤4 时间	步骤5 (S)	步骤6 (A#)	步骤7 时间
1	填写计算机申请单	10	N	10	C1	2905	2905	2510	1810
2	拿到部门经理处审批	1440	AB	1440	C1	×	×	×	×
3	部门经理审核申请并签字	5	N	5	C1	×	×	×	×
4	将申请单交到MIS部门	1440	AB	1440	C1	×	×	×	×
5	MIS去机房查看计算机的库存状态	15	AB	×	×	×	×	×	×
6	如果有库存, 则关闭申请单	10	N	10	C1	×	×	×	×
7	如果有库存, 记录该计算机的生产编号(PN)	15	N	15	15	15	5	5	5
8	如果没有库存, 则提交PR单(项目评审)	20	N	20	C2	3765	2100	1570	25
9	将PR单交给采购部	1440	AB	1440	C2	×	×	×	×
10	采购部处理PR单并寻找对应供应商	2275	AB	2275	C2	×	×	×	×
11	采购部开PO单(订单)给供应商	30	N	30	C2	×	×	×	×
12	供应商与采购部确认PO单	180	AB	×	×	×	×	×	×
13	供应商建立送货单并准备计算机	4320	AB	4320	4320	4320	1440	1440	1440
14	供应商送计算机到收货仓	180	N	180	C3	195	180	180	180
15	收货仓接收计算机	5	N	5	C3	×	×	×	×
16	收货员发送邮件给MIS告知收货信息	10	N	10	C3	×	×	×	×
17	MIS从收货仓领取计算机	15	N	15	C3	×	×	×	×
18	MIS检验并确认计算机	10	AB	×	×	×	×	×	×
19	如果型号错误, 发信息给供应商要求换货	30	AB	×	×	×	×	×	×
20	如果型号错误, 将计算机退回收货仓	15	AB	×	×	×	×	×	×
21	供应商从收货仓领取退回的计算机	180	AB	×	×	×	×	×	×
23	供应商重新送计算机给仓库	180	AB	×	×	×	×	×	×
24	如果型号正确, MIS记下PN, 分配计算机	30	N	30	30	30	30	30	30
		11 855		11 245		11 230			3490

一旦确认可行, 就应制订行动计划。要注意, 行动计划不是一成不变的, 特别是现实情况往往复杂多变, 因此除了主方案, 再准备一两个备用方案, 同时预先对可能遇到的阻力或困难加以估计, 准备一些应对方法, 也是很有用的。

1) 先制定整体方案。准备选择和备用的多种方案; 运用构思检查单、头脑风暴法等激发思维的方法。

2) 选择目前最有利的实施方案。

在制定改善方案时一定要对问题的原因进行解析。如果不对原因进行分析, 得出的改善方案可能就是解决局部问题而非整个问题。

【例3】 了解问题的真正原因

一天, 总经理走进工厂的车间, 看到车间地上有一摊油。总经理马上让人把车间主任叫来, 责问此事, 车间主任立刻叫清洁工来把油全部擦干净。地上没有油了, 但问题并没有就此结束。总经理接着问, 地上为什么有一摊油? 原来上面有一个零件坏了, 于是保修工赶紧把坏的零件换了。但是, 问题还是没有解决。这个零件为什么会坏? 它还没有到额定的使用时间, 突然就坏了。为什么没有到

将所有流程导入到ECRS表格中并应用ECRS做流程检查

问题点发现(改善)表							
序号	现状问题点 (改善点)	改善方向 (改善方案)	实施担当	提案者	日期		是否关闭
					计划完成	实际完成	
1							
2							
3							
4							
5							
6							
7							
8							
						车间主任或以上填写	

图 3-31 改善方案

额定的使用时间就坏了呢？原来最近换了一个零配件的供应商。为什么要换零配件供应商呢？经过调查，原来这个零配件供应商是公司采购员的亲戚。为什么他是采购员的亲戚，公司就要换零配件供应商呢？最后答案出来了——因为有人吃回扣，所以地上有一摊油。

这就是一个问题的解决过程。在很多情况下，对问题的真正原因没有进行解析，得出的改善方案就是让清洁工来把油全部擦干净，但是这不能将问题完全解决，只是"头痛医头，脚痛医脚"。

3.2.6 实施改善

实施改善方案是项目的关键，在生产领域实施方案相对来说更加容易。但是在办公领域实施过程中经常会有问题。通常情况是人员在参加改善会议时积极性高，回到现实中左右碰壁不顺畅，得不到别人的支持，你说要改变，同事说现在做得好好的没有必要改善，项目长时间没有任何进展，时间久了就不了了之。有时是项目分配不合理，来参加改善会议的是一个工程级别员工，将任务分配给他，但是他根本没有权力来修订整个部门内的流程，部门领导没有出席会议，觉得可以改，也可以不改，态度不明，所以任务也就以失败告终。跨部门的精益办公项目只有做到以下几点才能保证改善活动顺利推进：

1）高层领导"挂帅"。简单的办公流程改善由部门经理就可以完成，涉及跨部门沟通协调时，最好有一个副总级别或者运营总监领导作为项目领导者。当涉及跨部门资源协调困难时，可以让高层领导进行协调，如果遇到争执问题也可以让高层领导做出决定，由谁来完成任务以及在什么期间内完成。另外，高层领导也可以产生震慑力，让不按时完成项目的部门有"不做不行"的压力。

2）定期召开改善方案跟进会议。开始时可以每星期召开一次会议，后期可以每两个星期召开一次会议。会议中，高层领导一定要在场，每个改善事项负责人汇报进展情况，对于没有按时完成的，高层领导需要责问相关责任人。

3）改善项目责任人最好是主管级别。精益办公改善推进难度很大，有时牵涉的人员和部门比较多，需要一定的沟通能力和组织能力，如果级别太低，比较难争取到别人的配合。一般主管级别人员会好一些，也清楚如何寻找相关资源来完成项目。

4）项目周期时间不能太长，最好能在3~4个月内关闭项目，时间太长容易产生疲劳感或者让人比较烦躁，最长是在半年之内关闭项目。项目实施场景如图3-32所示。

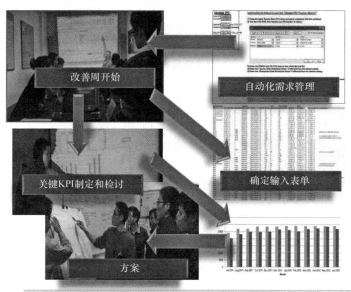

图3-32　项目实施场景

3.2.7 确认成果

简单来说,效果确认是对实施成效的评价。评价的方法应尽可能量化,并与设定的目标相比较。鉴于有些效果很难量化,一个有效的方法是把效果分成有形效果和无形效果。相关指标改善成果如图 3-33 所示。以箱子包装数量问题为例:

CTQ(关键点)	单位	改善前	改善后	提高率
过程周期时间	min	480	30	94%
过程步骤	#	32	8	75%
不良	#	5	0	100%
返工时间	min	60	0	100%
准确率	%	85	100%	18%
报表数量	#	15	3	80%
校正报表	h	24	0	100%
加班	min	120	0	100%
纸张用量	令	5	1	80%

图 3-33 相关指标改善成果

有形效果:

1) 入库时间:120min/月→60min/月。
2) 仓位占用量:30 块踏板位置→15 块踏板位置。
3) 踏板占用资金:64 元/块×15 块/月×12 月 = 11 520 元/年。
4) 运输费:3100 元/车×(15/40)车×12 月 = 13 950 元。

无形效果:

1) 作业量减少,降低劳动强度。
2) 节省时间,提高供需双方效率。
3) 零件摆放合理,保证品质、安全。
4) 节省包装材料,有利于环境保护。

在实际工作中,因为实施的效果往往存在局部的不足,这时可以借助局部的 PDCA 小循环来调整。比如实施的效果不理想,到底是实施的问题,还是对策的问题或要因的问题,又或者是综合的问题,需要有一个重新评估和改进。

另外，确认结果也展示了改善前和改善后相关指标的变化，如周期时间，操作步骤、返工率、客户投诉数量、准确性、库存数量、库存周期率等指标，让人清晰地认识到指标产生了变化。

"在一般企业的正常工作中，有85%的人没有为企业发展创造价值。其中，5%的人看不出来是在工作；25%的人似乎正在等待什么；30%的人只是在为库存而工作，即为增加库存而工作；最后还有25%的人，是以低效率的方法和标准在工作。"

——美国麻省理工学院教授哈默

3.3 步骤3：流程标准化

流程标准化是在企业的管理中，针对运营管理中的每一个环节、各部门、每个岗位，制定细而又细的科学化、量化的标准，按标准进行管理。更重要的是，标准化能使企业在经营、人员流动或企业兼并中可以成功地进行复制或传播，在管理模式中不走样、不变味，以最少的投入，获得最大的经济效益。

3.3.1 为什么需要流程标准化

1. 标准化可以保证流程运行有效性

企业中规则制度有不合理的地方，只有先制定相应的规则制度才能避免陷入混乱，使所有人能够依照规则制度来有条不紊地工作，如汽车在马路上需要遵守规则制度，才能在最短时间内到达目的地，如果交通信号灯坏了或者大家都不遵守规则制度，就会陷入交通大瘫痪。流程标准化才有机会得到快速复制和推广，麦当劳、肯德基、沃尔玛、丰田汽车等跨国企业的成功都得益于此，高度统一的标准化管理，加上先进的科学管理技术，是企业快速复制和扩张的"良方"。做任何一件事情都有程序，执行程序带有很强的自发性，不同的执行者会有不同的理解和行为。通过人们事先编制的程序，工作过程和工程项目的程序具有了科学化、标准化、规范化的特征，克服了过去工作因人而异、随意性强的缺陷。

2. 建立标准才能分辨异常

在工作过程中，难以分辨出业务流程是处于正常状态还是异常状态，如辅料物料采购员跟进辅料未能按时到位，流程审批周期长、供应询价要5~6天、采购价格太高、辅料入库不能及时通知相关人员等都是异常，但是却不一定能够发现，这取决于是否有善于发现问题的眼光。但是假如建立辅料采购流程，可以对照流程来发现大量问题点。异常包括：①是否有标准流程规定？流程需要有详细的文件来规定操作步骤，可以帮助大家遵循标准化来完成工作。②流程标准是否合适？有的流程规定本身就有问题，就不希望大家按照流程来进行，在流程试运行过程就可以发现流程中的问题并进行改善。流程运行一段时间后也需要进行PDCA循环来不断完善流程。③标准流程文件大家都知道吗？有很多企业流程制度和发布都是部门中一两个人来完成，部门内其他人并不太知道标准流程是什么，下发的标准流程文件也没有看，所以也就没有按照新的流程来执行。为了让大家对标准相对熟悉，需要进行培训，将部门成员聚集在一起进行培训。④大家是否按照流程来进行操作？流程标准制定出来后，标准没有问题，大家也知道新的流程，不代表流程能够很好运行，需要不断地检查，看是否按照流程来操作，才能让所有的人按照流程进行运作，流程检查工作也是领导的重要工作。

3. 隐性知识变成显性知识

工作中经常有要点内容或者经验教训，这些都是宝贵的工作财富。生产计划中哪些产品安排在一起效率高，哪些需要先后生产效率高，哪些产品不适合在一起生产，安排哪一条生产线是最优的，或者如何计算生产线的总体产能，都是计划工作中非常重要的信息，只有将这些信息书面化或标准化，才不会造成有经验的人离职后出现经验上的断层，新人需要重新摸索几个月才能真正适应工作要求。标准化是最好的将隐性知识变成显性知识的手段。

3.3.2　流程标准化文件

流程标准化包括组织建构图、部门职能、科室职能、岗位职责、人员定编、部门标准流程、流程办法的内容、表单、职务权限、各类体系、各类制度等，流程标准包含的文件有国家标准、行业标准、规章制度、工作标准、管理标准、技术标准、设计标准、工艺标准、设备标准、流程标准、流程绩效指标、表单、记录、报表等。流程标准化如图3-34所示。

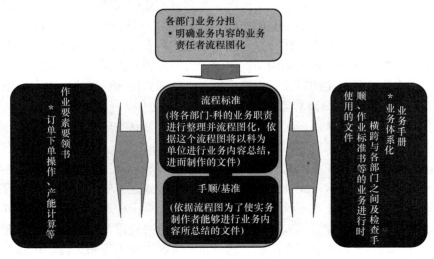

图3-34　流程标准化

1. 各部门业务分担

公司业务流程是按照一级一级向下分级的，先有各部门架构和职责，再有业务范围和各种各样的流程，最后才有流程的标准化（见图 3-35）。各部门的业务分担在流程梳理中有详细介绍。

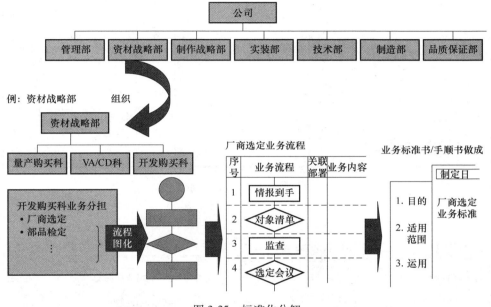

图 3-35 标准化分解

2. 流程标准

以各部门为单位的业务分担落实到实际工作中，将业务流程做成业务标准书和业务流程图（见图 3-36），在品质文件中一般就是二级标准文件，如物料采购流程制度、供应商评审流程、生产计划等都是流程标准。再细化出来就变成了三级程序文件，每一家公司的标准化文件格式都不太一样，可以制定公司的统一格式，以便于流程标准化。

3. 业务手顺和基准

业务手顺和基准是流程标准的补充和细化，很多在流程标准中没有办法解释清楚或者详细说明，就用手顺书和指导书来进行补充说明。指导书类似于生产中员工的作业指导书，能够清晰地说明操作步骤，操作中的注意事项和要点附上图片说明（见图 3-37、图 3-38）。

4. 作业要素要领书

办公流程很多工作带有随机性和不可预知性，但是部分工作是重复性活

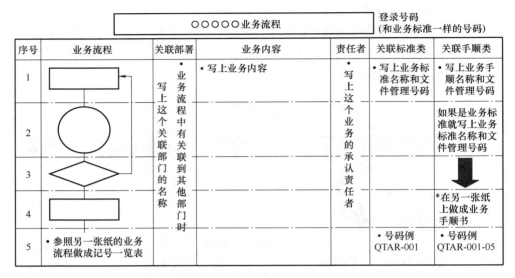

图 3-36 标准书

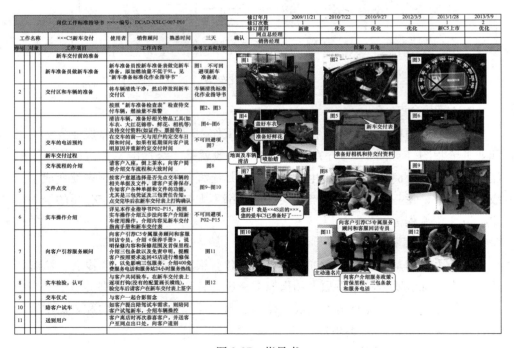

图 3-37 指导书

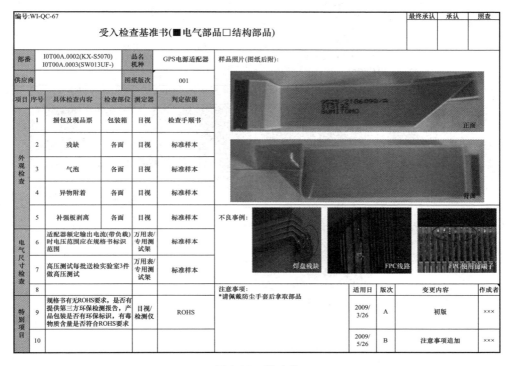

图 3-38　基础书

动。针对这些重复性强、发生频率高、有一定规律的工作,可以用作业要素要领书来详细规定操作步骤(见图3-39)。例如,医院护士工作看似没有任何规律,如要接待新来的患者,第一工作是紧急包扎伤口,然后是给患者更换吊瓶,再是记录工作表单等,但是更换吊瓶就是一个重复性很高的工作,可以将更换吊瓶当作一个要素,用文件将所有详细步骤展示出来,让操作更加标准化。

5. 流程业务手册

流程相应的标准文件建立后就可以装订成册,便于后续新人进行学习使用,有些流程文件、标准文件、制度文件读起来晦涩,可以重新编写成册,使人更好地理解和接受。可以将一些技术或者知识性文件编辑成手册,将技术和知识固化下来。

"一流的企业做文化、做标准;二流的企业做品牌、做资本;三流的企业做产品、做项目"

——企业"三流"论

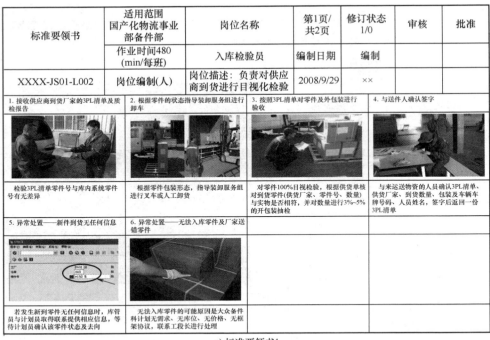

a) 标准要领书1

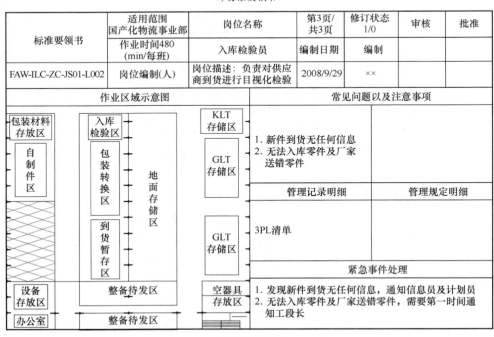

b) 标准要领书2

图 3-39 标准要领书

3.4 步骤4：流程电子化

流程电子化即管理信息化，原来需要手工填写的表单或者需要手工传递表单，全部实现计算机电子化，如手工表单变成计算机上的电子表单，电子表单通过网络进行传递完成后续工作。个人计算机的普及、网络和电子邮件的广泛应用使工作流程的自动化成为可能。计算机软件提供了智能电子表格替代纸张表格的有效方法；数据库为大量过去存储在文件柜里的数据提供了存储空间；网络促生了电子邮件，提供了快速高效传递信息的方法；计算机与生俱来的计算能力加快了控制、管理和测试工作流进程。先建立流程的管理组织和流程的持续优化，再进行流程电子化。流程电子化步骤如图3-40所示。

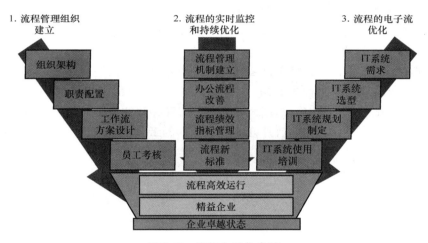

图3-40　流程电子化步骤

工作流程电子化的意义如下：

1. 减少停滞时间

很多业务进程遵循80/20规则：典型的业务进程有80%的时间是"停滞"的。时间都被消耗在任务的传递、等待、排队、发送过程及状况追踪上，对业务而言是无价值的。只有20%左右的时间被用于信息处理，IT软件有助于降低进程处理的时间。然而，即使进程处理时间降低了50%，对整个进程时间的影响也只有5%。工作流程电子化瞄准的是停滞等待时间，如果滞后时间减少50%，整个进程周期时间就能减少45%。这就是工作流程电子化提高企业工作效率的关键，可以对完成时间点进行控制，实现进程目视化和异常报警等。

2. 提高生产效率

在效率方面最大的改善是等待停滞时间和传递搬运时间减少。停滞时间减少前面已经说过，停滞减少，整体流程周期时间就会减少，从而提高生产效率。电子化流程可以减少文件或者表格相互传递的时间，原来文件审批需要从一个楼层走到另一个楼层，现在不需要了，直接发送电子表单到领导的计算机进行审批，审批完后文件会传回给发送者。表单电子化后数据存在数据库中，上下游流程引用数据、数据自动化运算和数据查询变得更加便利。

3. 追踪业务进程

通过工作流程电子化软件，可以实现以图形化的进度方式对业务进程追踪，而不再需要通过电话、贴标签或其他的手工方式来确定业务进度。例如，可以很方便地看到采购订单、品质检验等流程进行到哪一步了。

4. 监测效率

如果无法对重要的工作流程进行监测，就无从谈及控制和提升。工作流程电子化系统提供每一个流程的统计信息，包括每一个步骤的时间、成本和周期时间。通过这一功能，就有可能非常方便地监控流程的状态。

5. 减少纸张消耗

很多公司每年花费在打印报表和复印上的办公纸张消耗费用多达数万元，而工作流程自动化的改造标志着向"无纸办公"时代迈出了坚实的一大步，原有表单的电子化使企业可以节约很大一部分打印和存储的费用。国内公司通过应用工作流程电子化平台，短短数月就减少了70%的纸张消耗，大大节约了开销。

流程改善周

精益办公改善可以以项目的方式来开展活动,按照课题选择、团队成员和支持团队确立、项目开展计划制订、项目实施和定期的项目跟进会议来进行。除了项目改善以外,还可以用改善周(Kaizen Event)的方式来进行改善。改善周的好处是集中团队成员脱离工作,针对某一个课题在短期来实现突破性改善,短期时间又分成2天、3天、5天、7天。如果在企业中无法实现5天内所有的队员脱产进行改善,可以采用"2+2+1"天的方式来开展,2天进行改善周现状调查和问题制定,间隔一段时间后,再进行后续2天的改善实施,改善实施完成后,进行半天课题改善效果确认和半天改善课题发表。有条件的话,尽量在5天内将所有的工作完成,可以起到"趁热打铁"的效果。改善周分成准备、改善周实施和跟进三个环节,如图4-1所示。

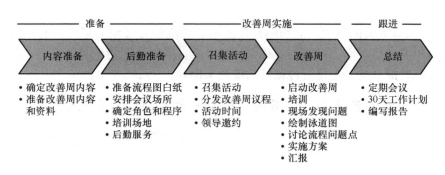

图 4-1 改善周过程

4.1 改善周的前期准备

精益办公改善周需要前期准备,才能保证改善周活动的正常开展。改善周的准备可以分成人员、材料、设备、方法等。凡是工作,必有准备;凡是准备,必有计划；凡是计划，必有结果；凡是结果，必有责任；凡是责任，必有检查。

4.1.1 改善周课题选择

适合改善周的课题有很多，基本上所有精益工具都适合用改善周来开展活动。课题大就分解成几个小课题，来逐一开展改善周活动。改善周课题选择有以下几种方式：

1）年度方针管理分解课题。企业每年的 11 月或者 12 月会提前制订下一年的方针、计划。总经理提出下一年公司整体运营方向，PQCDS 各方面需要达到的目标值，PQCDS 的目标值会进一步分解给每个部门，每个部门根据自己的目标值来制定改善方案或者改善课题，精益办公的课题有可能在部门的年度改善计划中，通过精益办公课题项目来减少流程周期时间和操作人员，并提高客户的满意度。

2）客户抱怨或者客户投诉。客户抱怨公司内部的报价流程时间太长，样品制作的周期时间太长，成品的价格比竞争对手的价格高，或者客户对产品的交期按时完成有很大的意见，所有抱怨都会影响客户的满意度，进一步影响客户给我们的订单数量。有必要借用一个工具来减少抱怨提高满意度，改善周是一个很好的方式。

3）上层领导的关注点。上层领导对一些领域特别关注或者关注公司整体运营弱点，会提出改善要求，这时精益办公的课题就可以从上层领导的指示方向中得到。如果上层领导特别关注精益办公课题，那么这会对课题的后期开展有很多好处。

4）流程人员的抱怨。流程的直接使用者对流程有特别的感受，流程的好与坏直接影响工作效率，与他们有很密切的关系。倾听流程使用者的心声，从而找出改善课题的方法，也是一种很好的课题来源。

4.1.2 改善周支持者、促进者（内部顾问）、团队领导人

在改善周中有三种人的角色尤为重要，即支持者（Sponsor）、促进者（内部顾问）和团队领导人（Team Leader）。

1. 支持者的基本职责

支持者指明改善方向或者建立改善周运营框架（改善周实施流程、培训策划、激励、人员选择和后勤支持），选择合适的促进者来开展研讨项目，过程中对于最大的问题进行决策，如奖励方案、项目投资、人员安排、风险、改善周预算和外部顾问选择等。

1）确立改善方向。

2）选择促进者（内部顾问）。

3）大问题决策。

4）各种场合宣传支持改善周活动。

5）参与启动大会。

6）参与项目汇报会议。

2. 促进者（内部顾问）的基本职责

促进者（内部顾问）对整体改善周的成功或者失败负责，一个改善周的项目开展得如何、进展是否顺利与促进者（内部顾问）有直接关系，就像总经理对公司的经营有重大的责任一样。促进者需要扮演老师、教练和导演的角色。在改善周中，作为老师或者教练，他有义务培训或者训练所有的项目成员，使之掌握所需要的知识和技能；作为导演，他需要观察改善周进展，改善方向是否正确、讨论的方式是否正确、讨论氛围是否融洽，这些问题如果脱离了预定的轨道，导演有责任将其调整到正确轨道。

1）老师。培训改善周相关的知识，任何改善周需要的知识，老师都有必要提前培训大家，便于团队在后期可以更加快速地完成项目。培训可以在改善周开始前就进行相关培训，也可以在改善周进行中插入相关的培训内容。在改善周进行的培训尽量都是简短时间的，毕竟需要大量时间来做现场改善工作。

2）教练。项目教练是指南针，清晰地指示改善团队要去的方向以及所处的位置，使之更有效率和更快地达成目标。帮助团队行动更快，像化学催化剂一样。为什么说教练要起到催化剂的作用？主要是教练能够激发团队成员的思考角度。绩效不好时，人们大多忽略了自己本应该发挥出来的"应有的能力"，其实只要进一步思考或者换一个角度思考就会得到问题答案。此外，教练激发他人并引导他人如何发现问题点并找出现场问题，然后带着团队成员进行改善。

3）导演。导演策划整个活动，控制活动进展，从活动准备前到最后活动改善事项跟进，都有导演的身影。整体活动的计划需要导演来执行，活动如何进行由导演来进行设计，活动后期的项目跟进也需要导演进一步引导。改善周进程把控是导演的工作之一，改善周需要在短时间内达到想要的效果，导演需要关注活动进度，前期制订一个改善周的活动计划，但是活动进行过程中要根据情况来进一步调整计划，哪些工作是需要加班才能完成的？哪些工作虽然延期了但是没有关系，可以加到明天的日程中去，最后赶上整体进度。导演还要留心活动"走势"，以现在这种方式可以达到最后的效果吗？如果不行，则及时进行调整。

促进者（内部顾问）的工作包括：

1）确认改善周的课题选择、范围、目标、时间计划安排。

2）确认改善周队长领导人以及团队成员。

3）改善周培训。

4）负责改善周的前期准备。

5）在改善周中引导团队做好改善周项目。

6）协调相关负责人完成项目。

促进者（内部顾问）承担了很多的角色，为了扮演好这些角色，需要很强的个人能力及知识水平，这些能力有个人素质类，如领导力、责任心、培训技能、组织力、影响力、说服力、项目汇报和创造性，也有专业上的能力，如精益基础、精益各种工具（生产线设计、防呆、快速换线、看板拉动、5S、设备保全、KPI）、改善周开展。精益办公项目的促进者（内部顾问）还需要掌握流程梳理、流程优化基本原则、流程优化基本方法、流程标准化以及组织架构流程上的专业知识。促进者（内部顾问）的能力水平也是一步步锻炼出来的，先是成为改善周的成员，然后上升为改善周的队长，最后上升为改善周的促进者（内部顾问）。促进者（内部顾问）的选择流程见表4-1。

表 4-1 促进者（内部顾问）选择流程

描　　述	责任人	时间	目　　的
1. 定义潜在的候选人 1）有关键特征，如领导力、责任感、培训力、创造性和组织能力 2）观察候选人是不是真的对这个职位有兴趣 3）具有丰富的精益知识，能够熟练运用各种精益工具 4）具有教导或者培训技能 5）主导过1~2个改善周项目 2. 工厂经理和候选人主管开会看候选人的期待和相关责任，并取得支持和同意 在会议里，工厂经理要完成： 1）什么是候选人期待 2）什么样的角色能对工厂或者部门计划有贡献或者有利 3）有时间完成工作 工厂经理和促进者（内部顾问）一起审核并达成共识，且讨论以下事项： 1）改善周期待 2）为什么改善周是必需的 3）它是怎么帮助公司的 4）促进者（内部顾问）角色的重要性 5）回顾以往的成功经验和关键的学习点	改善周支持者（工厂经理）	2h	定义候选人需要什么能力满足要求 取得候选人主管的支持和同意 候选人认同角色和相关责任

注：本表是工厂经理选择和培训改善周促进者。

3. 团队领导人的基本职责

担任团队领导人（即团队队长）是非常重要而且很有挑战性的工作。团队队长就像橄榄球队的四分卫，既要有自己的打法，又要接受改善活动顾问的整体规划。

团队队长不需要掌握开展改善活动部门的运作知识，但是必须明白如何使用改善流程，懂得如何与整个团队合作，保证使用适当的工具完成改善目标。改善团队在改善周的重点是制订通向改善目标的改善计划。

团队队长不一定要懂得如何解决团队在改善活动期间发现的问题。整个团队、团队队长以及促进者（内部顾问）必须一起来解决这些问题。如果团队队长将团队分成多个分队（在很多情况下，这样做是达到改善目标的最有效方法），那么就要分配好自己的时间和精力，兼顾各个团员的工作。

团队队长必须是个多面手，既要对自己的改善团队、改善部门的工人和管理人员予以指导、带领、帮助、教导和协调，鼓励他们积极参与改善活动，又要对他们进行有效的教育和沟通等。团队队长应避免直接参与改善活动中团队队员会完成的细节工作，其主要目标是引导自己的改善团队完成整个改善过程并实现改善目标。促进者（内部顾问）和团队队长的区别见表4-2。

表4-2 促进者（内部顾问）和团队队长的区别

促进者（内部顾问）	团队队长
导师或者改善团队队长培训者	完成改善项目书（供应者、输入、流程、输出、客户、改善表格）
确保团队能够紧紧围绕目标前进	确保前期准备工作完成（数据收集，现场）
留心障碍	确保工具准备完整（纸张、投影仪、胶带、秒表）
向队长解释工具和数据	制订每天计划
当队长有困难时提供帮助	安排饮食（中餐和午餐）
确保团队有好的氛围（每个人公正，轻松和觉得有意思）	视情况进行培训
提供给队长反馈	信息分享和流动
发挥领导力，移除项目障碍	任务记录
确保人员使用工具	计分
确保有足够资源被包括进来和资源可以使用	代表
如果需要进行培训	驱动团队成员在合适轨道上
对领导进行培训	制定每日进程并向导师汇报情况
确保改善范围是合适的	确定每天开始时间和结束时间
认真观察，确保人员不掉队	保证安全
保持安全	

4.1.3 改善周团队成员

团队成员一般由团队领导人来进行挑选，团队成员在改善周的5天时间里，将全力投入到改善周的相关工作中,将不能处理原来工作中的日常事务,为了完成改善周布置的每天任务,有时候甚至要加班到深夜。所以,这些需要提前告诉所有的团队成员,让他们有一个提前的准备。

团队成员选择:选择与改善项目关系密切的人员,不单单是管理人员,还有直接操作人员。团队人员人数控制在6~12个人,三个类型的人员必须包括:2个人直接是在改善区域的操作人员,1个人是改善区域的主管或者班长,或者是和流程密切相关的人员。改善成员还需要几位和流程没有直接关系的人员,一般和流程有关的人员会有一些惯性思维,认为这样是正常的,但是和流程没有关系的人员看法就会不太一样,从而能够给出很不错的看法和意见,这种和流程没有关系的人员,可以是别的企业的人员,如同一个集团中不同分公司的人,或者是客户,或者是供应商。另外,流程支持人员加入改善团队。团队成员配置见表4-3。

表4-3 团队成员配置

序号	人员	人数(人)	意义
1	来自流程上游的人	1	使下上游工作更好地衔接
2	来自流程下游的人(如包装、客服)	1	使下上游工作更好地衔接
3	支持人员(如维修人员、IE人员、采购人员、工程人员、品质人员)	1~3	改善相应人员
4	管理人员(如厂长、生产部经理、工程经理)	1~2	使管理层加入改善中
5	与流程没有关系的人员	1~2	提高新鲜看法和意见
6	其他跨部门人员(如IE人员、IT人员、HR、市场部)	1~3	项目特别支持人员

一支高效的团队,通常具有以下几点特征:

1. 目标明确

团队目标能够为团队成员指引方向,提供推动力,能够激励团队成员把个人的目标升华到群体目标中,提高团队绩效水平。因此,团队目标应该清晰而明确。团队成员只有理解和认知团队目标,才能统一团队成员的意志,才能确保团队成员将个人目标与团队目标保持高度一致。

2. 合格的管理者

领导者是团队最具权威的管理者。领导者对团队目标的实现及工作的开展承担着第一责任。经验证明,一个团队有无合格的领导者,乃是团队工作能否实现高效的首要因素。合格的领导者能知人善任,能及时对群体成员提供指导与帮助、支持与激励,强有力地带领他们去实现组织和团队的目标和任务。

3. 凝聚力

团结就是力量。个人的力量是有限的，如果能够得到集体中成员的帮助和支持，他们不仅越来越深刻地体会到集体的力量，更会在集体的帮助下取得更大的成就。

在集体中，人们不仅得到多种需要的满足，同时还逐步认识到个人与集体的关系。只有每个成员都对集体负责，主动承担集体义务，逐渐形成集体意识，产生集体责任感、荣誉感的时候，集体才真正具有高度凝聚力，才能产生凝聚效应。

4. 良好的人际关系

团队成员间的相互信任，是构成良好人际关系的一个重要因素。团队成员具有批评与自我批评的宽厚态度，信任自己又信任他人，才能和谐共处，才能让信息畅通，不出现人为梗阻，确保团队工作顺畅进行。

良好的沟通既是高效团队的外在表现，又是营造团队良好人际关系的重要手段。充分的沟通交流，乃是团队成员协调一致的基础。通过沟通，团队成员分享信息、理顺情绪、化解矛盾，最终达成共识，和谐相处，团队才具有战斗力。

5. 完善的规章制度

"没有规矩，无以成方圆。"完善的规章制度能使团队工作有章可循、有章可依，能使团队全体成员行为保持一致；团队的制度包括时间规定、任务执行和团队规章等，一般会制定奖惩办法。实践证明，有了一些基本规章制度，能带来组织的蓬勃向上、有效运转。

6. 团队协作能力

团队协作能力对于一个团队至关重要，一个好的团队并不是说每一分子各方面能力都特别出色，而是能够很好地借物使力，取团队其他成员的长处来补自己的短处，也把自己的长处、优点分享给大家，互相学习交流，共同进步。另外，团队成员每一个人都有不同的分工，如图4-2所示。

7. 团队责任感

在一个团队里，如果员工缺乏责任意识，就不可能产生有助于团队发展的兴趣和热情，即使老板主观认为只要努力就有结果，也是没有作用的。因为计划得不到很好的执行，自然不会获得预期的效果。责任与绩效之间是正比关系，因此希望提高工作绩效，就必须提高员工的责任感。

4.1.4 改善周项目书

项目书是一个项目注册登记表单，项目登记是为了便于公司的项目管理和后续改善跟进。同时，项目书也是一个项目说明文件，告诉管理层及相关人员，团队成员要正式开始对项目进行改善，项目开展的理由、背景、成员、计划和目标要达到的指标。项目书见表4-4。

角色	职责
 促进者 （内部顾问）	研讨会的主持人，负责引导研讨主题、控制进度、确认成果
 支持者	协调项目相关资源，发起精益办公改善项目，项目成功与否的直接责任人
 记录员	记录会议过程及重要的研讨信息，负责后期整理研讨会的会议纪要 ❖ 拍照记录也很重要
 团队成员	现场观察流程后完成泳道图，积极参与问题讨论，根据问题点给出相应的改善意见，完成分配的相应任务

图 4-2 角色和分工

表 4-4 项目书

	改善名称：			
范畴	流程名称：			
	起点：			
	终点：			
	价值流图是否存在？		价值流图负责者或执行发起者：	
	价值流名称：			
领导者	图表作者：		项目支持者：	
	创建日期：		团队领导者：	
	当前版本：		协调者：	
战略	问题说明：			
	改善是否推动公司战略/目标？		备　注	
	1			
	2			

（续）

	改善总结		主要成果（按重要程度排序）
回顾		1	
		2	
		3	
		4	

	S/Q/D/C	衡量标准	单位	当前	目标	备注
衡量	1					
	2					
	3					
	4					
	5					

	名 称	角 色		培训需求	
资源	1		领导者		
	2				
	3				
	4			特殊设备/物料	日期安排
	5				
	6		1		
	7		2		
	8		3		
	9		4		
	10		5		
	11		6		
	12		7		
	13		8		
	14		9		

	资源团队	待命日期	日 程 表	
1			持续时间（天）：	
2			开始日期：	
3			结束日期：	
4			每日开始时间：	
5			交回报告日期/时间：	

注：需要时可另附其他团队成员表单。

4.1.5 改善周的行动计划

改善周实施需要计划来提前统筹所有的工作事项，精益办公改善周有很多的工作事项，需要保证能够有条不紊、条理清晰、按部就班地被完成，就需要有一个计划来提前安排统筹，精益办公的计划分成三大块：准备阶段、改善周开展计划会议议程和后期项目跟进。

准备阶段需要建立相关的KPI，并制定相应计算公式、数据收集方式、数据汇总统计的流程，接着是改善周前的相关准备事项，如人员设定、培训教程、会议室、绘制文具准备、改善周实施计划等，见表4-5。

表4-5 准备计划书

项 目		任 务	输 出	状 态
KPI建立和跟进	1	选择适合的精益办公指标（LT、返工率、交接手次数、需要人员数量、步行）	KPI指标	进行中
	2	建立指标数据计算办法和数据收集		进行中
	3	建立KPI数据相关表格	收集表格	进行中
	4	建立KPI整体管理体系	管理文件	进行中
	5	换手次数和操作人数	收集表格	进行中
准备阶段	1	活动表格准备（会议时间表、浪费记录表格、培训文件）	活动表格设计输出	已完成
	2	项目支持者和团队领导人	项目支持者和团队领导人	进行中
	3	选择改善项目	项目改善方位	进行中
	4	泳道图准备		进行中
	5	成员选定	团队成员	进行中
	6	办公流程基本初步流程	流程图	进行中
	7	安全注意事项		进行中
	8	会议议程	会议议程	进行中
	9	会议室准备		进行中
	10	点心、午餐、晚餐准备		进行中
	11	照相机		进行中
活动结果	1	项目书	项目书	进行中

第二块内容是改善周开展计划会议议程。如果改善周发分成 5 天，每一天改善周需要进行的任务以及任务的先后顺序都需要规划，别以为一天中有很多的时间来完成工作，快一点或者慢一点没有关系。实际上，5 天的时间如果没有充分利用起来很快就过去了，最后会发现很多任务都没有完成，改善周的交付物会很差。

另外，很多任务的完成时间伸缩弹性很大，如现场观察如果详细看一个从头到尾的工作，可能要几个小时，理由是他对每一步操作都不熟悉，要向他解释每一步操作过程，也可能几分钟就看完，理由是他对过程的操作很熟悉，跟他一说就明白了。此外，团队成员可能会纠结在某一个问题上，争执应该由谁来做这项工作比较好，有的认为计划部门来做，有的认为采购部门来做，在争执中将大量时间消耗完。所以，在改善周进行中，促进者（内部顾问）或者团队领导人要对时间做好把控，到什么节点需要完成什么任务，到什么时间段需要进行这个内容，在头脑中要有一个清晰的轮廓。有时，时间根据实际情况来做出调整，如培训时间原来可能是 3h，但是如果团队成员的基础不是太好，可能要延长培训到 5~6h，有时培训在第一天，但是看到后面需要应用这个精益工具，也可能在后面几天进行相应的培训。了解流程一般需要 3h，但是有的流程很短或者流程很长，都要调整调查时间，并调整整体的计划。总之，先要有一个活动计划，然后再进行下一步的灵活调整。改善周日程表见表 4-6。

表 4-6 改善周日程表

公司精益办法实施计划				
项 目		任 务	输 出	状 态
		第 1 天（或者第一次活动）		
研讨会实施阶段	1	高层启动会议	培训教程	已完成
		本次活动目的及内容说明（各种表格的填写及要求等）	PPT 过程说明文件	进行中
	2	强调本次活动的纪律及安全注意事项并实施安全教育		进行中
	3	培训 -精益办公概述 -精益办公改善步骤 -精益办公基本案例	培训教程	进行中
	4	分组（人数较多时进行）和分工		进行中
	5	小组名字、口号、队长、行动纪律		进行中

(续)

公司精益办法实施计划

项目		任务	输出	状态
研讨会实施阶段		第2天（或者第二次活动）		
	1	现有流程了解（Gemba Walk 浪费发现之旅）		进行中
	2	相关负责人介绍基本情况		进行中
	3	了解工作内容		进行中
	4	流程的输入和输出文件打印出来		进行中
	5	了解流程相关数量（周期时间、等待返工率、文件库存数量）		进行中
	6	填写过程调查表单		进行中
	7	发现流程中的浪费或者问题点并记录		进行中
	8	绘制当前泳道图（泳道图绘制）		进行中
	9	画出流程		进行中
	10	流程连线		进行中
	11	流程数据填写		进行中
	12	流程表单张贴		进行中
		第3天（或者第三次活动）		
	1	发现整理过程的问题点		进行中
	2	用头脑风暴发现问题点		进行中
	3	去现场发现问题点		进行中
	4	用数据分析问题点		进行中
	5	过去异常情况		进行中
	6	行动计划制订		进行中
	7	改善方案整理		进行中
	8	行动计划建立		进行中
		第4天（或者第四次活动）		
	1	行动改善实施		进行中
		第5天（或者第五次活动）		
	1	行动改善实施		进行中
	2	PPT 报告制作		进行中
	3	报告试发布		进行中
	4	小组报告		进行中

第三块内容是后期项目跟进。部分改善事项可以在改善周进行改善，但是更多的改善事项需要在改善周后 30~90 天内进行改善。为了不造成计划的延期和过程的问题得不到解决，希望有一个定期的会议跟进项目开展情况，可能是一周一次会议或者两周一次会议。会议最好是定期定点召开，能保持会议的延续性。在项目结束后，一般有 3~6 个月的 KPI 指标跟进过程，以确定改善后流程真正达到的效果。如果效果没有达到，需要重新开始项目进行改善。跟进计划书见表 4-7。

表 4-7 跟进计划书

项 目		任 务	输 出	状 态
改善实施跟进	1	定期小组跟进会议开展	会议邀请	进行中
	2	改善活动实施状态更进	实施计划表	进行中
	3	责任人实施后报告	报告	进行中
	4	标准化文件发布	标准文件	进行中
	5	总项目报告发布（PPT 制作、发表）	报告	进行中
	6	项目关闭与庆祝		进行中
KPI 跟踪	活动结果 KPI 跟进			
	1	LT	1%提升	进行中
	2	返工率	90%	进行中
	3	经手次数	降低 5%	进行中
	4	人员数量	100%	进行中
	5	操作时间	降低 10%	进行中

4.1.6 改善周培训文件和表单

在改善周的前期，需要对改善周或者改善周用到的精益工具进行培训，不至于将所有的培训都集中到改善周的第一天进行。改善周的提前培训可以包括两个内容的培训：

1) 改善周培训。改善周培训包括改善周的概述，改善周开展详细流程，改善周中各种角色、职责和任务，改善周的成功案例介绍。培训主要针对什么是改善周，改善周的推进意义和好处，改善周是按照什么流程来开展工作的，以及改善周中各种人员角色和相应工作内容。相当于在改善周活动开始前就要知道改善周是什么，怎么来做改善周。

2) 改善周应用工具培训。除了改善周内容的培训，改善周中还可以用到各种精益工具，如价值流工具、5S、TPM。考虑到第一天的培训时间不够，可以提前进行培训，如针对精益办公项目可以提前进行培训，针对流程流域还需要培训

VSM 价值流、精益办公中的八大浪费、流程中常见的浪费、流程再造、流程改善的相关办法、流程改善的基本原则、流程梳理和流程标准化。在改善周的第一天重点培训泳道图的绘制方式。培训内容如图 4-3 所示。

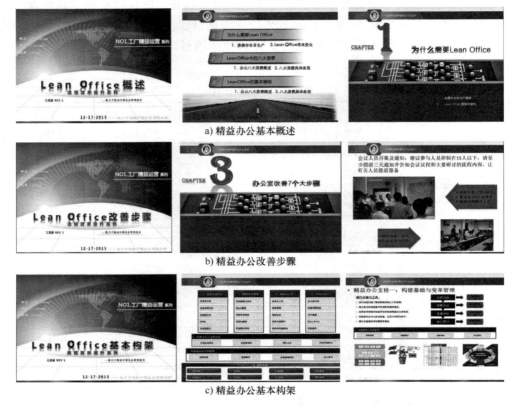

a) 精益办公基本概述

b) 精益办公改善步骤

c) 精益办公基本构架

图 4-3　培训内容

对培训的一些表格和改善周需要的表格提前做准备。

4.1.7　改善周活动前准备物品

活动中需要提前准备相应的物品，不至于在改善周开始时才进行准备，到处寻找相应的物品，这样很难开展改善周活动，改善周的时间会非常紧张。

1. 基础设施和后勤支持

提前准备好会议室（桌椅）、投影仪、照相机、点心、饮用水、餐点。

培训教室布局：多种教室布局方法，教室布局做出合理的调节与安排会对课程有意想不到的效果，老师也能根据课桌的摆放设计不同的教学活动。一种通用的教室布局方式如图 4-4 所示。

2. 培训中相关物品文具准备

精益办公绘制泳道图需要各种各样的文具，如果准备稍微不充分就会在改善周进行过程中用宝贵的时间寻找合适的文具，而且有时候文具还不一定能够找到。文具准备如图4-5所示。

3. 领导启动会发言邀请

领导事务繁忙，在改善周启动会中动员，会对整个改善周起到很好的推进作用，需要提前预约领导，以便领导有时间来参加启动会并发言，以鼓舞团队的士气。

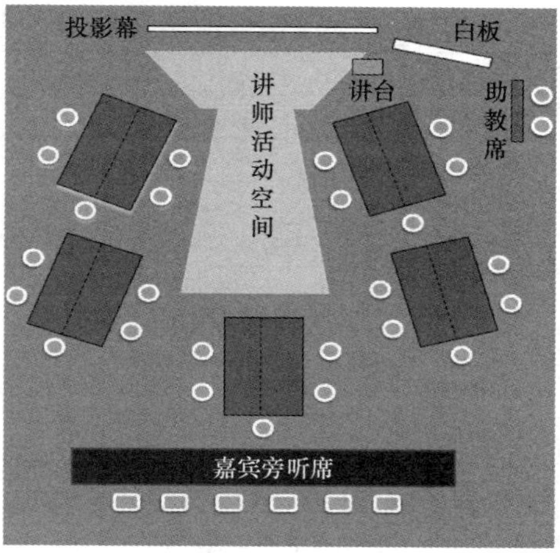

图4-4 教室布局

4. 准备活动过程中流程清单表格

活动前期需要准备很多工作事项，为了保证每一事项都能很好地完成，就需要有一个流程清单来检查工作是否真正做完。流程清单见表4-8。

序号	包含事项	数量	标准规格/说明	明细或图片	备注	版本	修订人	责任部门	协助人
1	看板	2	2m×1m	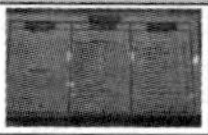					
2	话筒	2							
3	音响	1							
4	手机袋	1	56cm×112cm						
5	大卷白纸	1包	2.4m×1.2m	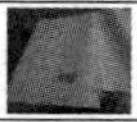					
6	红色指挥棒	2							
7	彩色胶布	6	每组2卷						
8	白板的白纸	10	55cm×80cm						
9	便利贴型号1	5包	7.6cm×7.6cm		黄色				
10	便利贴型号2	6	7.7cm×10.2cm		彩色				
11	剪刀	6	每组1把						
12	透明胶	6	每组2卷						
13	2B铅笔	15	每组5支						
14	大头笔（黑、红、蓝）	9	每种颜色各3支	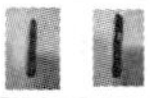					
15	小磁铁、磁铁	30	各15个						
16	工具刀	6	每组2把						
17	A4纸	500	一包500张						
18	双面胶	15	每组5卷						
19	固体胶	6	每组2根						
20	直尺	6	每组1把						
21	橡皮擦	9	每组3块						
22	酒精	1							
23	抹布	3	每组1块						
24	细头笔	9	每组3支						
25	1m钢尺	6	每组1把						

图4-5 准备相应文具

表 4-8 流程清单

活动编号			日期		
区域名称			创建人		
负责人			发送到		
序号	行　　动		是否需要	提前检查	是否完成
1	确认改善周日期		是	4周	
2	发送改善周行程安排给区域联络人		是	3周	
3	与区域联络人确认或者修正行程		是	3周	
4	识别参与者		是	3周	
5	确认联络人已经通知参与人员并安排行程		是	3周	
6	活动地点准备检查清单发送给区域联络人		是	3周	
7	查核活动地点准备完成		是	2周	
8	获得拍照或者录像许可		是	2周	
9	知会关键人员改善周活动目标和方法		是	2周	
10	指定阅读内容		是	3周	
11	制定准备日期		是	3周	
12	检查作业完成状况		是	1周	
13	计划好飞机和座位信息		是	3周	
14	准备训练包		是	1周	
15	查核确保训练包是最新版本		是	1周	
16	核实检查清单确实完成		是	1周	
17	HR负责人需要提前知会管理团队到现场观察、询问、支持、改善		是	1周	

5. 流程基本信息收集表

在改善周中绘制泳道图时，经常会出现忘记某一流程步骤的情况，绘制完才发现问题点，这时就需要重新返工，提前收集流程信息可以避免这种情况的出现。提前摸底了解流程现状，便于快速发现问题，利用头脑风暴发现问题时，时间短，考虑时间不足，提前摸底流程问题点可以更高效地发现过程中的问题。人们经常会有这样的经历，审视流程时灵光一现，突然就找到了问题。另外，项目促进者有时对流程不是很熟悉，提前收集流程基本信息可以更好地了解流程，便于后续工作的开展。流程基本信息收集表见表4-9。

提前收集的相关信息和数据有：

1）收集流程步骤和相关表单。

2）收集流程中的痛点。

3）收集流程中的相关数值（如现状LT、期待LT、人员操作时间、异常时间、不良数据、一天多少单等）。

4）收集流程中客户的期待。

第4章 流程改善周

表 4-9 流程基本信息收集表

序号	大流程名称	客户期待	流程详细步骤	步骤中存在的问题点	过程中规则和遵循原则	输入流程表单(或者相关文件)	输出流程表单(或者相关文件)	需要工作时间(工时)	频率(一天)	流程相关参数			完成质量	备注
1	销售预测流程		1. 产品预测公式调整(预测基本规则)					1月	2	0.03	10	99%	100%	
			2. 产品预测客户需求输入										100%	
			3. 检查预测数据										100%	
			4. 销售预测数据审核										100%	
			5. 销售数据下发给相关部分										100%	
2														
3														
4	其他相关流程													

4.2 改善周的活动进行

准备结束后就可以开展改善周活动，在固定时间内完成相应的工作内容，达到指定的目标要求。每个团队都需要有很强的时间观念，严格按照计划要求时间，在时间节点必须完成工作，工作是连续性的，如果没有完成则无法进行后续工作。一般促进者（内部顾问）会做出经常性的提醒，如在17：00以前完成现况流程泳道图，工作就必须在这时间节点完成，不然问题讨论及方案制定就会受影响。有时团队成员会纠结在某一个问题点上，团队领导人就需要提醒大家，暂时跳过此问题（或者将问题记录下来，后续再进行讨论），以整体进度为主。另外，如果真的没有办法完成当天工作，团队成员需要加班加点来进行工作，后勤就需要保证相应的服务，如餐点、交通或者工具准备。

此外，一个好的改善周还需要做到以下几点：

- 管理好整个改善项目的各项任务，分配给每个队员适当的工作。
- 确保整个改善周都能够按照改善周的流程进行运作，保持团队不偏离目标。
- 保证团队所有成员都积极参与，避免他们陷入"分析瘫痪"状态。
- 维持一个"说做就做"的良好气氛。
- 不断用"为什么"刺激队员。
- 不断用"为什么不"刺激队员。
- 密切留意流程的改变对在改善部门工作的那些人员的影响。
- 要确保将流程的改变与受影响的那些操作人员（而不是团队队员和管理人员）进行有效沟通。
- 排除影响团队完成工作任务的各种障碍。
- 确保安全第一。
- 组织队员努力寻找并消除浪费。
- 留意队员的个体差异。
- 既要"民主管理"，也要"军令如山"。
- 团队领导人要像橄榄球队的"四分卫"，不要试图抱着球跑到底，而是要将球传给队友，并鼓励他们也这样做。
- 鼓励队员的士气，努力推动他们完成改善目标。
- 保持积极、主动和乐观的态度。

有时加入趣味的方式，能够使活动变得更加有趣，小组成员开心一笑可以消除疲劳。在改善周会张贴小组的表现情况，如是否按时参加活动、是否寻找问题数量达标、5S目视化管理是否到位、安排任务是否按时完成等，用一张宣传白板展示出来，起到激励和鼓舞的作用。每天都有一个总结会议，总结会议邀请公司高层领导参加，也是一个鼓舞士气的好办法。在某一天的晚上安排小组成员聚餐或者其他的团建活动，如郊游、篮球比赛、爬山等也是不错的提高士气的手段。改善周大致安排如图4-6所示。

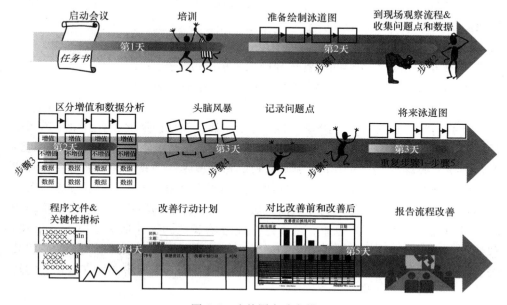

图 4-6　改善周大致安排

4.2.1　第1天活动"培训日"

改善周第1天主要工作是改善周的启动和培训，有时培训用了半天时间，甚是会用上1天时间。培训的内容都是围绕着将来几天改善周需要用的工具或者知识。培训可以由促进者（内部顾问）或者专业讲师来进行。

促进者（内部顾问）的主要工作内容有：

- 提前确认会场准备情况（如设施正常、餐点准备、培训师布置、道具准备、改善团队服装等）。
- 提前确认领导是否能参与启动会。
- 培训团队成员精益办公相关内容。
- 安排一天的活动计划。
- 下午活动安排介绍、注意事项，提醒团队成员Gemba Walk需要完成的工作内容（如了解流程、过程提问5W1H、数据收集、收集流程表单等）。
- 主持召开一天的总结会。

团队领导人的主要工作内容有：

- 为改善活动做好准备。
- 设立活动需遵守的章程。
- 小组责任分工。
- 指导团队面对的总体目标和阶段性目标（因为团队成员期待团队领导人能够给他们以正确的指导）。
- 了解改善活动的范围。
- 在小组培训活动期间起到领导作用、示范带头作用。
- 在下午的 Gemba Walk 活动中带领所有的组员完成工作。

1. 启动会

众所周知，领导的一句话等于部下说十句话，领导说话比较有分量。邀请领导来做启动会发言有四个目的：①让所有的团队成员觉得领导很重视此项目；②让领导来鼓舞员工士气；③让领导有机会参加改善活动；④为后面寻找资源或者重大问题的决策打基础，后续遇到项目障碍便于得到领导的支持。领导在启动会的发言过程中，可以强调为什么需要做这个精益办公的项目，如不改善流程的相应时间就会被竞争对手抢单，或者这个流程给我们的工作造成了巨大的浪费，包括在金钱、时间、客户满意度上。最后，领导需要鼓舞大家的士气，说一些鼓舞人心的话，如我很期待这个项目能够按时顺利完成，我相信在大家这几天的努力下这个项目一定能顺利完成。

2. 培训相关精益办公知识

为了对改善周进行铺垫，先将后面几天用到的知识做一个培训，以便大家在后面的活动中能够顺利地开展工作。注意，培训过程中有很多的演绎手段，包括讲解、游戏、案例分析、视频播放、情景模拟、角色扮演、问答。应用这些手段可以将枯燥的课程变成一个快乐的课题，如在大家注意力不太集中的情况下，做一个游戏重新引起学员的兴趣，如果都是老师来讲解可能单一，可以增加一些案例分析或者情景模拟，通过大家的讨论和自己总结加深培训印象。另外，精益办公中也可以用一些模拟游戏来模拟办公室流程，让大家找出浪费、分析问题点、考虑解决方案，并最终进行改善。改善周培训如图 4-7 所示。

图 4-7 改善周培训

3. 活动安排和计划

为了保证每天工作的按时完成,不至于到了最后一天才发现很多的工作没有做完。每天促进者(内部顾问)都要将每次需要完成的任务清晰地告知所有的团队成员,一般能按照要求完成任务,必要时要利用下班时间来完成任务。第1天活动议程见表4-10。

表4-10 第1天活动议程

活动主题:第1天活动议程

名称	时间	用时/min	活动内容	主要步骤/关键点	演绎手段
精益办公改善周课题	09:00—09:15	15	领导启动会	启动会发言稿	
	09:15—10:00	45	精益办公改善周简介	1)改善周基本流程 2)改善周案例介绍	
	10:00—10:45	45	精益办公泳道图绘制办法介绍	1)泳道图意义 2)泳道图基本绘制步骤 3)泳道图注意事项 4)精益办公视频	问答 视频观看
	10:45—11:00	15	休息		
	11:00—12:00	60	精益办公泳道图绘制办法介绍	1)泳道图使用符号 2)泳道图使用的标签 3)泳道图数据收集 4)泳道图案例介绍	
	12:00—13:30	90	午餐和休息时间		
	13:30—14:00	30	下午活动安排介绍	1)下午需要完成的任务说明 2)活动注意事项说明 3)团队基本遵守章程	问答
	14:00—14:15	15	小组团队建设	1)小组团队口号 2)人员分工(提问、拍照、问题点记录、数据收集者、表单收集) 3)工作任务划分	问答
	14:15—16:55	150	现场Gemba Walk	1)来到每个工作现场"流程操作的地方" 2)操作人员认真讲解操作流程 3)询问过程是否有不合理的地方和操作困难点 4)对过程进行5W1H提问 5)收集过程数据 6)收集过程表单 7)填写过程记录表单	问答
	16:55—17:00	5	一天会议总结		

4. 活动注意事项和团队需遵守的基本章程

活动过程中有一些注意事项需要重点强调，比如注意安全，不要因为活动过程中的不小心造成一些安全事故；不要在 Gemba Walk 中影响到其他正常工作的同事。在过程观察中需要了解以下信息：

1）工作内容。
2）流程的输入和输出。
3）将流程的输入和输出文件打印出来。
4）流程相关数量（如周期时间、等待、返工率、文件库存数量）。
5）填写过程调查表单。

一个团队有 8~12 个同事，为了使大家能更好地在一起高效工作，有必要制定相应的团队活动章程，让所有的团队成员共同遵守。有的团队会设立"快乐基金"，如果有人违反了活动章程，就向"快乐基金"投掷 5 块钱，"快乐基金"最后可以拿来作为活动经费。团队活动章程见表 4-11。

表 4-11 团队活动章程

维 度	要 求	惩罚措施	执 行 人
培训纪律要求	参与培训的成员不得迟到、早退、缺席	考核 50 元/次并通报批评，也可以表演一个节目来代替罚钱	培训时指定的纪律委员
	参与培训的学员要求按时到培训室并签到，有重要事项需暂时离开时，需得到老师许可		
	手机统一在培训室指定位置保管		
	上课期间不专注、游走、打瞌睡、耳语、开小差等，由纪律委员记录		
成员参加改善周要求	项目组成员必须全天在项目现场，不得无故缺席，不得中途离开处理与改善周不相关的工作		团队队长
	参与项目过程中不允许玩手机、使用计算机，下班后、午休时间除外		
	听从组长指挥，配合组长的工作安排		

5. 设置团队名称和团队口号

团队建设最好能设置团队名称和团队口号，有时会举行团队之间的 PK 活动，通过 PK 活动来调动成员的积极性，也是一个很不错的办法。在团队建设中有一项重要的事情就是小组团队成员分工的问题，在分工后成员依照分工完成自己的工作，每个人的分工都很重要。

6. "现场"流程 Gemba Walk

在团队中会有一部分人对流程很熟悉，一部分人对流程还不是很熟悉，如果不熟悉流程，就很难在后面发现问题点，并给出很好的解决方案，可以通过

Gemba Walk 对流程进行熟悉。另外，现场是问题的宝库，只有到现场进行观察、了解、质疑，甚至动手操作，才能最大限度地了解现场情况，通过第一手资料的掌握才能进行下面一些步骤的工作。

在 Gemba Walk 过程中，首先会要求流程的工作人员详细介绍自己的流程，如自己负责的是什么操作，每一步的操作是什么，每一步操作是怎么进行下去的，流程的输入、输出分别是什么。

接着，团队成员针对一些疑问进行提问，以求得流程工作人员的解答，然后通过5W1H详细询问每个流程的操作，如为什么需要做这项工作，做这项工作的目的是什么，不做会怎么样，完成这项工作的最佳时间和最佳地点是什么，是否有其他更加简单的办法来完成工作。

团队成员需要收集过程中的相关数据和表单，如操作时间、过程 LT 时间、合格率等相关数据，再将过程中的所有表单打印出来。Gemba Walk 工作内容如图 4-8 所示。

图 4-8　Gemba Walk 工作内容

4.2.2　第 2 天活动"发现日"

第 1 天的培训及 Gemba Walk 工作结束后，进入了第 2 天的工作。前面的培训及 Gemba Walk 为精益办公的泳道图做铺垫，在培训中会介绍精益办公的基本原则以及如何能够更好地发现问题点，第 1 天的 Gemba Walk 时间长度不太确定，如果流程长，花费时间就会久。解决办法有两个：一是无论工作到几点都要在第 1 天内完成 Gemba Walk 的走访工作；二是如果整体进度不是很紧张，第 2 天增加 2h 来进行 Gemba Walk。第 2 天的主要工作是绘制流程泳道图，将会用到培训介绍的泳道图绘制方式和 Gemba Walk 的流程步骤（第 3 章介绍了完整地绘制泳道图的步骤，可以参考）。参与人员初次绘制泳道图可能会觉得很难，但是经过两次改善周以后，就会相对容易，最好是完整的端到端的流程。绘制完泳道图就是小组进行头脑风暴来发现流程中的问题点，最好整理成改善任务清单。

第 2 天的活动重点为：
- 当前泳道图绘制。
- 将来泳道图绘制。
- 问题点发现、改善公报、改善方案。

团队领导人的主要工作内容有：

- 将当天的议程张贴出来，并予以检查。
- 将团队的总体目标和阶段性目标张贴出来，并予以检查（要求队员们集中注意力）。
- 将其他基本资料张贴出来，并予以检查。
- 评审其运作守则、安全事项和紧急通道。
- 给队员分配相应任务。
- 计算客户需求（节拍时间），并张贴出来。
- 绘制和张贴客户需求与工作周期表（节拍时间/周期时间柱状图）。
- 选择要消除的各种浪费（排出先后次序，并予以记录）。
- 分析解决上述各项问题的方法（利用集思广益法）。
- 给团队安排改善任务（改善公报）。
- 必要时，重复前面的步骤。
- 准备向管理层汇报当天改善活动进展情况（队长会议）。
- 利用"改善公报"评审当天的改善活动。
- 准备好第 3 天的议程。
- 完成改善闭合工作，向工厂服务部门、保养部门和工具房传达改善结果。

现在我们将重要的内容进行分开描述，让大家了解怎么进行这些工作内容。

1. 第 2 天活动议程或者活动计划

第 2 天活动议程见表 4-12。

表 4-12　第 2 天活动议程

活动主题：第 2 天活动议程					
名称	时　间	用时/min	活动内容	主要步骤/关键点	演绎手段
精益办公改善周课题	09:00—09:15	15	当天主要工作进度安排介绍	第 2 天活动议程	Excel 表格
	09:15—10:00	45	精益办公泳道图现状绘制说明	1）泳道图绘制基本介绍 2）泳道图便利贴应用规范	PPT 演示说明
	10:00—10:45	45	精益办公当前泳道图绘制	1）画出流程图 2）流程连线 3）流程数据填写 4）流程表单张贴	小组活动
	10:45—11:00	15	休息		
	11:00—12:00	60	精益办公当前泳道图绘制	1）画出流程图 2）流程连线 3）流程数据填写 4）流程表单张贴	小组活动
	12:00—13:30	90	午餐和休息时间		

(续)

活动主题：第2天活动议程					
名称	时间	用时/min	活动内容	主要步骤/关键点	演绎手段
精益办公改善周课题	13：30-14：30	60	用头脑风暴发现问题点	1）观察当前现场图 2）数据分析 3）头脑风暴 4）精益办公基本原则 5）5W1H & 5why	头脑风暴
	14：30-15：30	60	整理问题点及头脑风暴改善方案	1）整理所有问题点 2）头脑风暴考虑最优解决方案 3）方案评估 4）整理改善行动计划	头脑风暴
	15：30-16：55	85	精益办公将来泳道图绘制	1）理想状态的将来泳道图 2）画出流程图 3）流程连线 4）流程数据填写 5）流程表单张贴	小组活动
	16：55-17：00	5	一天会议总结		

从表4-12中可以看到，当前泳道图绘制需要105min，用头脑风暴发现问题点需要60min，整理问题点和改善方案需要60min，将来泳道图绘制需要85min。其实，这些为推荐时间，在实际活动中可以弹性增减时间，如果前面的Gemba Walk做得好，可能后面的当前泳道图绘制就不需要105min，可以减少到60min。但是如果前面的Gemba Walk没有做好，可能需要重新进行调查了解。作为改善周的促进者（内部顾问），心里要明白哪段时间可以延长，哪段时间可以酌情减少，这样才能保证一天的工作按时完成。

2. 泳道图绘制简单说明

泳道图是第2天的活动重点，第2天的工作基本都是围绕泳道图来进行的，目的是将不可视的流程或者不了解的流程清晰完整地展示在团队成员面前，即问题解决的第一个步骤是流程可视化，只有这样才能发现问题和解决问题。可能前面的培训会涉及泳道图绘制，本次45min培训强调说明重点，过程中出现的问题点进行提前说明。改善周的促进者（内部顾问）要提前思考在绘制泳道图中，可能会出现哪些问题点，过去几次泳道图绘制过程中经常出现哪些问题点，绘制过程中团队成员存在的疑问有哪些，团队成员最大的疑问是什么，绘制泳道图的基本规则是否清晰等。泳道图如图4-9所示。

3. 当前泳道图绘制

泳道图绘制在第3章有详细介绍，参照内容来进行泳道图的绘制。前期准备

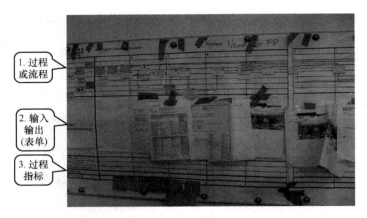

图 4-9　泳道图

充分，绘制的难度会降低。前期的准备包括：泳道图绘制工具（A0 纸、各种颜色的便利贴、连接线、胶纸等），Gemba Walk 对过程了解透彻（过程步骤、过程表单、过程数据收集）以及相应的培训工作。当前泳道图类似于当前价值流程图，在做任何改善项目前需要了解现状是什么，需要实现什么目标。现状的了解就是通过当前价值流程图（泳道图），需要实现的目标就是未来价值流程图或者将来泳道图。有些公司也用价值流程图来反映办公室流程，泳道图相对于价值流程图，操作分工更加清晰，所以用泳道图来展示流程。泳道图绘制过程如图 4-10 所示。

图 4-10　泳道图绘制过程

4. 用头脑风暴发现问题点

当前泳道图绘制完成后，重要任务就是找出过程中的问题点并进行改善，发现问题点的办法有很多，如5W1H、5why、问题点检查清单、浪费发现，或者是流程优化的一些基本原理。头脑风暴也是一个不错的问题发现办法。

在典型的头脑风暴会议中，一些人围桌而坐。群体领导者以一种明确的方式向所有参与者阐明问题。然后，成员在一定的时间内"自由"提出尽可能多的方案，不允许任何批评，并且所有方案都当场记录下来，留待稍后讨论和分析。但是，头脑风暴法仅是一个产生思想的过程。

事实上，这种"风""暴"不见踪影的头脑风暴中，隐藏着种种误区与陷阱。

常常会有这样的情况，管理者在会前说："让我们开始头脑风暴吧！"接着自己花上一小时夸夸其谈，本来踌躇满志的听众或呆若木鸡或昏昏欲睡，待他回过神来，会议已接近尾声——和以前会议一样，流于形式是头脑风暴的最大禁忌。

不要忘记，在会前制定好头脑风暴的游戏规则。比如，明确"头脑风暴"即畅所欲言，不必顾虑自己的想法是否天马行空，不允许与会者在会上对他人的设想评头论足——对各种想法的评测留到会下的环节来进行。总而言之，大家尽可能集思广益提出创意，以大量的设想来保证质量较高的设想存在。

在精益办公中，基本上头脑风暴会执行三轮。第一轮为改善点发布，画完了泳道图后给大家10min时间来思考流程中的问题点是什么，要求将问题点记录在黄色便利贴上，便利贴上写明问题点和发表人员的名字，10min后大家依次来到泳道图前发表自己发现的问题点，一次发表一个问题点，大声说出问题点是什么，问题点的理由是什么（为什么我觉得它是一个问题点）。发表完后将相应的便利贴贴到泳道图上。其他人在听的过程中如果有新的启发也可以记录下来。发表的过程中，如果问题点是重复的就将相应的便利贴贴在一起。所有问题点发表完了之后，促进者（内部顾问）进行总结，我们发现了多少个问题点，问题点最多的是什么环节，也可以引导大家增加新的问题点。第二轮是发给大家5个圆形小贴纸，将你认为最需要改善的5个问题点贴上圆形小贴纸，最后对所有问题根据圆形小贴纸数量进行排列。小贴纸最多的就是最有急迫性进行改善。第三轮发给大家另外一种颜色的小贴纸，在小贴纸上写出针对某一个问题点的解决方法。思考时间是10min或者20min。结束后，每个团队成员依次上台发表自己的建议，并将相应的小贴纸（解决办法）贴到黄色贴纸（问题点）附近。经过这轮之后，我们就可以得出各种各样的解决方案，再由相关领导来决定哪些方案是可行的。这样就基本上完成了精益办公头脑风暴。现场讨论如图4-11所示。

图 4-11　现场讨论

5. 问题点整理、改善方案制定

在上轮的头脑风暴后，需要对问题点进行整理，将相近问题点整理成一个问题点，有些问题点可能与现实不符或者缺少考虑要进行删除处理。经过第三轮的头脑风暴后，思考好的解决方案，解决方案出来后，就开始执行改善公报，格式见表4-13。

表 4-13　改善公报

问　　题	解决办法	负　责　人	要求完成时间	期　望　结　果
将问题量化，并清楚地表达出来	要采取什么行动去收集资料或提出解决方案？	哪个队员或分队负责这些行动？ 注意：人们在有压力或是参加集体活动时会发挥得最好。发挥判断能力，根据每个队员的长处来恰当地安排工作，同时给新队员以更多学习的机会	可以允许分队适当延长完成任务的时间（但不超过两小时），让他们试试在没有任何指导的情况下如何开展工作 注意：作为队长要负责团队能够按时完成任务，不要只做检查工作，而让队员们花太多时间在一项工作上	已经完成的步骤要画上线条，并将其对流程的影响效果进行量化（比如，某个行动的效果是节省了工人2min的周期时间）

撰写改善公报对改善项目取得成功非常重要，因为它可以令团队成员集中精力于能够取得最大回报的"少数几项重要"工作。

撰写公报的好处如下：按时间顺序记录改善活动是改善团队向管理层汇报和30天跟进活动的重要参考。跟进问题便于问题的解决，问题责任到人，规定完成时间，制定期望结果。改善公报应用场景如图4-12所示。

图 4-12　改善公报应用场景

6. 将来泳道图绘制

将来泳道图是改善后的想要达到的理想的流程图，是通过三个月或者半年才能达到的流程运作图。它融入了很多精益原则，如单件流、消除过程浪费、用看板拉动流程、尽量实现电子化系统等。将来泳道图是简化后的当前泳道图，当前泳道图有很多操作步骤，经过改善后流程被大幅减少或者很多环节被更好的操作办法所取代。在绘制将来泳道图时需要跳出当前思维惯性，现在有这个操作环节，将来是否可以取消掉，用别的步骤来替代，如果还是落入现在的思维中很难将这个步骤取消。一些新的实施步骤也需要大胆想象，才有可能实现，不然会出现将来泳道图和当前泳道图没有区别，所有的操作环节都存在的尴尬。另外，新的将来泳道图也是未来操作的流程主要步骤，后续第 4 天试运行流程时，也许就要按照将来泳道图进行部分运行了。将来泳道图如图 4-13 所示。

图 4-13　将来泳道图

我们最大的弱点在于放弃，成功的必然之路就是不断地重来一次。

——托马斯·爱迪生

4.2.3　第 3 天活动"改变日"

再好的方案都要付诸实施才有价值，不能停留在"纸上谈兵"的阶段。需要将理论或者设想转化为实践行动。第 3 天的活动就是将重点放在行动上，实施具体的改善计划，让设计好的流程进行运作，用试运行来检验流程运作情况。

第 2 天整理出来的改善公报是第 3 天活动的主要依据，改善公报中改善事项不是所有的都能在第 3 天或者第 4 天里做完，有一些需要列入改善周结束后的 30~90 天改善计划，进行后期的跟踪和改善。仅仅从改善公报中挑选出两天适合改善的事项实施。

在第 2 天就需要提前做好第 3 天活动的准备，如涉及办公室布局变更，可能需要在第 2 天就要将布局的方案给公司的高层确认批准，相关协助人员也需要提前预约，如网络、电话和电源的变更需要公务部门提供支持，大型设备需要搬运设备才能搬运等。

第 3 天上午安排将来泳道图的绘制和问题点的整理（问题点和解决方案），对于复杂流程相应问题的解决办法难以一下制定出来，需要投入更多时间，涉及各个部门的相关人员确定。改善部门对问题的反馈及改善实施计划确认，需得到相关经理或者高层领导的同意，就需要更长时间。同时可以看出活动时间不是一成不变的，可以根据流程难度或者企业情况做出适当的调整。

团队领导人的主要工作内容有：
- 将当天的议程张贴出来，并予以检查。
- 将每天的改善结果张贴出来，并予以检查。
- 给改善部门的操作人员和主管召开改善结果传达会议。
- 给分队安排改善任务（利用"改善公报"）。
- 安排新的工作顺序，消除所有浪费（必要时，使用"标准化工作组合表"）。
- 根据节拍时间，实现新的工作平衡（必要的话，此时要重新平衡非增值的步骤）。
- 绘制符合新工作顺序的布置图（利用"标准化工作组合表"）。
- 防止操作出错，提高产品质量（制作一些简单的防错装置）。
- 在布局变更之前要测试一下新的流程［模拟新流程，参考"改善前的设备（其他物品）搬动计划"］。
- 给改善部门的人员和主管传达改善结果，与操作人员的沟通非常重要。
- 模拟改变情况，直至超越目标。
- 实施新的流程（利用"改善公报"和"支援表"）。
- 向流程相关人员传授新的流程，同时要倾听他们的反馈意见。
- 准备向管理层汇报当天工作进展情况（队长会议）。
- 利用"改善公报"来保证每个团队都能在会议期间集中注意力。
- 队长会议之后，向团队介绍管理层的反馈信息。
- 审查晚上的改善活动（利用"改善公报"）。
- 准备第 4 天的议程。
- 完成改善闭合工作，向工厂服务部门、保养部门和工具房传达改善结果，以备第 2 天工作之需。

1. 第 3 天活动议程或者活动计划

第 3 天活动议程作为一个活动的计划，目的是让改善周的团队成员更好地完成一天的工作任务，计划主要提供一个时间节点，告诉团队成员需要在什么时间完成什么样的工作，另外计划也告诉大家活动的内容是什么，这样可以避免团队成员遗忘一些工作，到了工作结束的时候，才想到原来还有一项工作。此外，计划来能提高团队成员行动步骤，展示出行动应该遵循的方法或路径，如制订详细的改善计划，需要选出改善事项，然后确定改善成员、分工、责任人和完成时间。第 3 天活动议程见表 4-14。

表 4-14　第 3 天活动议程

活动主题：第 3 天活动议程

名称	时间	用时/min	活动内容	主要步骤/关键点	演绎手段
精益办公改善周课题	09:00-09:15	15	当天主要工作进度安排介绍	第 3 天活动议程	Excel 表格
	09:15-10:00	45	改善过程重点说明	1）强调安全重要性 2）改善过程纪律性	PPT 演示说明
	10:00-10:45	45	制订详细改善计划	1）选出改善事项 2）确定改善成员 3）改善详细计划、分工、责任人、时间 4）详细改善计划	小组活动
	10:45-11:00	15	休息		
	11:00-12:00	60	小组进行改善	1）准备改善用品 2）实施改善 3）流程试运行 4）流程表单设计 5）流程运行	小组活动
	12:00-13:30	90	午餐和休息时间		
	13:30-15:30	120	小组进行改善	1）准备改善用品 2）实施改善 3）流程试运行 4）流程表单设计 5）流程运行	小组活动
	15:30-15:40	10	休息		
	15:40-16:55	75	小组进行改善	1）准备改善用品 2）实施改善 3）流程试运行 4）流程表单设计 5）流程运行	小组活动
	16:55-17:00	5	一天会议总结		

2. 详细的改善计划

我们在头脑风暴的过程中产生了很多问题点，或者在改善公报中也列出不少问题，我们需要对所有的问题进行分类，如哪些是属于简单改善（分配给一个人就能改善），哪些是需要一个团队来进行改善的，转为项目课题管理方式，或者哪些是公司级的大课题，需要上升到公司层面来进行解决。另外，我们需要确认一个项目的优先序，评价的标准可能是客户关注、提高企业竞争力、技术实现难度、所需技能、文化限制和成本等。在改善公报中列出的改善事项有时候是比较初步的，在实施过程中可能还需要进一步细分，成为具有操作性的步骤，这就需要针对课题的改善事项进一步展开，变为详细的改善计划，如图4-14所示。

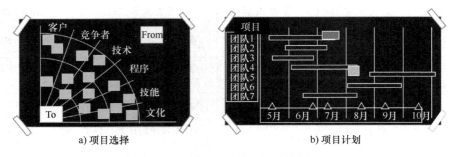

a) 项目选择　　　　　　　　b) 项目计划

图4-14　项目选择和项目计划

目前我们的做法是做完泳道图的后端用一个表罗列出问题点和对策，一个问题对应一个对策，要想将这个改善做得既有效率又彻底还是有一定方法的。这就需要我们对问题进行进一步了解或者找到相关人员进一步了解现况，或者有时候需要进一步用5why的办法来了解问题的原因，这样就能更好地制订改善计划，并彻底解决问题点。

3. 小组进行改善

基本上可以看出流程优化的改善周，大部分工作都需要团队来完成，除了第1天上午是说明和培训时间，剩下来的时间活动的主角都是团队成员，团队成员需要了解现有流程操作，根据现在流程画出泳道图，然后发现问题，找出问题原因并制定解决对策，最后将对策一一实施完成，这些都是团队成员需要完成的工作。

团队成员在整体过程中通过动手实践体会不同程度的"奇妙感"。

1）惊奇感。原来都是按照旧的流程来运作，从来也不会觉得流程有什么问题，前人怎么做我就怎么做，但是通过精益办公的培训之后知道原来流程中，枉费大量工作时间的竟然是流程本身，很多工作本身就是没有必要做的或者有更好的办法来完成。

2）认同感。原来就是自己完成自己的工作部分，也很少有人来表扬或者被别人赞扬，在团队中我发现了一个流程中的问题，帮助团队解决一个问题点，就能够看到团队成员称赞自己的神情或者眼光，团队成员可能在想这个家伙真厉害，高难度的问题也能发现，或者大家为了解决问题一直工作到深夜，当最后完工时，心里自然呈现出来"和这群人一起干活感觉太好了"，虽然累一点、辛苦一点也是值得的。

3）成就感。当完整的当前泳道图绘制出来后，当问题点被一个个解决之后，当新的流程被实施后，当项目报告给高层领导时会自然而然地产生一种成就感，这个东西是我做的，怎么样？不错吧！这种成就感就像兴奋剂驱使不断地投入到改善中。

如果在改善周的项目中团队成员能体会到这些"奇妙感"，这个项目其实就成功了很大一部分。然而，体验这些"奇妙感"的唯一途径就是自己动手，把自己的手弄脏，在动手中学习，在动手中体会，在动手中不断进步。

为了改善团队的氛围，有时候会导入 PK 文化，刻意地将团队分成两个改善小组，然后每个小组都有自己的组长和 PKI 指标。这些 KPI 指标为按时出席、回答问题数量、找出问题点数量、完成改善项目数量、按时完成工作内容等指标。PK 就是充分利用人的心理来调动人的积极性，因为有另外一个团队跟自己 PK，一定不能输，必须加快自己的行动计划，不管怎样都要完成项目，所以团队成员有共同的目标——要赢过对手。PK 评比标准见表 4-15。

表 4-15　PK 评比标准

评比项目	评比细化	标 准 作 风	扣 分 标 准	加 分 标 准
团队纪律	迟到早退	按公司规定的培训时间，上午9:30，下午13:30	凡迟到者给予1分扣罚	按全勤标准给予5分奖励
	培训氛围	1. 不得打哈欠；2. 不得随意走动；3. 士气高涨	违反上述任何一条，扣该团队1分	符合上述条件，每日检查最好的团队奖励2分
	培训纪律	培训期间，手机必须调至振动或静音状态	凡发现手机响的个人，给予1分扣罚	
积极主动性	抢答问题	1. 积极性；2. 正确性		分享、回答问题积极的团队给予2分奖励
改善数量	改善效果	1. 发现一个问题并且解决一个问题加1分 2. 制作一个改善案例加1分 3. 完成相应的表格加1分 4. 按时完成每天任务加5分		提出难以发现的问题点加3分 特别有创意的改善方案加3分 改善实施（难度大、时间快）加3分

（续）

评比项目	评比细化	标准作风	扣分标准	加分标准
团队士气	文化展示	1. 精神风貌；2. 动作标准；3. 气势状态		状态好、动作标准、气势高，给予5分奖励
	跳舞	1. 状态好；2. 热情		舞蹈状态好，比较热情，给予3分奖励
	其他	其他项目分由老师或评委临时决定		

在所有的改善行动中，可以选择部分在一两天内实施，团队成员可以预估一下任务需要完成时间，如部分修改系统需要借助外部IT人员或者需要第三方机构来进行改善，就不能列入马上改善计划，但是如果是建立新的VBA程序来提高工作速度就可以立马进行改善。下面几项工作要马上进行改善：表单重新设计、步骤先后次序调整、步骤删除、用自动化公式来代替人工计算、流程责任人调整、分级流程审批、批量导入代替一个一个导入、流程按照单件流来进行布局、流程设立相关KPI、设立相应流程目视化道具等。

任务选择完毕后，下一个步骤就是团队队长将相关任务分配给团队成员，可以是两个团队成员一组，便于过程讨论和相互启发，找到更好的解决方案。尽量能够让每一个团队成员都能领取相应的任务，如果任务需要借助外部力量，团队可以自寻外部力量或者让促进者（内部顾问）支持资源获取。

4.2.4　第4天活动"持续改善日"

第4天的活动内容基本上和第3天相似，只是第3天活动的继续，称为"持续改善日"。可以挑选改善公报的改善事项来进行改善，也可以继续完成第3天没有完成的项目，有些项目不能在一天的时间里被完成，需要延到第4天来进行。

1. 第4天活动议程

首先还是列出当天活动的计划，对每一项目的完成设置时限，最终能够保证有效输出。第4天活动议程见表4-16。

2. 制作改善案例表

经过了两天的改善，会有改善成果输出，需要把改善前后的情况书面化，便于后续报告和相关人员学习。改善前后对比如图4-15所示，其格式不受限制，只要能够展示改善前后的变化就行。

改善前后对比包含的内容有：
- 改善前现状描述、问题点说明和图示说明。
- 改善后状态描述、实现方法和图示说明。
- 写明过程中采取的行动规划。

- 计算出案例所节省金额（一般公司都有统一的节省金额计算公式）。
- 讲明过程主要困难和所接受的资源。

表 4-16　第 4 天活动议程

活动主题：第 4 天活动议程

名称	时间	用时/min	活动内容	主要步骤/关键点	演绎手段
精益办公改善周课题	09：00-09：15	15	当天主要工作进度安排介绍	第 4 天活动议程	Excel 表格
	09：15-10：00	45	改善过程重点说明	1）强调安全重要性 2）改善过程纪律性	PPT 演示说明
	10：00-10：45	45	制订详细改善计划	1）选出改善事项 2）确定改善成员 3）改善详细计划、分工、责任人、时间 4）详细改善计划	小组活动
	10：45-11：00	15	休息		
	11：00-12：00	60	小组进行改善	1）准备改善用品 2）实施改善 3）流程试运行 4）流程表单设计 5）流程运行	小组活动
	12：00-13：30	90	午餐和休息时间		
	13：30-15：30	120	改善过程检讨和再改善	1）流程试运行问题改善 2）持续改善流程 3）发现问题—分析问题—改善问题（PDCA 循环） 4）整理需要再改善清单	小组活动
	15：30-15：40	10	休息		
	15：40-16：55	75	新流程培训及标准化	1）新流程教育培训 2）流程表单更新 3）流程操作指导书制作或者更新 4）流程表单设计	小组活动
	16：55-17：00	5	一天会议总结		

3. 流程试运行

如果觉得流程改善做得很充分，就可以组织一个流程试运行的环节。试运行的环节和产品试生产是一个道理，能够在正式运行时，了解还有哪些步骤存在问题需要进一步改善。全体成员围绕试运行的每一个步骤，观察过程中可能的问题点。

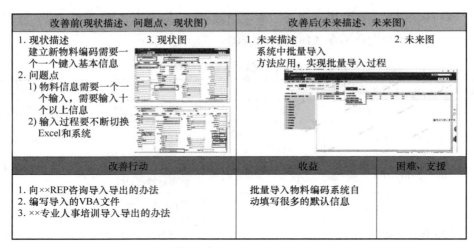

图 4-15　改善前后对比

4. 流程标准化

为了更好地将流程固化下来，需要制作流程标准书或者流程指导书。流程标准化除了流程图和业务流程手顺书格式，还有两种不同格式的手顺书，不同公司可以编制适合自己的格式。下面两种格式供大家参考，如图 4-16、图 4-17 所示。

4.2.5　第 5 天活动"报告日"

到活动第 5 天，很多改善活动基本上已完成，可以看到很多改善后的成绩，需要将改善成果展示给其他同事或者领导，让领导或者别的同事了解这些天里团队成员都做了什么，怎么来完成一个流程优化改善周的活动，活动取得了什么样的效果，过程中成员的收获是什么。

团队领导人需要完成以下事项：

- 将最终完成的改善成果张贴出来，并进行检查。
- 确保改善部门在使用新的运作程序。
- 给队员安排最后一分钟的工作任务（利用"改善公报"）。
- 完成操作人员需要的操作文件（"标准化工作组合表"和"标准化工作布置图"）。
- 审查"改善公报"，列出所有未完成的项目（作为 30 天跟进项目）。
- 检查"改善成果汇报表"的格式。
- 安排好改善成果汇报演示的次序。
- 绘制"改善成果汇报表"用的图表和幻灯片。
- 试演练习。
- 记录试演时间（确保时间不要超过 20min）。

业务手顺书			部门名称：		
业务名称：			教育训练内容	根据此手顺书进行OJT教育	
过程时间	业务手顺过程以及注意点	输入输出资料、物件 输入 | 输出	输入输出资料、物件名称	最终审核	制作者
共　页	此第　页	文件编号：	编制日期	审核	制作

图 4-16　业务手顺书

分类编号		业务名称	编制	审核
		入库作业		
业务步骤		业务程序	管理要点	记录
1) 入库准备 (入库作业前日)	1)-①	入库数据准备 *实际入库日前一天由客户以传真形式发送入库通知 *收到入库通知后,事务员(管理员)将数据手工输入系统		收货确认书
	1)-②	入库单据准备 *输入完毕后打印出"入库单一览表"3份,1份留底,2份交仓库使用	※避免输入错误	入库单一览表
	1)-③	入库标识准备 *根据入库预定的各商品托盘数打印相同张数的"入库标识",次日入库时使用	系统目前只能每个商品生成一张"入库标识",请按照实际数量复印相应的"入库标识"	入库标识
	1)-④	入库前的准备 打印好"入库单一览表"后马上交与仓库管理人员,并督促仓库在入库当日提供装卸人员	如实填写"账票交接单",双方签字确认	入库单一览表 账票交接单
2) 入库作业确认 (当日)	2)-①	入库数量确认 *货车抵达中心后安排停放处,并马上通知仓库人员安排装卸人员 *由新境界的装卸人员将货装卸在仓板上,仓库人员用铲车将仓板运至电梯,电梯到达3楼后再由仓库人员用铲车运到指定货位上 *记录商品的批号	1楼确认商品是否有破损 如在装车及分拣过程中发生商品破损,马上停止作业,须另行注明破损的品种、数量、原因,后当场与仓库签字确认,并对损坏的商品拍照留证 3楼确认商品的数量,并安排摆放区域	入库单一览表 入库标识
	2)-②	确认商品 *所有商品的数量确认完毕后,由供应商与仓库的管理员在"入库单一览表"上共同签字确认(共2份)	数量修正时,确认供应商与仓库同时修正	入库单一览表
3) 入库确定 (当日)	3)-	系统输入 *根据作业完毕的"入库单一览表"的数量、批号与仓位输入系统,做入库确定处理 *入库确定完毕后打印出"入库单"2份 *由仓库人员与供应商双方管理员在"入库单"上签字后各执一份作为入库确定依据 *将按实收数量填写并签字的"收货确认书"传真给客户	※避免输入错误 ※全部业务结束后,单据归档	入库单一览表 入库单

图 4-17 业务标准书

- 给队员提出试演反馈意见。
- 改进演示方法。
- 让队员提前10min做好准备。
- 正式演示。

1. 回顾"改善公报",列出所有未完成的项目(作为 30 天跟进项目)

在第 2 天团队成员列出了很多改善,有些改善事项已经在接下来的两天中完成,有的还没有完成,存在于改善公报中。需要将未完成的项目整理成 30 天跟进项目,便于改善周结束后继续跟进项目并且关闭项目。改善清单见表 4-17。

表 4-17 改善清单

问题总数	关闭数量	关闭率	正常进行数量	延迟数量	取消数量	分厂车间	项目名称	改善类别	属地负责人	项目组长	项目启动日期	问题类型说明：1. 执行力型：必须完成的；2. 研发验证型：有失败的可能；3. 长期坚持型：时间较长才能闭环；4. 基础管理型：管理方面改善							
												30天工作计划跟进				持续跟进天数（已设置公式）	目前状态	最新进度	
												问题序号	问题描述	问题类型	改善计划	责任人	完成时间			

2. "改善成果汇报表"的格式

改善周在第 5 天的下午需要进行汇报，为了提高项目报告的编写时间，有必要提前做好"改善成果汇报表"的格式，这样就可以直接套用格式来做项目的报告书，一般的报告书都是以 PPT 的方式来编写，有时候也用 Word 的方式来进行，建议用 PPT 格式，如图 4-18 所示。

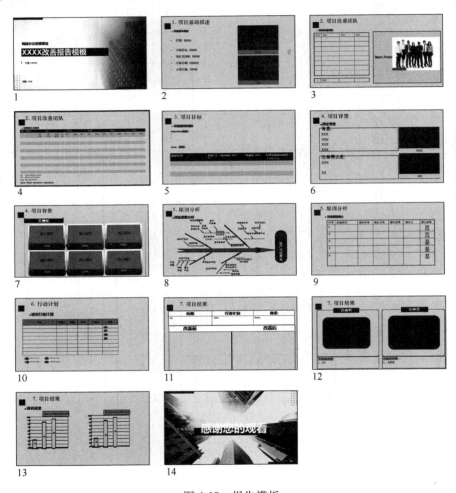

图 4-18　报告模板

3. 项目汇报

项目汇报一般是以团队的汇报方式来进行的，每个团队成员负责讲解 1~3 页的 PPT，可以报告做完之后进行一轮试发表过程，让每个成员演练一遍，然后明白讲解的过程中需要注意什么和哪些可以做出相应的修改，让讲解过程更加精彩。项目汇报场景如图 4-19 所示。

图 4-19 项目汇报场景

4.3 改善周的后期跟进

改善周总会有一些未关闭的改善行动，这就需要在后期不断跟进，一直到所有改善行动都关闭了为止。后期跟进采用每周团队会议，每周固定时间改善周的促进者发出会议邀请，让所有成员一起探讨改善行动，关注应该关闭项目是否关闭，是否需要额外的资源来保证项目完成，是否需要辅助哪些改善行动使其关闭，改善项目落后进度的原因是什么，是否需要重新制定新的改善行动。

第 5 章

精益办公案例

本案例为生产周期 LT 减少的项目，项目涉及多个部门，包括销售部、采购部、PMC（计划部）、仓库、品质部、工程部和生产部。企业是钣金产品生产加工制造公司，主要生产工序有剪板、数冲、折弯、焊接、打磨、外发喷涂、丝印和装配，大致可以分成三段：前工序加工（包含剪板、数冲、折弯、焊接、打磨）、外发喷涂和最终装配。项目开始后，公司领导非常重视，运营总监全程参与，公司总经理到现场检查两次改善项目完成情况，各个职能部门经理也积极参与本次活动。过程中重点用 Gemba Walk 来掌握流程现状，用泳道图来展示流程，用头脑风暴来发现问题点，最后每周开会跟进改善事项。

5.1 改善周前期准备

公司销售经常投诉答应客户交期的成品常常没有办法按时交货。钣金成品生产周期也是客户关注的方向，客户要求在订单下达 21 天交付产品，但是实际公司内的生产周期远远超过 21 天，没有办法达到客户的要求。为了提高客户满意度，增加客户的订单份额，需要利用改善周将产品的生产周期进行降低。

5.1.1 相关 KPI 数据收集

提前让 PMC 收集整理成品交付周期时间，从系统中导出每个客户的订单信息，然后根据客户下订单时间和成品送货日期来计算产品生产周期。通过数据可以发现绝大部分客户交期有所延迟，平均产品生产周期为 32 天，总共 173 个订单中有 122 个订单存在延期现象，按时交付率为 29%，如图 5-1 所示。

5.1.2 订单计划和生产流程

与其他企业一样，PMC 分成了 PC（Plan Control）和 MC（Material Control）两个部分，分别由一个同事来负责，订单流程包含销售订单处理、工厂接受订

客户	正常/天	超期/天	超期比例(%)	总计
2OQB	26	42	61.76	68
BED	2	3	60.00	5
BQB	10	46	82.14	56
HQB	6	23	79.31	29
IQB	5	8	61.54	13
SQB	2	0	0.00	2
(空白)				
总计	51	122		173

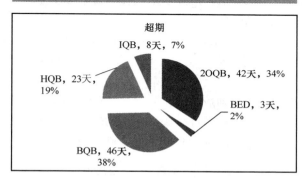

图 5-1 指标前期收集

单。PC 负责主计划确定、生产计划和成品发货，MC 负责物料需求计划和外发喷涂计划。所有的零件最后汇总到装配线装配和包装，做好成品入库并按照 PC 指示按时出货。整体流程与其他公司的计划流程一致，只是细化工作上有一些差异，差异部分后续有描述。整体流程如图 5-2 所示。

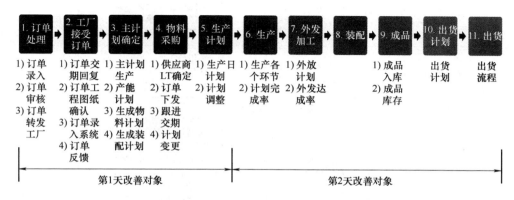

图 5-2 整体流程

5.1.3 改善周计划

为了不耽误正常工作，这里采用了为期两天的改善周，改善周要求参与人员全程脱产，全心投入到改善中。企业既可以兼顾日常工作，也可以全身心地投入到改善中去。这两天完全按照改善周方式进行，后面的现场改善、标准化和报告直接转为改善项目方式来完成。

第 1 天上午安排主要是以活动启动、培训和小组分工为主，活动启动大约 30min，培训 90min，分成了精益办公简介和精益办公泳道图绘制介绍。培训内容可以根据小组人员情况、活动的要求来进行安排，如果小组成员原来培训过精益办公就可以不需要培训这块内容。

第 1 天下午主要是针对从订单接收到生产计划下达进行活动，包含现场 Gemba Walk、泳道图绘制、头脑风暴发现问题点并整理问题点及头脑风暴改善方案。

第 2 天是完成生产实施到成品交付的整体流程，采用的方式与第 1 天下午一样。唯一增加的一项内容是精益办公未来泳道图绘制，决定改善后新的流程应该如何，沿着这个方向来进行改善。具体日程安排见表 5-1。

表 5-1 为期两天的改善周计划

活动主题：第 1 天活动议程					
名称	时间	用时/min	活动安排	主要步骤/关键点	演绎手段
精益办公改善周课题	10:00—10:30	30	启动会	启动会领导发言稿	
	10:30—11:00	30	精益办公改善周简介	1) 改善周基本流程 2) 改善周案例介绍	
	11:00—11:30	30	精益办公泳道图绘制办法介绍	1) 泳道图意义 2) 泳道图基本绘制步骤 3) 泳道图注意事项 4) 精益办公视频	问答 视频观看
	11:30—12:00	30	小组分工和项目讨论时间	1) 小组分工 2) 任务划分 3) 表单应用介绍	
	12:00—13:30	90	午餐和休息时间		
	13:30—14:30	60	Gemba Walk（订单到生产计划部分）	1) 来到每个工作现场"流程操作地方" 2) 操作人员认真讲解操作流程 3) 询问过程是否有不合理的地方和操作困难点 4) 对过程进行 5W1H 提问 5) 收集过程数据	小组活动

（续）

活动主题：第1天活动议程

名称	时间	用时/min	活动安排	主要步骤/关键点	演绎手段
精益办公改善周课题	14：30—15：30	60	精益办公当前泳道图绘制（订单到生产计划部分）	1）画出流程过程 2）流程连线 3）流程数据填写 4）流程表单张贴	小组活动
	15：30—16：30	60	头脑风暴发现问题点并整理问题点及头脑风暴改善方案（订单到生产计划部分）	1）观察当前现场图 2）数据分析 3）头脑风暴 4）精益办公基本原则 5）5W1H & 5why	小组活动
	16：30—17：00	30	小结		

活动主题：第2天活动议程

名称	时间	用时/min	活动安排	主要步骤/关键点	演绎手段
精益办公改善周课题	10：00—10：15	15	当天主要工作进度安排介绍	当天活动议程	Excel 表格
	10：15—10：45	30	Gemba Walk（生产到成品部分）	1）来到每个工作现场"流程操作的地方" 2）操作人员认真讲解操作流程 3）询问过程是否有不合理的地方和操作困难点 4）对过程进行5W1H提问 5）收集过程数据 6）收集过程表单 7）填写过程记录表单	小组活动
	10：45—11：00	15	休息		
	11：00—12：00	60	精益办公当前泳道图绘制（生产到成品部分）	1）画出流程图 2）流程连线 3）流程数据填写 4）流程表单张贴	小组活动
	12：00—13：30	90	午餐和休息时间		
	13：30—14：30	60	头脑风暴发现问题点（生产到成品部分）	1）观察当前现场图 2）数据分析 3）头脑风暴 4）精益办公基本原则 5）5W1H & 5why	头脑风暴
	14：30—15：30	60	整理问题点及头脑风暴改善方案（生产到成品部分）	1）整理所有问题点 2）头脑风暴考虑最优解决方案 3）方案评估 4）整理改善行动计划	头脑风暴

(续)

活动主题：第 2 天活动议程					
名称	时间	用时/min	活动安排	主要步骤/关键点	演绎手段
精益办公改善周课题	15：30—16：55	85	精益办公将来泳道图绘制（生产到成品部分）	1) 理想状态的将来泳道图 2) 画出流程图 3) 流程连线 4) 流程数据填写 5) 流程表单张贴	小组活动
	16：55—17：00	5	一天会议总结		

本次将整体计划分成两段来分析，第一段为从订单接收到生产计划下达，第二段为生产实施到成品交付。理由是整体流程长，如果一次完成可能时间跨度太大，容易遗忘前面的内容。如果你不喜欢这种方式，也可以采用整段来进行分析。

5.1.4 改善周邀请

确认参加改善周的所有成员，成员包括销售、采购、PMC、生产、仓库和工程人员，将成员信息做成一个联络清单，填写联系方式，便于联系。确定关键人员会议时间，避免关键人员的时间和改善周时间有冲突，如果邀请高层领导参加，必须提前确认时间。另外，用邮件的方式邀请所有成员参加本次改善周活动。

5.2 改善周实施

提前准备需要的物品，如纸卷、便利贴、电工胶带、透明胶带、美纹纸、数据收集表和各种颜色的笔，可以减少在活动中寻找工具的时间。

1. 启动会

启动会由运营总监做开场白，主要介绍本次改善周为什么需要开展，公司领导对本次活动的期望，也介绍了一下自己在别的公司开展改善周的相关经验，最后提出对本次活动的要求，要求成员能够遵守时间、用开放的心态讨论问题并提出有创意的改善意见和想法。

2. 精益办公培训

培训是由精益经理来实施的，需要提前准备好培训的课件，培训中尽量多一些互动，设置一些问题点让学员进行讨论，注意每 25min 就需要一个亮点来点燃学员重新学习的热情。

3. 到现场观察流程

在做 Gemba Walk 时，需要提前进行分工，不然到了现场很多人会变得无所事事。分配谁来记录相关过程数据、谁来收集相关表单和程序、谁来发现过程中的问题点、谁来进行主要过程中的提问。提问按照 5W1H 来进行，步骤的名称是什么，操作步骤有几个，步骤需要花费多长时间，步骤输入是什么、输出是什么，为什么需要这样操作，异常情况有哪些，过程 KPI 有哪些〔如过程返工、在制品（Work in Process，WIP）文件数量、批量数量、人员数量、操作频率、完成时间、周期时间等〕。流程 Gemba Walk 一般按照流程顺序来看一个操作步骤。

以上三步改善周进行过程如图 5-3 所示。

图 5-3　改善周进行过程 1

4. 绘制泳道图

提前把纸卷张贴在墙壁上，每一排就是一个部门，可以用电工胶带作为分割线。每一个步骤可以用便利贴来表示，也可以用数据收集表来做每一个步骤。张贴顺序也是按照流程顺序依次粘贴，过程中不断询问团队成员有没有遗漏的步骤。如果发现有步骤遗漏，需要重新到现场进行确认操作过程。最后，将过程中的相应表单放置在泳道图下方，并做好对应关系。

5. 头脑风暴

头脑风暴分成两轮进行，第一轮发现过程中的问题点，第二轮对问题点提出改善解决方案。两轮都会用到便利贴，但是颜色会有区别，如第一轮用黄色，第二轮就用红色。第一轮提前分配给小组成员 15 张便利贴，并要求在接下来的 5min 时间内写下至少 10 个问题点，该步骤的意义就是促使成员提前先发现问题点，然后再进行头脑风暴。小组成员每次发表一个问题点，大声说出自己找到的问题点和之所以认为是问题点的理由，再将便利贴贴到相应泳道图的位置上，依次进行，直到所有成员都没有问题点，然后对相同问题点的便利贴进行合并，开始进行第二轮的改善方案头脑风暴。

6. 列出改善项目清单

根据发现的问题点和头脑风暴，将所有的改善项目进行汇总。汇总时要估计一下，如果所有的改善事项都完成后，改善目标是否能达到，如果达不到目标，需要团队继续开动脑筋，想出更多的改善事项。

以上三步改善周进行过程如图 5-4 所示。

图 5-4　改善周进行过程 2

过程中会有很多讨论的环节，新流程需要进行讨论，过程中的问题点需要讨论，变更流程步骤需要讨论，表单的应用需要讨论，提出新的方案需要讨论。例如，本案例中需要讨论的有：如何在 48h 内完成交期回复，如何制定各个环节的标准周期时间，采购如何在 21 天内将需要的物料采购到位，生产部门如何安排以保证计划达成率，原来没有的环节如订单评审、产能计算和生产日计划如何开展。针对在 48h 的时间内回复客户交期，就需要确认每一个步骤周期时间，如订单转化内部订单为 2h，生成生产计划和采购计划时间为 2h，确认采购周期一天时间，并确认生产产能、图纸、检验要求。最后，PMC 汇总信息给销售，每一个环节都需要讨论，看是否能达到要求、是否能够按时完成、是否能够压缩时间，最后成为一个大家都认同的新流程。同样的讨论也会发生在标准周期时间的建立上，如订单转为生产计划和物料需求周期时间，物料采购周期是多少，前工序从投料到喷涂毛坯完成周期是多少，喷涂周期是多少，装配周期是多少等。因为改善项目生产周期时间减少，所以每一段的周期时间控制变得很关键。现场讨论场景如图 5-5 所示。

讨论的话题都是围绕着精益办公的泳道图，对泳道图发现的问题进行详细讨论，如操作环节是否合理，表单是否正确，手工作业是否可以交给 ERP 系统来完成，流程在固定的时间未完成如何进行处理，每一个步骤的责任人是谁，是否有相应流程的考核指标等。由此可见，泳道图是非常关键的。本案例泳道图中红色便利贴标注流程周期时间，黄色便利贴代表部门和相应发现的问题点，相应的表格放在最下面，流程总共有 30 个步骤，流程中 LT 是 20 天，但实际跟踪一单是 34 天，一共有 16 项改善措施。泳道图如图 5-6 所示。

图 5-5　现场讨论场景

图 5-6　泳道图

详细跟踪一个客户的订单，销售订单在 10 月 22 日下单，生产任务单、BOM 和计算物料需求、生产计划单、物料申购单都在 10 月 23 日完成，前工序生产在 11 月 3 日才开始，在 11 月 18 日送出外发喷涂，喷涂后进行装配，在 11 月 22 日完成成品入库。主要的问题环节是前工序生产用了 15 天，以及前工序生产有一个空档期，从 10 月 23 日就下生产计划单，但是 11 月 3 日才开始生产，如图 5-7 所示。

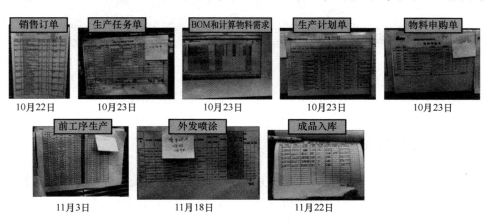

图 5-7　过程周期时间案例

进一步分析为什么前工序生产需要 15 天，一个原因就是 PMC 没有按照工序做出每日生产计划，而是将所有订单汇总表发给前工序，让前工序按照订单汇总表信息来进行生产。造成的问题有：

1）每一个加工工序（钣金加工工序多）没有确切知道一天需要生产多少数量，也就没有办法监控每一个工序的计划达成情况。

2）各个加工工序生产计划没有办法衔接起来，每一个加工环节按照自己的理解来生产，但是生产出来后下道工序可能不需要。

3）计划不能清晰地展示每一个成品的生产进度，如生产到了哪个环节，做了多少，还有多久可以做成成品。

4）异常情况很多，需要多安排人手，不断去现场盘点在制品情况，才能了解进度。

5）PMC 无法统筹所有的情况，物料有异常、客户交期变更、品质异常或者图纸问题，PMC 都无法进行干涉，需重新安排计划。订单汇总表问题点如图 5-8 所示。

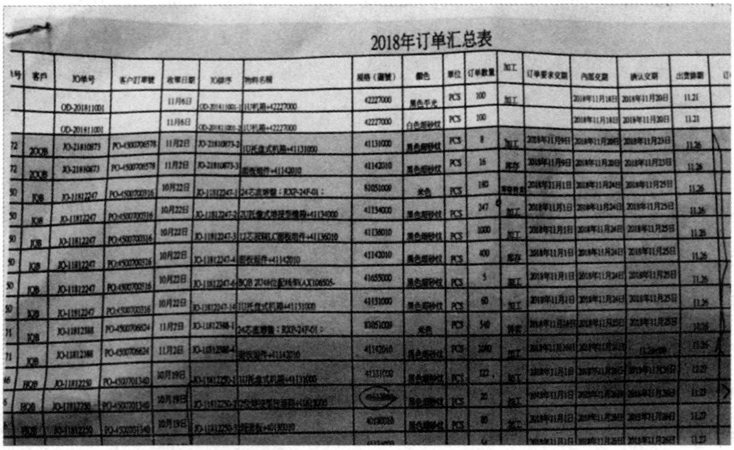

图 5-8　订单汇总表问题点

过程中还发现了其他的改善点，这里不做过多描述和说明。

5.3　改善周实施结果

经过两天的改善周活动，大家一致同意进行以下改善行动计划：为了让需求信息更加明确，增加每个月的销售预测，然后和销售每两周开一个协调会议，讨论近期订单变化情况、哪些成品需要安排库存、特殊超产能订单如何处理、销售预测数量等。为了减少采购周期时间,对于长交期的物料采用安全库存,如果物料没有设置安全库存,客户一定要求 21 天交货,那么需要让客户给出一个销售预测,便于供应商提前备料,然后提前根据销售预测进行物料采购。行动计划还包括生产部和品质部的相关改善行动。问题改善清单见表 5-2。

表 5-2　问题改善清单

序号	会议时间	大项具体行动	改 善 办 法	责任人	预计完成时间	完成情况
1	2018.12.14	物料安全库存设置将物料采购 LT 时间从 10 天或者 7 天减少到 5 天	1. 列出所有 LT 时间长的物料	××/×××	2018.12.29	
			2. 考虑哪些物料需要设置安全库存,建立安全库存数量计算表格	××/×××	2018.12.29	
			3. 考虑其他能够减少 LT 的办法	××/×××	2018.12.29	
2	2018.12.14	每个月建立滚动预测表,让销售确认相关数据	每个月建立滚动预测表(月底几号发出?)	××/×××	2018.12.19	
			尝试计算 1 个月的预测	××/×××	2018.12.25	
3	2018.12.14	S&OP(销售与运营规划流程)会议定期召开讨论需求情况	1. 发出会议要求 2. 定期召开会议	××/×××	2018.12.25	
4	2018.12.14	熔纤盘、塔灯和滑轨来料不良率高,需要进行改善	1. 了解不良品的数量、现象和可能的原因	××/×××	2019.2.15	
			2. 制定相应的改善措施	××/×××	2019.2.20	
5	2018.12.14	喷涂不良情况多,需要解决	1. 了解不良品的数量、现象和可能的原因	××/×××	2019.2.15	
			2. 制定相应的改善措施	××/×××	2019.2.20	
6	2018.12.14	物料采购和前工序生产最好能够实现并行作业,减少 LT	1. 分别确认物料采购和前工序生产 LT 2. 考虑如何才能实现并行作业,这样就可以不影响装配工序生产,同时减少总体生产 LT	××/×××	2018.12.29	
7	2018.12.14	统计从接单到成品出货的时间,并将其作为 KPI	1. 接单到成品出货的时间进行统计	××/×××	2018.12.29	
			2. 每个月汇报 LT 完成情况	××/×××	2018.12.29	
			3. 对于 LT 特别长的案例进行分析	××/×××	2018.12.29	
8	2018.12.14	物料齐套差(班组长需要提前两天确认物料齐套情况)	每天要求班组长提前(两个小时)确认物料齐套情况,如果不齐套,进行登记,并将问题上报 PMC	××/×××	2018.12.19	

（续）

序号	会议时间	大项具体行动	改 善 办 法	责任人	预计完成时间	完成情况
9	2018.12.14	前后工序每日生产计划制订（跟踪完成情况）	1. 计算产品的标准工时	××/×××	2019.2.19	
			2. 整理产品的工艺路径	××/×××	2019.2.19	
			3. 计算每一个工序的产能	××/×××	2019.2.19	
			4. MPC按照产能和标准工时安排计划	××/×××	2019.2.28	
			5. 汇报计划达成率情况	××/×××	2019.2.28	
10	2018.12.14	成品需要提前一天入库，有任何异常情况及时通知PMC	1. 要求生产部门提前一天将成品入库 2. 如果生产部门做不到，则寻找改善办法 3. 有任何异常提前通知PMC	××/×××	2018.12.19	
11	2018.12.14	建立目视化看板（了解生产型号、生产数量、异常情况）	1. 建立生产线管理看板，了解生产型号和生产数量、异常情况 2. 建立问题快速响应看板来记录异常解决进度状态	××/×××	2018.12.19	
12	2018.12.14	装配线建立单件流，提高效率，减少搬运周转	装配线线外（零件前加工和最终包装）都并入装配线以实现连续流	××/×××	2019.2.20	
13	2018.12.14	工厂从接到订单到下完采购订单需要在1.5天内完成（销售在收到客户PO后的0.5天内将其交给工厂）	1. 销售在收到客户PO后的0.5天内将其交给工厂 2. 工厂PMC排出生产主计划、物料需求计划，以及月计划，需要在0.5天内完成 3. 采购根据物料需求计划下单给供应商，需要在0.5天内完成	所有人	2018.12.19	

参 考 文 献

［1］凯特，劳克尔. 精益办公价值流：管理和办公过程价值流图析［M］. 张晓光，谢安平，译. 北京：中国财政经济出版社，2010.
［2］哈默，赫什曼. 端到端流程：为客户创造真正的价值［M］. 方也可，译. 北京：机械工业出版社，2021.
［3］胡云峰. 流程管理与变革实践［M］. 武汉：华中科技大学出版社，2019.
［4］王清满，张爱明，王海华. 图解精益生产之看板拉动管理实战［M］. 北京：人民邮电出版社，2016.
［5］沃麦克，琼斯. 精益思想（白金版）［M］. 沈希瑾，张文杰，译. 北京：机械工业出版社，2021.
［6］刘树华，鲁建厦，王家尧. 精益生产［M］. 北京：机械工业出版社，2009.
［7］CHIARINI A. Lean organization：from the tools of the Toyota production system to lean office［M］. Berlin：Springer，2013.
［8］CHEN J C，COX R A. Value stream management for lean office：a case study［J］. Scientific research publishing，2012，2（2）：17-29.